浙江省社科规划课题成果
科普读物类
（24KPDW03YB）

U0573618

浙江故居文化撷英

蒋逸民　编著

北方文艺出版社
哈尔滨

图书在版编目（CIP）数据

浙江故居文化撷英 / 蒋逸民编著 . -- 哈尔滨：北
方文艺出版社，2024. 9. -- ISBN 978-7-5317-6286-7

Ⅰ . K878.2

中国国家版本馆 CIP 数据核字第 2024FV9754 号

浙江故居文化撷英
zhejiang guju wenhua xieying

作　者 / 蒋逸民

责任编辑 / 邢　也　　　　　　　　封面设计 / 奇妙视觉

出版发行 / 北方文艺出版社　　　　邮　编 / 150008
发行电话 / （0451）86825533　　　经　销 / 新华书店
地　址 / 哈尔滨市南岗区宣庆小区 1 号楼　网　址 / www.bfwy.com
印　刷 / 三河市金兆印刷装订有限公司　开　本 / 880mm × 1230mm　1/32
字　数 / 260 千　　　　　　　　　　印　张 / 12.75
版　次 / 2024 年 9 月第 1 版　　　　印　次 / 2024 年 9 月第 1 次印刷
书　号 / ISBN 978-7-5317-6286-7　　定　价 / 68.00 元

目录

古代篇

王羲之故居

一、故居概况

王羲之故居位于嵊州市市区东25公里的金庭镇。这里四面环山，他的故居就坐落在这幽深的山谷之中。这里的建筑有金庭观、书圣殿、右军祠、雪溪书院、潺湲阁等，还有书圣墓、书法园林、书画长廊、放鹤亭等。每年一度的书法朝圣节，让这里充满了浓厚的诗情和墨香。

紧邻着王羲之故居的是华堂古村，这里是王羲之后裔的聚居地。王氏宗祠高高飞翘的屋檐和镂空的雕花，以及屋顶两端的乌龙甩尾，都向人们展示着王氏家族的气派。在悠长的弄堂里，一个个古老的台门串联起来，它们蕴含着明清时的安逸和雅致。

嵊州金庭与绍兴柯岩、奉化溪口已经整合成了"浙东诗画之旅"的自驾游热门路线。无论你从哪里来，都可以方便地到达这个美丽的地方。如果你从杭州出发，上杭甬高速，到沽渚转入上三高速，至嵊州互通向东转入甬金高速（宁波方向），在嵊州（黄泽）出口下高速，再向东行15公里，总旅程155公里左右。

在这个美丽的地方，你可以感受到王羲之的诗情和墨香，也可以感受到华堂古村的古老和雅致。这里是一个文化的交汇点，是一个历史的见证。在这里，你可以感受到中华文化的博大精深和历史的厚重。无论你是来寻找历史的痕迹，还是来寻找艺术的灵感，这里都会给你带来意想不到的收获。

二、人物生平

王羲之，这位魏晋名门琅琊王氏的杰出子弟，出生于一个充满荣誉与辉煌的家庭，他是整个家族的希望。在他20岁时，被郗鉴选中作为"东床快婿"，这无疑是对他未来才能和品貌的肯定。

某个清晨，郗鉴向王丞相表达了他寻婿的愿望，而王丞相慷慨地答应了。郗鉴派出了他的心腹管家，带着礼物来到王丞相家。在众多的王府子弟中，有一个人显得格外与众不同，他坦腹仰卧，对太傅觅婿一事无动于衷，仿佛置身事外。这个人就是王羲之。

郗鉴听闻后，立刻决定亲自去看看这个特别的年轻人。他来到王府，看到王羲之不仅豁达，而且文雅，才貌双全。郗鉴当即下了聘礼，选定王羲之为快婿。"东床快婿"一说由此而来。

东晋穆帝永和九年（353），王羲之与谢安、孙绰等41位名士在绍兴兰亭修禊时，留下著名的《兰亭集序》。两年后，他因病弃官，携子王操之由无锡迁居到绍兴金庭。在这里，他建立了书楼，种植了桑果，教育子弟，赋诗作文，绘画书法，以放鹅弋钓为乐。他和许询、支遁等人开始游历剡地山水。

定居金庭后，王羲之的书法艺术得到了极大的发扬光大。他的后代多擅长书画，作品挂满了厅堂、书房，被人们赞誉为"华院画堂"。为了纪念这位伟大的书法家和文学家，后人将村名定为"华堂"，这一叫法至今仍在使用。

东晋升平五年（361），王羲之离世，但他的影响却一直延续至今。他的作品、他的故事、他的精神，都成了后世学习和崇敬的对象。他不仅是书法界的巨匠，更是中国文化的重要代表。王羲之于会稽金庭（今浙江绍兴）逝世，安葬在金庭瀑布山（又名紫藤山）。他的五世孙王衡将故宅改建为金庭观，遗迹尚存。在梁大同年间（535—545），其嗣孙于墓前建造了祠堂。

三、人物事迹

著名的书法家王羲之，自幼便对书法产生浓厚兴趣。在成长过程中，他受到了来自家庭和亲戚的启蒙，七岁时便善于书法，十二岁时从父亲的枕头中偷读了前代的《笔论》。他的父亲王旷和叔父王廙都是当时的书法名家，王旷擅长行书和隶书，王廙则以书画闻名，被王僧虔评价为"自过江东，右军之前，惟廙为最，画为晋明帝师，书为右军法"。

王羲之在早年还曾向卫夫人学习书法。卫夫人师承钟繇，传承了他的笔法精髓。她不仅向王羲之传授了钟繇的书法技巧，还教授了卫氏数代习书的经验和方法，以及她自己独特的书法风格。《唐人书评》曾形容卫夫人的书法"如插花舞女，低昂美容。又如美女登台，仙娥弄影，红莲映水，碧沼浮霞。"沈尹默则分析说："羲之从卫夫人学书，自然受到她的熏染，一遵钟法，姿媚之习尚，亦由之而成，后来博览秦汉以来篆隶淳古之迹，与卫夫人所传钟法新体有异，因而对于师传有所不满，这和后代书从帖学入手的，一旦看见碑版，发生了兴趣，便欲改学，这是同样可以理解的事。可以体会到羲之的姿媚风格和变古不尽的地方，是有深厚根源的。"

然而，王羲之并不满足于已有的成就。他转益多师，不断开阔视野。当他北游名山时，看到了李斯、曹喜等人的书法，再前往许昌时，又见识到了钟繇、梁鹄的书法。在洛阳时，他看到了蔡邕的《石经》三体书。从兄长那里，他得到了张昶的《华岳碑》。这些经历让他意识到，学习卫夫人的书法只是浪费时间。于是他改换了导师，继续在各种碑帖中学习和探索。

王羲之有着高远的志向和创造力。他师学钟繇的书法，但并不是完全照搬，而是将其融入自己的风格中。钟书的风格注重翻飞，而王羲之则将其转化为曲势。他的用笔方式也与钟繇不同，不是直接折断而是转为内抵，形成了独特的"一搨瓆直下"风格。唐代张怀瓘曾在《书断》中指出，王羲之对张芝的草书"剖析""折衷"，对钟繇的隶书"损益""运用",两位大师的各种笔法都被王羲之融会贯通,形成了他独特的体势。沈尹默赞扬王羲之不仅运用自己的心手,更将古人的笔法融入真行草体中,创新出更符合时代的最佳体势。这也是王羲之"兼撮众法,备成一家"而备受推崇的原因。

王羲之的《兰亭集序》是历代书法家敬仰的经典之作。这篇草稿28行,324字,因天时地利人和的完美发挥,据说后来再也无法超越。其中二十多个"之"字,各有不同的写法。宋代米芾称之为"天下第一行书"。王羲之精通隶、草、楷、行各体,不仅精研体势,更广泛吸取众家之长,熔于一炉,自成一家。其书法平和自然,笔势委婉含蓄,遒美健秀。

传说王羲之小时候苦练书法,日久,用于清洗毛笔的池塘水都变成墨色。后人评曰:"飘若游云,矫若惊龙""龙跳天门,虎卧凤阙""天质自然,丰神盖代。"他的书风最明显特征是用笔细腻,结构多变。成语"入木三分"和"东床快婿"等都是关于他的故事。

四、文化影响

王羲之的书法深深影响了他的后代子孙。他的儿子王献之擅长草书,王凝之擅长草隶,王徽之擅长正草书,王操之擅长正行书,王涣之擅长行草书,而王献之则被誉为"小圣"。在黄伯思所著的《东观徐论》中,他详细描述了王氏家族中凝、操、徽、涣四位书法家的风格特点,以及他们与子敬的书法一同传承下来的情况。这四位书法家各自继承了王氏书法的精髓,但各自又有着独特的风格。凝之的书法韵味悠长，操之的书法结构严谨，徽之的书法气势磅礴，涣之的书法则形貌独特，而献之则深得王氏书法的本源。王氏家族的书法传统就这样一代一代地传承下去，历久弥新。

历史上，王氏家族的书法成就备受推崇。武则天曾对王羲之的书法作品极为欣赏，于是王羲之的九世重孙王方庆便将自己家中收藏的十一代祖先至曾祖的二十八人书法作品进献给武则天，这些作品后来被编为《万岁通天帖》，成为书法史上的珍贵遗产。

南朝齐时期的王僧虔、王慈、王志等人都是王氏家族的后裔，他们的书法作品也被收入法书之中，为后世所传颂。释智永作为羲之的七世孙，他精通家传书法，成为隋唐时期著名的书法名家，为王氏书法的传承和发展作出了重要贡献。

然而，历史的变迁总是充满了波折。在后来的战乱中，王氏家族的后裔们流离失所，家谱遗失，家族的传承也一度中断。如今，王氏家族的后代分布在全国各地，如沈阳、海伦等地，他们中的一些人如王庆凯、王潇丹等，仍在努力继承和发扬着王氏家族的书法传统，让这一宝贵的文化遗产得以延续。

王羲之的书法地位并非一蹴而就，而是经历了一个逐步确立的过程。在南朝宋泰始年间，书家虞和在《论书表》中提及，汉魏时期钟繇、张芝的书法独步天下，而到了晋末，王羲之与王献之父子则被誉为书法界的翘楚。当时，王羲之的书法已名扬四海，而在宋齐时期，王献之的书法造诣更是被推至顶峰。王献之继承父业，天赋异禀，勇于创新，他转而学习张芝的书法，并独创了上下相连的草书风格，其媚妍之态甚至超越了其父。因此，他与父亲王羲之并称为"二王",共同奠定了在书法史上的崇高地位。

在南朝梁时期,陶弘景的《与梁武帝论书启》中曾提到:"近年来,社会上皆崇尚子敬的书法,海内不再有人知道元常,对于逸少也是这样的状况。"然而,这一状况的转变源于梁武帝萧衍对王羲之的推崇。萧衍在《观钟繇书法十二意》中曾表示:"子敬相较于逸少有所不及,就如同逸少也比不上元常。"由于萧衍地位的特殊性,他的品评产生了巨大的影响力,从而使得舆论就此定型。

历史上,对王羲之的崇尚出现了两次高潮。第一次是在南朝梁时期,而第二次则发生在唐朝。唐太宗极度推崇王羲之,不仅广泛搜罗其书法作品,还亲自为《晋书·王羲之传》撰写赞辞。在比较钟繇和王羲之时,唐太宗认为钟繇虽尽善尽美,但与王羲之相比仍存在一定差距。而对于献之和其他书家,唐太宗认为他们的声誉超过了实际成就。因此,王羲之在书学史上的至高无上地位得以确立并巩固下来。

在宋、元、明、清等朝代,学习书法的人都以晋代为宗师,尊崇"二王"。唐代的欧阳询、虞世南、褚遂良、薛稷、颜真卿、柳公权,五代的杨凝式,宋代苏轼、黄庭坚、米芾、蔡襄,元代的赵孟頫,明代的董其昌等历代书法名家都追随王羲之,因此他被誉为"书圣"。尽管清代以碑学打破了帖学的范畴,但王羲之的书圣地位仍未动摇。"书圣""墨皇"虽然有"圣化"之嫌,但历代的名家、巨子通过比较、揣摩,都心悦诚服地对其推崇备至。

于谦故居

一、故居概况

于谦故居，位于南宋御街–清河坊景区，是历史的一段记忆，也是杭州的一段文脉。坐落在河坊街祠堂巷北端尽头，门牌号是浙江省杭州市上城区清河坊祠堂巷42号，离西湖只有一公里之遥。

这座故居，不仅是一个地方的标志，更是历史的印记。明成化二年（1466），于谦案得以昭雪，他的故宅被改建为怜忠祠，以纪念他的忠诚和贡献。如今，这座故宅已经按照原貌进行了修缮，并且陈列了于谦生平事迹的展品，尚留有旗杆石、造像碑等遗物。

走进故居，会看到一口井，那是于谦当年汲取生活用水的地方。

井的周围有石栏杆围绕，保护着这口历史的泉眼。井边有一间十余平方米的起居室，是于谦当年生活的地方。在这里，他读书、思考，度过每一天的晨昏。

主建筑"忠肃堂"，原是故居的厅堂。这里的陈设很简单，但依然能感受到那种深入骨髓的清白和磊落。忠肃堂的门廊上有一副对联："吟石灰、赞石灰，一生清白胜石灰；重社稷、保社稷，百代馨击意社稷。"这是对于谦一生的赞美和纪念。

忠肃堂后面是一个小园，园中有一个池塘，两个小亭子。那里的静穆，让人仿佛能听到池中的天光云影。一碑、一井、一室、一堂、一池、两小亭，一眼尽收。这不仅是对于谦故居的描述，也是对他一生的总结。

于谦故居占地不大，但每一寸土地都充满了历史的气息。进门影壁上刻着名诗《石灰吟》：千锤万凿出深山，烈火焚烧若等闲。粉骨碎身浑不怕，要留清白在人间。这是对于谦一生的写照，也是对他精神的赞美。

1466年，于谦案昭雪后，这里被改建为怜忠祠。现在，故居的忠肃堂、思贤庭、古井已照原貌修缮，原有的旗杆石、造像碑等遗物，也一并展出。这些都是历史的见证，都是对于谦的纪念。

于谦墓，位于浙江省杭州市三台山麓，西湖乌龟潭畔。明弘治二年（1489），明孝宗表彰其为国效忠的功绩，赐谥"肃愍"，并在墓旁建旌功祠，设春秋二祭，形成祠墓合一格局。这是对于谦一生的最高评价，也是对他的最好纪念。

站在于谦墓前，心中满是敬仰和感慨。这位历史上的伟人，他的精神、他的贡献、他的影响都将永远铭刻在历史的长河中。于谦故居和于谦墓，是历史的见证，是杭州的骄傲。它们将永远被我们铭记在心。

在一片庄严肃穆的氛围中，两旁伫立着的石翁仲和石兽，为这片墓区增添了无与伦比的庄重与威严。百米墓道的尽头，便是省级重点文物保护单位——于谦墓。墓碑上清晰地镌刻着"大明少保兼兵部尚书赠太傅谥忠肃于公墓"，这是1982年修复墓时重新镌刻的。碑下的浮雕缠枝牡丹基座和墓前的石供桌，都是明朝时期的原物，见证了历史的沧桑。

令人遗憾的是，于谦墓在1966年的"文化大革命"中被毁。然而，1982年重建的于谦墓将原先的七座坟茔合为一座，青砖环砌，高2米的墓体显得格外肃穆。重刻的墓碑上仍保持着原先的文字，而墓前则设了祭桌和香炉，以示敬仰与纪念。

为了纪念于谦诞生600周年，1998年在墓道两侧配置了仿明式的石翁仲、石兽及牌坊。这一举措不仅美化了墓区环境，还修复了于谦祠，并建成了于谦墓景区。如今，作为湖西重要的人文景观，于谦祠牌坊和甬道经过保护整修后焕然一新。这里已成为浙江省省级文物保护单位，见证着历史的辉煌与传承。

二、人物生平

于谦（1398—1457），字廷益，浙江杭州钱塘县（今杭州市上城区）人士。出身于仕宦世家，自幼聪颖过人，承袭家教。于谦在六岁时进入私塾，研习经典。十五岁时，他以优秀的成绩考取县儒学生员，此后更是博览群书，特别偏好阅读苏武、诸葛亮、岳飞、文天祥等人的著述，深感他们的正直气节并崇敬不已。

在十七岁那年，虽然他在乡试中未能获得头名，但这并未打消他对于学术的热情。他选择闭门读书，苦心钻研。到了二十岁那年，他再次参加考试，以优异的成绩考取县学廪生，名列前茅。

在二十三岁那年，他成功中举，并在次年入京参加会试，名列第一。终于在明永乐十九年（1421），他成功中进士，但遗憾的是在殿试时因为对时局的批评过于尖锐，他只获得了三甲第92名。

尽管如此，他仍被任命为山西道监察御史。在永乐二十一年（1423），他奉命出巡湖广，负责考查官军功过，同时还在川贵边境成功招抚了瑶、壮等少数民族。

在微服私访的过程中，他深入了解民间的疾苦，不仅在江西昭雪了冤狱数百人，还果断地革除了犯法的王府官员15人，他的这一系列行动在府县一级产生了深远的影响。

在川贵边境的时候，他发现边将胡作非为，"邀功妄杀"，但他没有选择沉默，而是如实揭发并采取了相应的惩处措施。他的这些举措既兴利又除弊，使得他的政绩卓著。

宣德三年（1428），他受到都察院右都御史顾佐的推荐，被任命为江西监察御史。两年后，他被调任为兵部右侍郎兼都御史，负责巡抚山西、河南等地。在接下来的19年里，他积极兴修水利、筑路铺道、植树挖井、贷粮济贫、施药救难等，政绩斐然。

他多次上书为民请命，当时内阁三学士杨荣、杨溥、杨士奇辅佐政事，政治清明治理公正，凡是于谦所奏请的事项都一一得到允准。然而后来宦官王振把持了朝政大权，于谦因此遭到忌恨和打压。

正统十一年（1446），于谦上京奏事，推荐河南、山西参政孙原贞、王来两人出任巡抚的职务。但王振却唆使通政使李锡上本弹劾于谦，诬陷他因为长期不得升迁而心怀怨恨，任意荐人自代，不合体统。最终他被关押入狱。

然而人民对于他的爱戴并没有因此而停止。在河南、山西两省的官民以及周、晋两藩王府的请求下，王振迫于民愤不得不释放于谦出狱，并恢复了他的大理寺少卿的职位。此后他又因为民愤而被恢复了河南、山西两省巡抚的职务。正统十二年（1447），他被任命为兵部右侍郎，次年又升任为兵部左侍郎并协理军务。

然而在正统十四年（1449）六月的时候发生了一件改变历史走向的大事：皇帝率领军队出征蒙古的过程中遭遇了土木堡之变，全军覆没！皇帝本人也成了蒙古人的俘虏！这一事件的发生使得大明王朝一度陷入危机之中。在这个关键时刻，于谦再次展现了他的勇气和智慧！在明朝的历史长河中，英宗和瓦剌部的冲突是一个重要的篇章。在这个时期，英宗被王振挟持，对于瓦剌部的侵扰举棋不定，开始步步退让，后又轻举妄动，率兵亲征。然而，这场战争的结果是英宗被俘，瓦剌也进一步大举南侵，京城危在旦夕。

在这个危急时刻，郕王朱祁钰被留京监国，他急召朝臣共议对策。朝廷上下充满了恐慌和不安，许多翰林院侍讲如徐珵等人主张迁都。然而，于谦临难受命为兵部尚书，主持军务，坚决驳斥迁都派，他厉声说："言南迁者，可斩也！"他率领22万大军，精心部署，列阵九门，誓死抗敌，并扶郕王即位，追英宗为太上皇，以定民心。经过5天的激战，他们成功地击退了瓦剌部的进攻，取得了京师保卫战的胜利。于谦因功被加官少保。

然而，景泰元年（1450），英宗朱祁镇回到北京后，皇位争夺开始激化。在于谦等主张顾全大局的大臣的提议下，代宗朱祁钰表面上欢迎太上皇回京，但暗地却废立英宗皇储，另立己子为皇太子。不久后，代宗的皇太子病死，但仍然不允许英宗的儿子恢复为皇储。英宗被软禁在南宫，图谋复位。

景泰八年（1457）正月十七日，英宗趁代宗病重之际，纠集旧臣冲进东华门，登奉天殿行即位典礼，成功复辟。但是，英宗复位后便开始清除异己。他将于谦等大臣下狱，幽杀代宗于西宫。不久之后，于谦、大学士王文等人被处死。于谦的遗体由都督同知陈逵收殓，次年被归葬于杭州西湖三台山。

然而，历史总是曲折的。成化初年（1465），宪宗朱见深即位后为于谦平反冤狱，恢复官位名誉。他将于谦的北京故居改为"节忠祠"，杭州故居改为"怜忠祠"。到了弘治二年（1489），宪宗追赠于谦为光禄大夫、柱国、太傅，谥肃愍，万历年间改谥忠肃。

于谦的故事是一个充满戏剧性的历史篇章。他的忠诚、勇气和智慧在明朝历史上留下了深刻的印记。他的命运波折和贡献使他在中国历史长河中独树一帜。这个故事不仅展现了明朝的纷争和复杂性，更彰显了人性的伟大与悲壮。

三、人物事迹

于谦留下了丰富的著作，包括《于肃愍公集》8卷和《少保于公奏议》10卷等。他的主要成就在政治领域。于谦敢于为民请命，坚决惩治作奸犯科权贵，因此一度受到排挤和打击。他当官时，只骑着一匹瘦马，身着简单的便服，从不追求排场和官威。尽管如此，他的同僚们并没有因此而认为他谦虚清廉，反而认为他破坏了官场规矩。

在正统年间，杨士奇、杨荣和杨溥三位重臣共同主持内阁政务，他们均对于谦颇为器重。于谦所提建议，往往上午上奏，傍晚便能得到批复。然而，随着这三位贤臣相继离世，权力逐渐落入太监王振之手。王振专横跋扈，滥用职权，大肆收受贿赂。百官大臣为求自保，纷纷献上金银珠宝以讨好他。每当朝会，拜见王振者需献上白银百两，若能献上千两，则能得到他的款待，酒足饭饱而归。

然而，于谦却是个例外。他每次进京奏事，从不携带任何礼品。有人劝他至少带些土特产以示敬意，于谦却笑着甩了甩袖子，说："我带的只有清风。"他更是作诗《入京》以明志，诗中写道："绢帕麻菇与线香，本资民用反为殃。清风两袖朝天去，免得闾阎话短长。"

后来，于谦入朝推荐参政王来和孙原贞，却遭到通政使李锡的弹劾。李锡迎合王振的意图，诬陷于谦因长期未得晋升而心生不满，擅自推举人代替自己。于谦因此被判死刑，入狱三月。消息传出，百姓群情激愤，联名上书为于谦求情。王振为平息民愤，编造理由称误将于谦与另一同名之人混淆，遂将于谦释放，降职为大理寺少卿，后又被囚于山西。

然而，于谦的声望并未因此受损。山西、河南等地的官吏和百姓纷纷上书请求他留任，人数多达数千。连周王、晋王等藩王也上言支持于谦。于是，于谦再次被任命为巡抚。当时，山东、陕西等地的流民涌入河南求食，人数多达二十余万。于谦请求发放河南、怀庆两府的积储粟米进行救济，并奏请布政使年富安抚流民，给予田地、耕牛和种子，由里老监督管理。

于谦前后共在任十九年，其间因父母去世而回乡守丧。每当丧期结束，他便立即返回原职，继续为国家效力。

正统十四年（1449）七月，也先大举进犯，王振鼓动明英宗亲征。于谦和兵部尚书邝埜极力劝谏，但英宗固执不听。邝埜随英宗管理军队，于谦则主持兵部工作。英宗在土木堡被俘，京师大为震惊。此时郕王监国，命令群臣讨论作战和防守策略。侍讲徐珵（即徐有贞）主张星象有变，应当迁都南京。于谦则坚决主张抗战，并得到吏部尚书王直、内阁学士陈循等爱国官员的支持。郕王肯定了于谦的主张，决定了防守的决策。

当时京师最精锐的部队和骑兵已在土木堡失陷，剩余的疲惫士卒不到十万，人心惶惶，朝廷上下缺乏坚定信心。于谦请求郕王调动南北两京、河南的备操军，以及山东和南京沿海的备倭军，还有江北和北京各府的运粮军，迅速前往顺天府，并有序地进行筹划和部署，使人心逐渐安定。之后，于谦被提拔为兵部尚书，全面负责京师防御的筹划工作。

当郕王开始摄政并进行朝议时，右都御史陈镒提议诛杀王振全

17

族以平民愤。廷臣们纷纷响应，使得朱祁钰难以决断。于是，他下令择时再议此事，但廷臣们并未就此罢休，继续坚持诛杀王振的请求。

此时，王振的党羽、锦衣卫都指挥使马顺站出来叱责百官。户科给事中王竑突然带头在朝堂上攻击马顺，其他官员们也纷纷跟随，导致马顺当场毙命。这一事件使得朝堂上顿时一片混乱，血溅满地，士兵们也发出愤怒的呼声，似乎即将引发一场暴乱。

郕王朱祁钰见状十分惊恐，想要逃离现场。然而，于谦却挤到郕王身前，扶住他的手臂并劝导道："马顺等人罪该诛死，打死勿论。"听到这话，众人这才停止行动。此时，于谦的袍袖已经被撕裂。当他离开左掖门时，吏部尚书王直握住他的手叹息道："国家正是倚仗您的时候。今天这样的情况，即使是一百个王直也处理不了啊。"在那时，朝廷上下都依赖于谦，而于谦也毅然以社稷安危为己任。

军事领域，于谦的观点可谓独树一帜。他强调兵贵在精，将贵谋勇，用兵之道更重随机应变。于谦倡导"将士相习"，深知军队的强弱和将领的号令是作战成功的关键。他所创的团营之制，对明朝兵制产生了深远的影响。

当明英宗归国时，于谦认为国耻未雪，正值也先和脱脱不花两部人马结怨已深，他请求趁机派大军，自己前往征讨，以报复先前的仇恨，清除边患。然而，景泰皇帝并未准许。此外，杨俊曾提议发兵征讨瓦剌，遭到于谦的反对。

景泰八年（1457），明代宗朱祁钰病重。正月壬午，石亨与曹吉祥、徐有贞等人迎接太上皇复位，宣谕朝臣后，立即将于谦和大学士王文逮捕入狱。他们诬陷于谦等和黄竑制造不轨言论，又与太监王诚、舒良、张永、王勤等策划迎接册立襄王之子。石亨等采纳这一说法，并唆使科道官上奏。都御史萧维祯审理定罪，以谋反判处死刑。

王文无法忍受这种无端的指责，急于进行辩驳，但于谦却微笑平和地说道："这不过是石亨等人的意思罢了，辩解有什么用呢？"奏疏呈报上去后，英宗还有些犹豫不决，他说："于谦是有功的。"然而，徐有贞却进言道："如果不杀于谦，我们的复辟之举就会变得名不正言不顺。"明英宗终于下定了决心。在正月二十三日，于谦被押往崇文门外，就在他曾经誓死保卫的城池前，他迎来了最后的结局——斩首示众。

据史书记载，当时天下舆论纷纷，对于于谦的罪行深感冤屈！遂溪县教谕吾豫更是激进地主张对于谦进行灭族，并且所有被于谦推荐过的文武大臣也都应该被处死。幸运的是，刑部坚持了原判并最终阻止了这一极端行动。然而，千户白琦仍不甘心，再次上书请求将于谦的罪行刻版印刷并在全国公布。

自土木堡之变后，于谦立誓与敌人势不两立。他长驻值班之处，无暇归家。由于他一直患有痰症，明代宗派遣太监兴安和舒良轮流前去探望。当听说于谦的衣服和用具过于简朴，明代宗下令在宫中制作物品赐给他，甚至细致到连醋菜都一并赐予。明代宗还亲自到万岁山，砍竹取汁赐给于谦。有人认为明代宗对于谦的宠爱过甚，兴安等太监解释道："于谦日夜为国操劳，从不关心家产。如果他去了，让朝廷到哪里还能找到这样的人？"在抄家的时候，人们发现于谦家中并无多余的财物，只有一间紧锁的正屋。打开来看，里面只有朱祁钰赐给的蟒袍和剑器。于谦去世的那天，天空阴云密布，全国的人都认为他是冤枉的。有一个叫朵儿的指挥，原本是曹吉祥的部下，他在于谦去世的地方泼酒祭奠，哀痛不已。曹吉祥对此大为恼火，鞭打了他。然而第二天，他依然如故，泼酒在地表示祭奠。

都督同知陈逵，被于谦的忠义深深感动，亲自收殓了他的遗体。一年后，于谦的养子于康将他的遗体归葬于杭州西湖南面的三台山麓。陈逵，六合人，曾被举荐为有将领之才，得到李时勉的赏识。皇太后最初并不知道于谦的死讯，得知后，哀叹悲痛了几天。英宗也后悔了。

于谦死后，石亨的党羽陈汝言被任命为兵部尚书。然而，不到一年，他的恶行败露，贪污巨万。明英宗召大臣入宫，铁青着脸说："于谦在景泰朝受重用，死后没有多余的钱财，陈汝言为什么会有这么多？"石亨低头无言以对。不久后，边境发生战事，明英宗满脸愁容。恭顺侯吴瑾在旁侍候，进谏说："如果于谦在世，一定不会让敌人如此嚣张。"明英宗无言以对。

这一年，徐有贞被石亨中伤，充军到金齿口。又过了几年，石亨亦被捕入狱，死于狱中；曹吉祥谋反，被灭族，于谦的事迹终于得以真相大白。

众人在哀悼于谦的同时，也对于谦的为人和贡献有了更深刻的认识。他的忠诚、廉洁和智慧，不仅在当时产生了深远的影响，而且至今仍为人们所传颂。于谦的精神和事迹，成了后人学习和崇敬的榜样。

在明宪宗成化初年，于冕被赦免归来，他上疏申诉冤情，成功恢复于谦的官职，并获得皇帝赐予的祭奠。诰文中赞扬于谦在国家多难之际，保卫社稷，坚持公道，却被权臣奸臣嫉妒。先帝在世时已知其冤情，而朕深感其忠诚。这篇诰文在全国广为传颂。

明孝宗弘治二年（1489），皇帝采纳给事中孙需的建议，追赠于谦为特进光禄大夫、柱国、太傅，谥号肃愍，并在其墓边建立祠堂，题为"旌功"，由地方有关部门每年进行拜祭。万历十八年（1590），朝廷再次追赠他为忠肃。杭州、河南、山西等地都长年奉拜祭祀他。

乾隆十六年（1751），乾隆皇帝南巡时，亲自题写匾额"丹心抗节"，对于于谦的推崇可见一斑。

在文学方面，于谦的诗作表达归隐情怀及慷慨悲凉的风格预示了诗坛风气的转变。当时台阁体盛行，文人们多忌讳表达激烈情怀与悲伤情感，以保持其雍容的创作风格并发挥其政治作用。

于谦的主要作品有《除夜太原寒甚》《荒村》《平阳道中》《观书》《暮春遇雨》《入京》《石灰吟》《咏煤炭》《岳忠武王祠》《北风吹》《望雨》《入塞》《到泽州》等。

四、文化影响

在明朝的历史长河中，于谦的名字熠熠生辉。《明史》赞誉他为巡抚时，声望卓著，负有经世之才。在国家遭遇艰难之际，他尽心竭力，缮兵固圉，为国家的繁荣稳定作出了卓越的贡献。

景帝对于谦的信任可谓至诚至深，而于谦也以国事为重，不计个人得失。在国家危难时刻，他身先士卒，与景帝心连心，共同度过了许多险恶的时刻。于谦的忠诚和热忱，让人们无不动容。

然而，在夺门之变中，于谦不幸遭遇了祸事。徐、石等人排挤他至死，当时的人们无不为之鸣冤。但令人敬佩的是，于谦心忠义烈，与日月争光，最终得以恢复官职并受到国家的褒恤。

历史长河中，对于于谦的评价从未间断。王直曾说："国家正赖公耳。今日虽百王直何能为。"兴安称赞他："彼日夜分国忧，不问家产，即彼去，令朝廷何处更得此人？"朱祁镇也对于谦赞赏有加："于谦实有功。""于谦始终景泰朝，被遇若一身，死无余赀。"朱见深更是高度评价于谦："卿以俊伟之器，经济之才，历事先朝，茂着劳绩。当国家之多难，保社稷以无虞；惟公道而自持，为机奸之所害。在先帝已知其枉，而朕心实怜其忠。"

众多对于于谦的评价中，兴安的一段话颇具代表性："彼日夜分国忧，不问家产，即彼去，令朝廷何处更得此人？"这句话充分表达了于谦无私奉献、一心为国的精神品质。他夜以继日地为国分忧，不计较个人的得失和安危。即使他离开了人世，也让人们感叹：朝廷上哪里还能找到这样的人才呢？

在明朝的史书中，对于于谦的评价可以说是非常之高。他的才华、品质、文化素养以及对于国家的忠诚和贡献都让人们对他产生了深深的敬意。他的一生充满了荣耀和坎坷，但他的精神和品质将永远铭刻在人们的心中。

总的来说，于谦是一位伟大的历史人物。他的才华、品质和文化素养都值得我们学习和敬仰。他的忠诚和无私奉献精神更是值得我们学习和传承。在今天这个时代，我们也需要有更多像于谦一样的人来为国家和社会作出贡献。在古代的皇宫中，有一位位高权重的大臣，他尽忠职守，矢志不渝，无论在何种情况下都坚决维护国家的利益，他的忠诚和正直深深地感染了身边的人。他平生热爱学习，手中经常捧着书籍，写出的文章蕴含着奇特的气韵，诗词清新脱俗。每当他吟诗时，都能立刻吸引人们的注意，让人们陶醉在他的诗词中。他擅长撰写奏疏，文章精练而有力，被人们奉为经典，至今仍被视为准绳。即使政务繁忙，他依然能够轻松地处理各种事务，书写数以千计的奏疏，流利的文笔如同流水般顺畅。他的聪明才智和果断决策使他成为全国的杰出人才。

然而，历史总是充满了曲折和悲剧。当权者对忠臣的迫害时有发生。像汉太尉李固之死、宋丞相赵汝愚之死和肃愍公之死等事件都令人痛心。这些忠臣们为了国家的利益和正义的事业而奋斗终身，但最终却惨遭不幸。人们对此无不感到悲痛和愤怒。

有人认为，为臣不易。君主的喜怒哀乐直接关系到臣子的命运。如果君王心情愉悦，那么臣子们就能得到恩宠和重用；而如果君王心情不佳，那么臣子们就可能遭受严厉的惩罚。因此，作为臣子，要时刻关注君王的脸色和情绪变化，小心翼翼地处理好与君主的关系。同时，作为臣子还要时刻保持清醒的头脑和敏锐的洞察力以便在复杂的政治环境中游刃有余地处理各种事务。

然而即使如此也有人对肃愍公的死因持有不同的看法，他们认为肃愍公在太子易位和南宫被囚等事件中所表现出的言行过于激烈而且有些不合乎常理，他们认为这可能是由于肃愍公本身的性格缺陷所造成的，因为他的个性过于刚烈且缺乏变通，因此对于身边的人以及整个大局的发展产生了一些不利的影响。

虽然有人对肃愍公的行为提出质疑，但是我们不能忽视他为国为民作出的贡献，以及他身上的闪光点。我们不能因为他的某些不足而否认他的全部功绩，因此我们应该以史为鉴，从中吸取教训并不断地反思自己的人生观价值观和行为方式，以更好地服务社会和人民大众，共同推动人类文明的进步和发展。在这个过程中我们不仅要关注个人的得失成败，更要关注整个社会的繁荣与和谐，这样才能真正实现人生的价值和意义，为后世留下宝贵的财富。

陆游故居遗址

一、故居概况

在浙江省绍兴市的镜湖新区东浦镇塘湾村，隐藏着一处被行宫、韩家、石堰三山温柔环抱的古老遗址，那便是南宋大文豪陆游的早年故居。这里的一砖一瓦都仿佛诉说着陆游曾经的点点滴滴。

1985年，为了纪念这位文学巨匠诞辰860周年，人们在故居遗址的池西南侧立下一块石碑。石碑正面刻着"陆游故居遗址"几个大字，下方落款"一九八五年九月朱东润敬书"，字迹苍劲有力，仿佛能触摸到历史的脉搏。石碑背面则详细记载着陆游故居的史料，让人仿佛穿越时空，回到那个风云变幻的年代。

陆游的青少年时光，是在位于平水镇平江村的"云门草堂"度过的。这座草堂是云门寺的三大副寺之一，环境清幽，书香四溢。陆游之父陆宰曾在此隐居，陆游也在这里度过了他宝贵的读书时光。32岁那年，陆游赴任福建主簿，临行前他留下《留题云门草堂》一诗，表达对草堂的深深眷恋。然而，时光荏苒，草堂历经明嘉靖、清康熙年间的二度重建，如今却因年久失修而显得破败不堪，只剩下断墙残壁和几间旧屋，让人不禁感叹岁月的无情。

在绍兴市鲁迅路，有一处宋代著名园林——沈园。这座园林因陆游的《钗头凤》而闻名遐迩。园内的务观堂陈列着陆游的手迹复制品、碑刻和拓片，让人能够近距离感受这位文学巨匠的才华与魅力。安丰堂则详细介绍了陆游的生平和他与沈园的深厚渊源。2001年，陆游纪念馆在沈园南苑开辟，馆内矗立着陆游的雕像，仿佛在向人们诉说着他的传奇人生。2012年，沈园更是被评为国家AAAAA级旅游景区，吸引了无数游客前来瞻仰。

在陆游的《居室记》中，他详细描述了自己的住所："陆子在所居住的堂屋之北修建了一座小屋，其南北长二十八尺，东西宽十七尺。"这座小屋虽不大，却充满了生活的气息。东西北三面都设有窗户，窗户上挂着帘幕，可以根据天气情况调节光线和通风。南面是大门，西南角则开有一扇小门。冬天时，堂屋与卧室分隔开来，通过小门相连，形成一个温暖的室内空间；而到了夏天，则可以将两者合并为一，打开大门让凉爽的风吹拂进来。小屋周围还种满了花草，为陆游的生活增添了不少乐趣。

陆游在《怀镜中故庐》一诗中，表达了对故居的怀念："临水依山偶占家，数间茅屋半敧斜。云边腰斧入秦望，雨外舞蓑归若耶。从宦只思乘下泽，对人常悔读南华。病来更怯还乡梦，频鸮廉泉试露芽。"虽然现在这座故居已经倒塌，只剩下一个葫芦形的小池塘被称为"陆家池"，但是我依然怀念它。

二、人物生平

陆游出生于越州山阴（今浙江绍兴），出身于名门望族、江南藏书世家。其高祖陆轸为宋真宗大中祥符年间进士，官至吏部郎中；祖父陆佃师从王安石，精通经学，官至尚书右丞，所著《春秋后传》《尔雅新义》等是陆氏家学的重要典籍；父亲陆宰通诗文、有节操，北宋末年曾任京西路转运副使。

宣和七年（1125）十月十七日，陆宰奉旨入京述职，他与夫人唐氏选择水路前行。在淮河之上，他们迎来了家中的新生命——第三子陆游。然而，喜悦的氛围并未持续太久。同年冬季，金兵南下，攻势凌厉。靖康二年（1127），金兵攻破汴京，北宋王朝覆灭，这一事件史称"靖康之耻"。

面对国家的沦亡，陆宰不得不携全家南迁，寻找新的安身立命之所。他们最终定居于山阴，即现今的浙江绍兴。然而，南迁的生活并未带来长久的安宁。建炎三年（1129），金兵再度渡江南侵，宋高宗率领群臣仓皇南逃。陆宰一家也再次踏上逃亡之路，最终定居东阳。此时，陆游年仅四岁，但家庭的流离失所、国家的动荡不安，已在他幼小的心灵上刻下了深深的烙印。

这些经历使得陆游对国家命运和民生疾苦有着深刻的认识和思考。在文学创作中，他以诗歌和散文为主要形式，抒发自己的情感和思考，成为南宋文学的重要代表之一。

陆游的家世背景和成长经历对其文学创作和人生观产生了深远的影响。他的作品为我们提供了对当时历史背景和社会生活的珍贵见证。

自幼聪慧过人的陆游，才华横溢，十二岁便能诗作文，令人瞩目。因长辈的恩荫，他被授予登仕郎之职，开启了仕途之旅。然而，绍兴二十三年（1153）的锁厅考试中，他的才华引起了秦桧的注意。秦桧指示主考官不得录取陆游，从此引发了秦桧对陆游的嫉恨，导致他在接下来的礼部考试中落榜。

绍兴二十五年（1155），秦桧病逝，陆游才得以初入仕途，任福州宁德县主簿。然而，他的才华并未因此得到充分展现。不久后，他被调入京师，任敕令所删定官。尽管如此，陆游的才华和勇气并未因此被埋没。

进入朝中后，陆游应诏上策，对朝廷的弊端直言不讳。他进言："非宗室外戚，即使有功，也不应随意封加王爵。"此外，他还认为皇帝高宗应严于律己，对高宗酷爱珍稀玩物提出了劝谏。

绍兴三十一年（1161），陆游再次展现了他的智慧和勇气。他进谏罢免杨存中，认为杨存中掌握禁军过久，权威日盛，多有不便。高宗采纳了他的建议，降杨存中为太傅、醴泉观使，同时升陆游为大理寺司直兼宗正簿，负责司法工作。

尽管陆游的仕途并非一帆风顺，但他凭借自己的智慧和勇气，成功在朝中立足。他的故事不仅展现了他的才华和勇气，也向我们展示了在困难和挑战面前如何坚守信念和勇往直前的精神风貌。

绍兴三十二年（1162），宋孝宗赵昚登基，陆游获任枢密院编修官，并赐予进士身份。他心怀国家，曾上疏提议整顿吏治军纪，坚守江淮，逐步收复中原。然而，孝宗沉迷于宫中享乐，对陆游的忠言置若罔闻。陆游深感失望，将此事告知大臣张焘。张焘愤而入宫质问孝宗，结果却导致陆游被贬为镇江府通判。

隆兴元年（1163），孝宗任命张浚为都督，负责北伐大计。陆游再次上书张浚，提醒他应深思熟虑，不可轻率行事。然而，因张浚与将领李显忠、邵宏渊不和，宋军在符离之战中遭受重创，张浚亦被贬为江淮宣抚使。

隆兴二年（1164）春，陆游在镇江任职期间结识张浚，并向他提出北伐之策。张浚对陆游的志向表示赞赏。然而，在"隆兴和议"即将签订之际，陆游再次上书朝廷，强调临安作为都城的不利之处，建议皇上应驻扎建康、临安两地，以争取时间建都立国。然而，当时龙大渊、曾觌权倾朝野，陆游向枢密使张焘揭露二人结党营私、祸乱朝纲的罪行。张焘上奏朝廷，孝宗大怒，将陆游贬为建康府通判。

乾道元年（1165），陆游调任隆兴府通判。因有人诬陷他结交谏官、鼓吹是非，并干预劝农事务，朝廷罢免了他的官职。然而，陆游的才华与志向并未因此埋没。乾道五年（1169），他再次被朝廷征召，被任命为夔州通判。在任期间，他不仅致力于学务，还沿途采撷风土民情，创作了著名的《入蜀记》。

陆游的一生充满了对国家的忠诚与热爱，尽管屡遭挫折，但他始终坚守初心，为国家的繁荣富强贡献自己的力量。他的事迹与作品将永载史册，成为后人传颂的佳话。乾道七年，即公元1171年，王炎以宣抚使之职坐镇川陕，驻军南郑。他特邀陆游出任干办公事，陆游闻讯，心中满是欢喜，欣然应允，孤身赴任，与张季长、阎苍舒、范西叔、高子长等十余人共聚南郑幕府，共谋大计。

在南郑的日子里，陆游肩负重任，负责起草驱逐金人、收复中原的战略计划。他在《平戎策》中详细阐述了收复中原的军事策略，特别强调长安与陇右的重要性，以及积蓄粮草、训练士卒的必要性。

他主张有力量则进攻，无力量则固守，以稳扎稳打的方式逐步收复失地。

在王炎的军幕中，陆游频繁地前往骆谷口、仙人原、定军山等前线要地，参与大散关的巡逻工作。他观察到吴璘之子吴挺在掌兵方面的问题，认为其骄傲放纵，多次因小过杀人，而王炎却因种种原因不敢得罪。陆游建议以吴玠之子吴拱取而代之，但王炎认为吴拱胆小无谋，难当大任。陆游反驳道："吴挺遇敌，岂能保其不败？若其立功，更难驾驭。"后来的事实证明，陆游的预见是准确的。韩侂胄北伐时，吴挺之子吴曦果然叛敌，验证了陆游的先见之明。

然而，尽管陆游精心策划，幕府同仁共同努力，朝廷却在同年十月否决了北伐计划，王炎被召回京，幕府解散。出师北伐的计划化为泡影，陆游心中满是忧伤。

虽然大散关的军旅生活仅有短短八个月，但这却是陆游一生中唯一一次亲临抗金前线、实现爱国之志的宝贵经历。这段时光给他留下了深刻的记忆，也让他对战争和政治有了更为深刻的认识和思考。

乾道八年（1172），陆游被任命为成都府路安抚司参议官，职位相对闲散。他骑着驴子悠然进入四川，开始了新的生活篇章。虽然离开了抗金前线，但陆游的爱国之志并未消减，他继续以笔为剑，书写着心中的豪情壮志。他的内心深处，始终怀揣着未竟的壮志与抱负。时光荏苒，转瞬间他调任至蜀州，肩负起通判的重任。五月间，四川宣抚使虞允文慧眼识珠，举荐他转任嘉州通判，赋予他更广阔的舞台。

然而，好景不长，淳熙元年（1174）二月，虞允文离世，他重返蜀州通判之职。在此期间，他深入民间，悉心考察风土人情，足迹遍布翠围院、白塔院、大明寺等名胜之地。他对这片天府之国心生向往，萌生了长久定居的念头。

三月，郑闻以资政殿大学士出任四川宣抚使。他怀揣满腔热血，上书谏言北伐，渴望收复失地。然而，遗憾的是，他的建议并未得到采纳。五月，他主持州试，杨鉴脱颖而出，荣登榜首，获得参加秋试的资格。他欣然赋诗以资鼓励。

八月，他在蜀州阅兵之际，挥毫泼墨，写下《蜀州大阅》一诗，痛斥南宋朝廷养兵不用、苟且偷安。十月，他受命赴荣州代理州事，肩负重任，恪尽职守。

淳熙二年（1175），范成大从桂林调任成都，担任四川制置使一职。他慧眼识才，举荐陆游为锦城参议。两人志同道合，以文会友，结为知己。然而，南宋主和势力却对陆游横加指责，范成大迫于压力，无奈将陆游免职。

面对困境，陆游并未气馁。他在杜甫草堂附近的浣花溪畔开辟菜园，过上了躬耕陇亩的生活。淳熙三年（1176），为了回应主和派的攻击，他自号"放翁"，以此表达自己的坚定立场。六月，他奉命主管台州桐柏山崇道观，以微薄的"祠禄"维持家计。

淳熙四年（1177）六月，范成大奉召还京，陆游送他至眉州，恳切地请求他在回朝后劝谏皇帝北伐，收复失地。淳熙五年（1178）春天，陆游的诗名远扬，受到了孝宗皇帝的亲自召见。他先后被任命为福州和江西提举常平茶盐公事，仕途渐入佳境。

到了淳熙六年（1179）秋天，陆游再次被任命为江西常平提举，他的才华与抱负得到了更充分的发挥。他始终坚守初心，矢志不渝地追求着心中的理想与抱负。陆游，一位心系民生的官员，曾主导粮仓与水资源的治理工作。然而，江西的一场大水灾，却让他的人生轨迹发生了转变。面对灾情，他果断下令各郡开仓放粮，并亲自监督，确保粮食能够及时送达灾民手中。同时，他还紧急上奏朝廷，请求开放常平仓以救济灾民。然而，他的善举却引来了某些人的嫉妒与攻击。

在奉诏返京之际，陆游遭到了给事中赵汝愚的弹劾，被指责行为不检。一气之下，他选择了辞官归隐，回到了山阴。五年的闲居生活，让他有了更多的时间去思考人生与国家大事。

淳熙十三年（1186），陆游再次被朝廷起用，担任严州知州。他勤政爱民，深受百姓爱戴。在公务之余，他还整理了自己的旧作，命名为《剑南诗稿》。他的诗名也因此大盛，连孝宗皇帝都对他赞誉有加。

然而，好景不长。在任期满后，陆游虽被升为军器少监，掌管兵器制造与修缮，但他的直言进谏却再次为他带来了麻烦。他提出了一系列治理国家、完成北伐的建议，却遭到了主和派的攻击。最终，他以"嘲咏风月"之名被削职罢官。

离开京师的陆游，心中充满了失望与无奈。他回到住宅，自我题名为"风月轩"，以此表达自己对朝廷决定的不满与困惑。然而，他并未放弃对国家的热爱与对复兴的渴望。他深知，只要心中有梦，就有希望。

嘉泰二年（1202），陆游在历经十三年的罢官生涯后，终于得到了朝廷的召唤，入京担任同修国史、实录院同修撰等重要职务。这一职位使他得以主持编修孝宗、光宗两朝的实录和三朝史，充分展现了他的渊博学识和卓越才能。在编修过程中，陆游不仅免去了烦琐的朝见礼仪，还兼任了秘书监一职，为国家的历史文化传承作出了重要贡献。

　　这些成就不仅证明了陆游的才华和学识，更彰显了他对国家事业的忠诚和贡献。尽管他曾遭遇仕途的坎坷，但他始终坚守信念，为国家的繁荣和发展贡献了自己的力量。

　　嘉泰三年（1203），国史编撰完成，陆游被提升为宝章阁待制。这是他多年坚持与努力的回报，也是他心中那份对国家与人民的深厚情感的见证。这位老者，虽已年近耄耋，但对工作的热情却丝毫不减当年。他的辛勤付出得到了广泛赞誉，其成果在政治与社会领域产生了深远的影响。当时，韩侂胄力主北伐，陆游对此表示了坚定的支持，并提供了多方面的援助。他甚至应韩侂胄之请，为其撰写诗文，鼓励他英勇抗敌，为国建功。这些作品不仅彰显了陆游的文学造诣，更凸显了他对国家利益的深切关怀。

　　然而，韩侂胄掌权期间，其专横跋扈的行为引起了陆游的不满。他贬斥朱熹，排斥理学，甚至发起了"庆元党禁"。对此，陆游在诗中毫不留情地予以谴责。尽管韩侂胄与皇室有着深厚的亲戚关系，但陆游并未因此屈服，他坚守自己的立场和原则，毫不退缩。

　　嘉泰三年（1203）五月，陆游返回故乡山阴，受到了好友辛弃疾的热情拜访。两人相谈甚欢，共同探讨了国家大事。辛弃疾注意到陆游的住所简陋，多次提出帮他建造田舍，但都被陆游婉言谢绝。

嘉泰四年（1204），辛弃疾奉召入朝，陆游为他写下了深情的送别诗篇。在诗中，他鼓励辛弃疾为国家的复兴继续奋斗，并特别强调了韩侂胄在军事行动中的谨慎用兵之道，希望他能早日实现复国大计。

开禧二年（1206），当韩侂胄请宋宁宗下诏出兵北伐的消息传来时，陆游感到无比振奋。他见证了宋军充分准备后的顺利出师，以及泗州、华州等地的相继收复。这些胜利不仅彰显了国家的实力，也实现了陆游多年来的北伐夙愿。然而，韩侂胄在用人方面疏忽大意，导致吴曦等人暗通金朝，按兵不动，图谋割据。面对这一严峻形势，陆游多次以诗歌和书信的形式催促吴曦采取行动，但吴曦却置若罔闻。不久之后，西线吴曦的叛变和东线丘崈的主和态度，使得韩侂胄逐渐陷入了孤立无援的境地。

在开禧三年（1207）的十一月，史弥远发动了一场政变，将韩侂胄诛杀。为了平息金国的怒火，史弥远甚至派遣使者携带韩侂胄的头颅前往金国，最终与金国达成了"嘉定和议"，宣告了北伐的彻底失败。这一消息传来，陆游深感悲痛，无法接受这一残酷的现实。

到了嘉定二年（1209）的秋天，陆游因忧愤成疾，身体状况急剧恶化。随着冬季的来临，他的病情愈发严重，最终卧床不起。在十二月二十九日（即1210年1月26日），这位伟大的诗人陆游与世长辞，享年八十五岁。他的离世，无疑给整个文坛带来了巨大的损失，他的诗歌和爱国情怀将永远铭刻在人们的心中。

三、人物事迹

文学巨匠陆游的诗歌成就堪称璀璨夺目。他拥有多方面的文学才能，而诗歌则是他最杰出的成就。他曾自豪地宣称："六十年间万首诗。"如今存世九千三百余首，这些诗歌大致可以分为三个时期。

在他46岁入蜀之前，他的诗歌偏重于文字的形式和技巧，展现出他的才华和独特的艺术风格。

入蜀后到64岁罢官东归，这是他诗歌创作的成熟期，也是他诗风大变的时期。在这个阶段，他的诗歌风格由早年的专以"藻绘"为工转变为追求宏肆奔放的风格，充满了战斗气息和爱国激情。

在他晚年蛰居故乡山阴后，他的诗风趋向质朴而沉实，表现出一种清旷淡远的田园风味，并时不时流露出苍凉的人生感慨。他的诗歌涵盖面非常广泛，几乎涉及了南宋前期社会生活的各个领域。

陆游的诗歌作品丰富多彩、风格独特、充满激情和感动。他的诗歌不仅表达了他的个人情感和理想追求，同时也反映了时代的社会生活和历史背景。他的诗歌成就使他成为中国文学史上的巨匠之一，并且对后世文学创作产生了深远的影响。在描绘景色之中，蕴含着深刻的哲理，这句"山重水复疑无路，柳暗花明又一村"成了广为传诵的名言。他的《临安春雨初霁》以细腻优美的笔触，描绘了江南春天的美景，将虚景实写得出神入化，充满了诗意。

在爱情诗歌方面，宋代由于受到理学对人们思想感情的限制和宋词的兴起，爱情诗的数量和质量大不如前。然而，陆游是个例外。他年轻时曾经历过一段刻骨铭心的爱情，对于前妻的怀念表现在他的诗歌之中，情真意切，令人感动。他晚年的作品《沈园二首》，被后人称为"极度伤心的诗"，是古代爱情诗中难得的佳作。

陆游一生倾注于诗歌创作，他以"辛派词人"的身份闻名，相较于他的诗作，他的词作数量虽不多，但仍显现出其超凡的才华和独特的艺术视角。陆游的词作，核心在于抒发其深沉的爱国情怀和壮志难酬的愁苦。他常常以梦境为载体，描绘理想之境，与现实中的悲凉境遇形成鲜明对比，从而凸显出内心的挣扎与无奈。以《诉衷情·当年万里觅封侯》为例，这首词中，陆游深情回忆往昔，字里行间流露出无尽的惆怅与遗憾。他笔下的理想世界与现实中的失落形成鲜明对比，令人深感其内心的痛苦与挣扎。此外，陆游的词作中也不乏咏物与爱情之作。如《卜算子·咏梅》一词，上片描绘梅花的美丽与坚忍，下片则借梅言志，展现出作者身处逆境却矢志不渝的崇高品格。而《钗头凤·红酥手》则以急促的节奏和凄紧的声情，表达了作者对逝去爱情的深深怀念与无尽惋惜，读来令人荡气回肠，凄婉动人。

陆游的散文同样熠熠生辉。他擅长运用多种写作手法，文字简练而意蕴深远。他的散文涉猎广泛，从记铭序跋到生活琐事，无不透露出他对生活、思想和情感的独到见解。尤为值得一提的是，他的散文中充满了浓厚的爱国主义情感，令人动容。

《入蜀记》作为陆游的代表作之一，堪称中国游记文学的瑰宝。这部作品内容丰富，形式灵活多变，文字简练而富有力量。其中，对三峡的描绘尤为出色，他巧妙地将自然风光、名胜古迹与历史人物融为一体，展现出其深厚的文化底蕴和敏锐的艺术洞察力。

尽管陆游的词作在风格上未能形成独特的标签，但他以豪放婉约的写作风格赢得了广泛赞誉。他的词作情感激昂，充满爱国热情，与辛弃疾的风格有着异曲同工之妙。然而，由于风格多样，陆游的词作并未形成独特的个性，这在一定程度上影响了其在词坛的地位。

　　此外，陆游的随笔式散文《老学庵笔记》同样值得一读。这部作品以正式的风格和独特的结构展现了作者深厚的文学功底和人文视角。文中流露出的爱国之情和趣味性相互映衬，彰显出作者的高尚情操和对生活的热爱。这些南宋时期的笔记不仅具有极高的史料价值，是研究历史的重要资料，更是文学艺术的瑰宝。

　　在四六文的创作上，陆游同样表现出色。他的《祭雷池神文》语言浅显易懂，气势磅礴，与其诗风相得益彰。这篇文章既是对古文的传承，又是对其的创新，充分展示了陆游深厚的文学造诣和独特的艺术风格。

　　除了文学成就，陆游在史学领域也颇有建树。他的史才令人赞叹，为后世留下了丰富的历史资料。可以说，陆游是一位多才多艺、全面发展的文人，他的作品不仅具有极高的文学价值，也是研究历史和文化的重要参考。陆游的史学贡献并非仅限于他身为史官时编纂的《两朝实录》和《三朝史》，而是尤其体现在他独立创作的《南唐书》上。南宋时期，关于南唐历史的记载纷繁复杂，其中不乏薛居正主持编修的《旧五代史》和欧阳修私人撰写的《新五代史》等权威之作。然而，陆游却独具匠心，他广泛搜集各种版本，以本纪、列传的严谨结构，精心编纂成十八卷的《南唐书》。

　　陆游编纂《南唐书》的初衷在于以史为鉴，为南宋王朝提供一面历史的明镜。他在书中明确肯定南唐烈祖李昪的身份，称其为"唐宪宗第八子建王恪之玄孙（李恪）"，从而打破了中原五代为正统的固有观念。更值得一提的是，陆游在书中多次使用"帝""我"等第一人称词汇，通过叙述南唐国君治国理政、安抚百姓以及用兵之道的种种事迹，深情地表达了自己强烈的爱国情感。这种借古喻今、抒发爱国情怀的笔法，使得《南唐书》不仅具有极高的史学价值，更成为一部充满情感与智慧的历史佳作。

在陆游的一生中，除了诗歌以外，书法是他执着的追求和灵魂的寄托。从他关于书法的诗篇以及留存下来的书法手迹和碑帖可以看出，陆游精通正、行、草三种书法，尤其是草书方面，他展现出了精湛的技艺。

陆游的正体书法，师从晋唐法帖，风格沉雄浑厚，充满神韵，明显地具有颜真卿楷书的笔势。他的行书和草书，则取法于张旭和杨凝式，同时又受到苏轼、黄庭坚、米芾等人的影响，更注重追求人品和精神上的契合，讲究对比的变化和节奏的把握。

陆游的书法作品，善于将行书和草书相互融合，纵敛互用，秀润挺拔。晚年的他笔力遒健奔放，朱熹称赞他的书法"笔札精妙，意致深远"。他的《自书诗卷》，保留了早年学习颜真卿、苏轼书法的笔法风格和习惯用笔，同时又明显地融合了杨凝式行书和张旭草书的长处，无论是用笔、结字和布白都与其诗歌风格浑然一体，明人程郁题跋为"诗甚流丽，字亦清劲"，确实是书法佳作中的精品。

四、文化影响

在研究陆游的作品时，我们不仅可以领略到他卓越的文学才华和深厚的文化底蕴，更可以感受到他坚定的爱国情怀和不懈的人生追求。陆游的文学创作充满了力量和魅力，他的作品无论是从形式上还是从内容上，都为我们提供了丰富的阅读体验。他的文字简洁而富有力量，深入人心。他的作品不仅表达了他的爱国之情，也展现了他对生活的热爱和对人性的理解，也为我们提供了一个丰富的文学宝库，值得我们深入研究和欣赏。

杨慎对陆游的词作赞赏有加，认为其细腻之处堪比秦观；豪放之处则与苏东坡相媲美。朱熹亦对陆游的诗歌老辣雄健表示赞叹，认为其可与当代顶尖诗人相提并论。杨万里则盛赞陆游的诗作如精金般纯粹，价值非凡。叶绍翁则评价陆游性格慷慨，喜好任侠，常以骑马草拟军书自居，且喜好结交中原豪杰以图灭敌。他在剑南任职期间，通过诗歌表达了对恢复中原的深切渴望。

陈讦对陆游的七律诗歌尤为推崇，认为其全集中收录的七律数量最多且质量上乘。袁宗道则认为陆游的诗作在描绘事物时透脱自然，品评花鸟时清新奇特。刘克庄将陆游比作诗坛的初祖，自过江以来无人能及。赵翼则认为宋诗以苏轼和陆游为两大巨匠，尽管后人因苏轼之名而往往认为其胜过陆游，但实际上陆游的成就并不逊于苏轼。

吴梁启超曾赞叹陆游的诗歌充满兵魂与国魂，其从军之作尤为动人，堪称亘古男儿中的佼佼者。钱钟书亦对陆游的爱国情怀给予高度评价，认为这种情怀深深植根于他的生命与作品中，无论是观画马、赏鲜花、听雁唳、饮酒还是写草书，都能引发他报国仇、雪国耻的热血激情，这种激情甚至超越了他清醒生活的边界，渗透到他的梦境之中，这是其他诗人所难以企及的。

周恩来总理也曾经赞扬宋诗中陆游应排第一，而不是苏东坡。在中国的文学史上，陆游无疑是一个闪耀的明星，他的爱国情怀深深地烙印在每一首诗中。他以文字为武器，挥洒着对国家、对民族的热爱与忧虑。他的诗歌并不仅仅是为了个人情感的宣泄，而是站在一个更高的角度，思考的是国家的兴衰、民族的未来。

陆游的诗歌中，经常流露出对国家现状的担忧和对民族命运的关切。他看到国家的繁荣与衰落，也看到了民族的荣光与屈辱。这些都在他的诗中得到了生动的描绘和深刻的反思。他以诗人的敏感和深沉，对国家、对民族的前途命运进行了深入的思考和探讨。

陆游的骨气也值得我们敬仰。他身处逆境，但从未向困难低头，更未因个人的遭遇而放弃对国家、对民族的关注和热爱。他的骨气坚如磐石，无论生活多么困苦，始终坚守着对国家的忠诚和对民族的信仰。

因此，可以说陆游是一个真正的爱国诗人，他的诗歌不仅仅是对美的追求，更是对国家、对民族的深情告白。每一首诗都是他心灵的呐喊，每一句词都是他对国家的热爱和对民族的忧思。他的诗歌充满了力量和灵魂，将永远在人们心中留下深刻的印象。

骆宾王纪念馆

一、故居概况

　　骆宾王公园，位于义乌市区的中心地段，坐落在城中中路，与繁华的通惠门小区一墙之隔，临近工人路和常春路。虽然它的面积并不大，但每一寸土地都弥漫着高雅的气息。

　　夕阳西下，金色的余晖洒在公园的正门口，那"骆宾王公园"几个大字熠熠生辉，仿佛诉说着历史的沧桑与辉煌。大门两侧，两根柱子巍然屹立，上面镌刻着一副对联，那是骆宾王的诗句凝聚而成："意气溢三军，当时门客今何在；故乡眇千里，自有林泉勘隐栖。"字里行间，透露出一种深沉的历史韵味。

步入公园，不到二十步，一座古色古香的建筑便映入眼帘，那便是雅集轩。这里汇聚了百余幅知名书画家的杰作，以及丰富的骆宾王文史资料。四周的回廊上，60多幅书法碑刻依次排列，行草楷隶，各领风骚。游客们在此不仅可以品味骆宾王的诗文之美，更能领略到书法艺术的无穷魅力。

沿着蜿蜒的小径，漫步至咏鹅景区。这里以咏鹅亭为中心，绿树成荫，碧水荡漾。虽然初秋时节，池塘上尚未见到"白毛浮绿水"的鹅群，但那份宁静与优雅却足以让人陶醉。环湖而行，一座古朴的建筑逐渐显现，那便是骆宾王纪念馆。

纪念馆内，雕梁画栋，金碧辉煌。中央端坐着神采奕奕的骆宾王雕像，中堂上方悬挂着"一代文宗"四个大字，彰显着他在文学史上的崇高地位。厅堂的墙壁上，详细记载着骆宾王的生平事迹和文学成就。游客们在此可以深入了解这位伟大诗人的传奇人生，感受他那独特的文学魅力。

骆宾王公园不仅是一处风景如画的休闲胜地，更是一座生动的历史长廊。它让人们在欣赏美景的同时，也能领略到深厚的文化内涵，感受到历史的厚重与深远。

二、人物生平

骆宾王，字观光，婺州义乌（今属浙江）人。出身寒门，名和字源于《易经》中的观卦："观国之光，利用宾于王。"他七岁便能吟诗，被誉为"神童"。据说，其名作《咏鹅》便是在他七岁时完成的。骆宾王的父亲曾担任青州博昌县令，后因公殉职。父死后，骆宾王流寓博山，后迁至兖州瑕丘县，在贫困的环境中度过了早年岁月。

在唐高宗永徽年间，骆宾王任职于道王李元庆府属，受命陈述才能，他却耻于自炫，拒绝奉命。后来，他被任命为奉礼郎，并成为东台详正学士。然而，由于某种原因，他被贬谪至边疆守卫。在蜀地时，骆宾王与卢照邻频繁交流诗歌唱酬。

仪凤三年（678），骆宾王调任武功主簿、长安主簿，并由长安主簿入朝为侍御史。当时武则天当政，骆宾王多次上书讽刺，因此得罪入狱。在狱中，他创作了《在狱咏蝉》。后来在调露元年（679），骆宾王获赦释放。

调露二年（680），骆宾王出任临海县丞，因此被世人称为骆临海。《旧唐书》也记载了骆宾王在武则天临朝称制之后，以长安主簿的身份被贬谪为临海丞的事迹。后来他弃官游广陵，并作诗明志："宝剑思存楚，金椎许报韩。"

嗣圣元年（684），武则天废中宗。九月，徐敬业（即李敬业，李勣之孙）在扬州起兵反抗。骆宾王为徐府属，被任为艺文令，掌管文书机要，起草《为徐敬业讨武曌檄》。然而在嗣圣元年十一月，徐敬业兵败被杀。关于骆宾王的最终结局，历史文献并未明确记载。

三、人物事迹

骆宾王是唐代的大臣、诗人和儒学大师，他出身寒微，但很有才名。与王勃、杨炯、卢照邻并称为"初唐四杰"。他在永徽年间担任道王李元庆的府属。然而，在仪凤三年（678），他因事被捕入狱，但后来被赦免。在调露二年（680），他出任临海县丞。在光宅元年（684），他跟随英国公徐敬业起兵讨伐武则天，并撰写了《讨武曌檄》。

骆宾王的著作非常丰富，他对荡涤六朝文学颓波、革新初唐浮靡诗风起到了重要作用，同时也为有唐一代文学的繁荣局面作出了贡献。因此，他成为中国文学史上有影响的人物，长期以来受到人们的赞誉。在初唐四杰中，骆宾王的诗作最多，尤其是他的七言歌行，非常出色。他的代表作《帝京篇》是初唐时期罕有的长篇作品，被当时的人们认为是绝唱。此外，他还写了一些具有时代意义的诗篇，如《畴昔篇》《艳情代郭氏答卢照邻》《代女道士王灵妃赠道士李荣》等。这些诗篇以嵚崎磊落的气息和富艳瑰丽的词华来抒情叙事，形式非常灵活。明代何景明曾说初唐四子的"音节往往可歌"，所指的就是七言歌行这种诗体。在骆宾王之后，刘希夷、张若虚，盛唐的李颀、王维、高适，中唐的元稹、白居易，晚唐的郑谷、韦庄以及清代吴伟业等人的长篇歌行，都是沿着骆宾王的创作路线发展下来的。

除了诗歌创作，骆宾王的骈文也非常出色。他在骈文中融入了自己的情感和才华，使其看起来更加艳发且词采赡富。与此同时，他的文章还寓有一种清新俊逸的气息。无论是在抒情、说理还是叙事方面，他都能运笔如舌，挥洒自如。与六朝后期堆花俪叶、追求形式之美的文风相比，骆宾王的作品有着明显的不同。《为徐敬业讨武曌檄》（即《讨武曌檄》）便是代表了这样的作品。这篇文章以封建时代忠义大节作为理论根据，号召人们起来反对正在筹建中的武周王朝。其气势充沛，笔端带有情感。尤其是其中"一抔之土未干"等描述，感情真挚且精练简省，一反齐梁骈文感情空洞、用典繁缛的弊病。这是对庾信文风的充分继承和有益的改造。以深情的语言，激发了唐朝旧臣对故君的怀念。这种怀念之情，如同历史长河中的一叶孤舟，寄托着他们对过去岁月的回忆和感慨。在这个时代变迁的时刻，他们怀念故君，也怀念自己曾经为国家奉献的青春岁月。这种怀念之情，不仅是对过去的回忆，更是对未来的期许。他们希望唐朝能够再次崛起，重现往日的辉煌。在这个意义上，"一抔之土未干，六尺之孤何托"二句，不仅是对故君的怀念，更是对未来的期许和呼唤。

四、文化影响

在从齐梁文学向盛唐文学的演进过程中，骆宾王扮演了重要的过渡角色。他的一生充满了理想与现实、怀才与不遇的矛盾冲突，这种冲突塑造了他正直的性格和积极的人生态度。他的诗文中充满了饱满的激情和强烈的自我意识，这是他的作品展现出"刚健"和"风骨"精神气质的根本原因。

骆宾王的咏物诗，在文学内容上独树一帜。他摒弃了齐梁时期咏物诗的游戏性质，转而强调兴寄和自我情感的抒发，深入揭示所咏之物的精神气格。特别是在边塞诗中，骆宾王凭借亲身经历，生动描绘出初唐士人的进取豪情，这种写作手法突破了南朝诗人传统的写作方法和消极格调，对后世诗人产生了深远影响。

在文学形式上，骆宾王的歌行体诗歌同样具有开拓性意义。他通过改造传统帝京、艳情题材的写法，抒发对兴衰的感慨或为弱女子打抱不平的侠气，展现出一种阔大昂扬的精神风貌。

历史评价方面，骆宾王被誉为"王杨卢骆四杰"之一，其文章才华备受赞誉。他的文章喜好以数对，被人称为"算博士"。同时，骆宾王的诗歌也被赞誉为格调高远，仿佛置身天上物外，有神仙会集之感。他的五言律诗更是秀丽精绝，无人可及，其中《帝京篇》更是被誉为一代绝唱。

骆宾王以其独特的文学风格和深刻的情感表达，在唐代文学史上留下了浓墨重彩的一笔。他的诗歌和文章不仅具有开拓性意义，而且对后世产生了深远的影响，成为唐代文学的重要组成部分。

在五言律诗的发展历程中，骆宾王的作品标志着这一正式的开端。他的作品稍带乐府痕迹，而杨、卢的作品则崇尚汉魏风格。尽管骆宾王的长歌风格浮靡，且存在一些瑕疵，但他的作品却如同串串珍珠，流畅宏远，展现了其卓越的诗艺。

胡应麟在《诗薮》中评论说："卢、骆的五言律诗，骨干有余，但风致却有所欠缺。至于排律，他们当时创作得很少，只有骆宾王篇什独盛。"

胡震亨在《唐音癸签》中指出：义乌骆宾王富有才情，且精通组织架构。他之所以得到"太整且丰"的评价，正是因为他的作品具有独特的风格和韵味。尽管他的才华并非纯粹的雅致，但他在胜处展现出了独特的优势。他的存诗很少，但这并不影响他在初唐诗坛的地位。

宋育仁在《三唐诗品》中评价说：骆宾王的诗源出于阴、何，特别能以清远取神，苍然有骨。虽然才华并非纯雅，但在胜处见优。存诗甚少，特见一斑，这正是他在初唐诗坛的独特之处。

丁仪在《诗学渊源》中提到：骆宾王的诗不亚于齐梁诸人，但古质风格却不及卢升之。然而，他的近体诗如《北眺春陵》《夏日游目聊作》等作品，无论是在立意还是炼辞方面，都实开盛唐之先路。

鲁迅在《南腔北调集·捣鬼心传》中提到：骆宾王创作的《讨武曌檄》，其中的"入宫见嫉，蛾眉不肯让人，掩袖工谗，狐媚偏能惑主"这几句，恐怕是费了不少心机的。然而，据传武后看到这里，不过微微一笑。是的，仅此而已，又怎么样呢？声罪致讨的明文，其力量往往远不如交头接耳的密语，因为一是分明，一是莫测的。我想假使当时骆宾王站在大众之前，只是攒眉摇头，连称"坏极坏极"，却不说出其所谓坏的实例，恐怕那效力会在文章之上的罢。

赵孟頫故居

一、故居概况

赵孟頫故居旧址纪念馆，坐落在湖城所前街月河桥西侧孙衙河头（甘棠桥南），是以赵孟頫故居为基础建筑改建而成。1994年，该馆以"赵孟頫故居"之名被湖州市政府列为市级文保单位，2003年更名为"赵孟頫故居旧址"。在2009年上半年至2011年上半年期间，纪念馆进行了保护性改建，并于2012年1月正式对外开放。

这座纪念馆占地面积4500平方米，建筑面积约2000平方米，是目前湖州最大的一座宅、院结合的仿宋古建筑群。展览以"鸥波无尽"

为展标，结合画作、石刻作品与纪录片等形式，生动展示了赵孟頫的生平及其寻求自由的人生理念和艺术追求。

展馆分为两个展厅，共五个单元进行展示，包括"宋室贵胄，水精宫中人""应召元庭，鹊华秋色里""儒学提举，领袖书画印""荣禄大夫，深宫度金曲""归去来兮，魂归青琉璃"等。这些单元主要介绍了赵孟頫生平事略及重大历史事件，如"吴兴八俊""忠直议政"等，还有赵孟頫各个时期艺术代表作的赏析，如《鹊华秋色图》《水村图》等。

赵孟頫故居旧址纪念馆的落成为更好地还原赵孟頫故居原貌，保护赵孟頫故居遗址作出了积极贡献。同时，它也为弘扬湖州文化艺术典范，交流及鉴赏湖州赵孟頫艺术成就提供了平台，赢得了良好口碑。

位于浙江省湖州市莲花庄路的中国湖笔博物馆内的赵孟頫艺术馆，于2001年9月建成开馆。这座建筑外观为歇山顶，飞檐翘角，亭廊楼院皆为仿古式建筑。主体部分设赵孟頫纪念厅、赵孟頫仪式厅，珍藏赵孟頫及其艺术同道等历代书画传世作品47件，书迹刻石40块。

二、人物生平

赵孟頫，生于宋理宗宝祐二年（1254），籍贯吴兴（今浙江省湖州市）。他的祖辈可追溯至宋太祖之子秦王赵德芳。其家族在南宋时期世代为官，且官衔颇高。赵孟頫的曾祖赵师垂、祖父赵希戭、父亲赵与訔皆为南宋官员。赵孟頫是赵与訔的第七子，他在十一岁时父亲去世，随后由生母督学。

赵孟頫自幼聪颖过人，读书过目不忘，下笔成文，写字运笔如风。他在十四岁时因家族背景而入补官爵，并通过吏部选拔官员的考试，调任真州司户参军。然而，南宋灭亡后，赵孟頫一度蛰居在家。他的母亲丘氏鼓励他多读书，以便在新的朝代中有所作为。他听从母亲的劝告，努力读书，拜老儒敖继公研习经义，学业日进，声名卓著。

吏部尚书夹谷之奇举荐赵孟頫为翰林国史院编修官，但他辞不赴任。至元二十三年（1286），元朝行台侍御史程钜夫奉诏搜访隐居于江南的宋代遗臣，得二十余人，赵孟頫名列其首，并单独被引见入宫，觐见元世祖忽必烈。世祖见赵孟頫才气豪迈，神采焕发，如同神仙中人，非常高兴，让他位坐尚书左丞叶李之上。

至元二十四年（1287）六月，世祖授赵孟頫为兵部郎中。至元二十七年（1290），赵孟頫升任集贤直学士。至元二十九年（1292），赵孟頫被任命为同知济南路总管府事。当时在当地有个叫元掀儿的人，在盐场服役，因不堪艰苦而逃走。他的父亲诬告是同服劳役的人将掀儿杀害。赵孟頫怀疑其中有冤情，不立即判决。一个月后，掀儿自己回归盐场。郡中人都称赞赵孟頫料事如神。

当时，朝廷有一个有权势的官员，性情暴虐，因赵孟頫不顺他的意，借口诽谤他，恰逢朝廷要修《世祖实录》，召回赵孟頫还京，这才无事。随后，赵孟頫被改任为汾州知州，还未成行，朝廷又令他书写金字《藏经》。大德三年（1299）八月，赵孟頫任集贤直学士、江浙等处儒学提举。至大二年（1309），在杭州任江浙儒学提举已满十年，赵孟頫被改任为中顺大夫、扬州路泰州尹兼劝农事，尚未赴任，被皇太子爱育黎拔力八达（即后来的元仁宗）遣使所召。至大三年（1310），朝廷召赵孟頫回京师，授翰林侍读学士、知制诰、同修国史，命与其他学士共同撰写祀南郊祝文。在拟定殿名的问题上，赵孟頫与其他人意见不合，告假还乡。仁宗在东宫时，就闻知赵孟頫之名，等到他即位后，便召其为集贤侍讲学士、中奉大夫。

皇庆二年（1313）六月，赵孟頫被任命为翰林侍讲学士，并兼任知制诰，参与国史的修订工作。同年十月，他转任集贤侍读学士，并晋升为正奉大夫。在延祐元年（1314）十二月，他再次升职，成为集贤侍讲学士，并荣获资德大夫的封号。

延祐三年（1316）七月，赵孟頫的仕途达到了巅峰，他被封为翰林学士承旨，并兼任荣禄大夫、知制诰，同时还负责修订国史。他的地位尊崇，享受一品官员的待遇。

然而，延祐六年（1319）四月，赵孟頫因家中管夫人病重，得到皇帝的恩准返回家乡。他在二十五日离开了大都，但不幸的是，五月十日，管夫人在临清的船上离世。赵孟頫和他的儿子亲自护送夫人的灵柩返回吴兴。同年冬天，仁宗皇帝曾派人催促他回朝，但由于身体原因，他未能成行。

至治元年（1321），元英宗孛儿只斤·硕德八剌派遣使者到赵孟頫家中，命他书写《孝经》。这是对赵孟頫书法才华的极高认可。至治二年（1322）春天，英宗再次派遣使者前往吴兴，向赵孟頫表示问候，并赠送礼物，表达了对他的深厚情谊。

然而，命运的无常总是让人措手不及。至治二年六月，赵孟頫在吴兴病逝，享年六十九岁。在他生命的最后一刻，他仍然坚持观书作字，谈笑风生，仿佛一切如常。直到黄昏时分，他才安静地离世。

九月十日，赵孟頫与管夫人被合葬于德清县千秋乡东衡山。他的离世引起了广泛的哀悼和怀念。为了表彰他的贡献和成就，朝廷追赠他为江浙中书省平章政事、柱国，并追封他为魏国公。他的谥号被定为"文敏"，这是对他一生才华和品德的极高赞誉。

三、人物事迹

赵孟頫是一位博学多才的艺术家，他的文学和艺术创作引领了一代风潮。他在绘画领域有着广泛的涉猎，无论是山水、人物、鞍马，还是墨竹、花鸟，都以精湛的笔墨技巧和独特的风格著称。他主张回归古意，力图改变南宋院体的格调，追求五代、北宋时期的法度。他提倡以书法用笔来画竹，将文学与绘画相结合，为文人画的发展奠定了基础。

赵孟頫的成就不仅仅是在绘画领域，他还以其独特的艺术思想和理念引领了整个艺术界。他强调画家的写实基本功与实践技巧，提出"云山为师"的口号，克服了"墨戏"的陋习。他主张"书画本来同"，以书法入画，使绘画的文人气质更为浓烈，韵味变化增强。他提倡"不假丹青笔，何以写远愁"的思想，将绘画与情感表达相结合，深化了绘画的内在功能。

赵孟頫在各种画科中都有出色的表现，他的画艺全面且富有创新。他的绘画作品不仅展现了高超的技巧和细腻的情感，还蕴含着丰富的文化内涵。他的绘画风格兼有诗、书、印之美，相互映衬，相得益彰。他的作品不仅代表了元代新画风的开端，也为后世艺术家提供了宝贵的启示和借鉴。

在当时南北一统、蒙古族入主中原的政治形势下，赵孟頫努力吸收南北绘画之长，复兴中原传统画艺，为中华文化的传承和发展作出了巨大贡献。他能团结包括高克恭、康里巎巎等在内的少数民族美术家共同繁荣中华文化，充分体现了他的艺术视野和博大胸怀。在元代初期，赵孟頫是一位极具影响力的艺术家和文人。他主张回归古代的审美理想，倡导"古意"，从而为元代绘画艺术提供了独特的审美标准。这一标准不仅体现在他的绘画作品中，也广泛渗透于他的诗文、书法、篆刻等艺术领域。

赵孟頫积极提倡"古意"，试图从古代的艺术智慧中寻找解决现实问题的方法。他以晋唐为榜样，批评南宋艺术的险怪霸悍和琐细浓艳之风。更为可贵的是，作为一名士大夫画家，他反对着北宋以来文人画的墨戏态度，而是坚持着严谨的创作态度和专业的艺术追求。

从价值学角度来看，赵孟頫坚持了文人画的人格趣味，同时又摒弃了其游戏态度。从形态学角度来说，他不仅创建了文人画特有的表现形式，而且使之无愧于正规画的功力格法。他在绘画的各种画科中进行了全面的实践，确立了文人画在画坛上的正规地位。

特别值得一提的是，赵孟頫的山水画综合了许多不同的元素，使它们在画面中和谐共存。他的作品不仅体现了高逸的士夫气息，也展现了散逸的文人气息。他的绘画风格从"游观山水"向"抒情山水"转化，使造境与写意、诗意化与书法化在画面中得到完美的

53

融合。这些都为后来"元季四大家"（黄公望、王蒙、倪瓒、吴镇）那种以诗意化、书法化来抒发隐逸之情的逸格文人画的出现奠定了坚实的基础。

作为元代初期极具影响力的书法家，赵孟頫的篆、籀、分、隶、楷、草诸书俱佳，其中以楷书、行书的造诣最深，影响最广。他的书法早期学习宋高宗赵构的"妙悟八法，留神古雅"的书风，中期学习钟繇和"羲献"等历代名家的书法风格，晚年则师法李北海的书风。

总的来说，赵孟頫是一位全能的艺术天才，他的绘画和书法作品都深深地影响了元代艺术的发展。他提出的"古意"审美标准对元代艺术产生了深远的影响，而他对于诗文、书法、篆刻等领域的广泛涉猎也使得他在元代文坛上享有极高的地位。这位卓越的艺术家，曾深情抚摸过元魏的定鼎碑，细品过唐虞世南、褚遂良等人的书法。他对篆书的热爱，源自石鼓文、诅楚文的韵味；隶书则借鉴梁鹄、钟繇的笔意；行草书则深受"羲献"的启发。他倾心钻研古人书法，诚如文嘉所赞："魏公于古人书法之佳者，无不仿学"。

虞集对他的楷书赞不绝口："楷法深得《洛神赋》，而揽其标。行书诣《圣教序》，而入其室。至于草书，饱《十七帖》而度其形。"他的书法集了晋、唐两代的精华，成就斐然，因此被尊为一代书法大家。明代书画家董其昌更是将他与颜、柳、欧并列，称赞他的书法"因熟而俗"，证明了他在书法界的地位。

这位杰出的书法家不仅继承了古人的传统，更在其中融入了自己的理解和创新。他的每一笔、每一画都充满了力量和情感，使人感受到他对书法的热爱和追求。在书法界，他的名字犹如一颗璀璨的明星，闪耀在历史的长河中，照亮了后来者的道路。他是我们的骄傲，是我们永远的楷模。

四、文化影响

赵孟頫，这位元代的艺术巨匠，以其卓越的书法和绘画才能，被誉为"元人冠冕"。他的画作无所不能，山水、人物、花鸟、竹石皆精，工笔、写意、青绿、水墨亦尽善尽美。在书法领域，他精通篆、隶、真、行、草各书，其中楷、行书更被世人称道。其书风遒媚、秀逸，结体严整，笔法圆熟。与颜真卿、柳公权、欧阳询并称为"楷书四大家"。

赵孟頫的传世作品丰富多样，书法作品有《洛神赋》《道德经》《兰亭十三跋》《赤壁赋》《六体千字文》等，画作则有《秋江饮马》《红衣天竺僧》《重江叠嶂》《水村图》等。此外，他还著有《松雪斋文集》《尚书注》《琴原》《乐原》等著作。

赵孟頫在中国书法艺术史上有着不可忽视的重要作用和深远的影响力。他的书法贡献不仅在于其作品本身，更在于他的书论见解。他认为："学书有二，一曰笔法，二曰字形。笔法弗精，虽善犹恶；字形弗妙，虽熟犹生。学书能解此，始可以语书也。"又说："学书在玩味古人法帖，悉知其用笔之意，乃为有益。"在临写古人法帖上，他指出了颇有意义的事实："前人得到古碑帖数行，专心学习，便能闻名于世。何况《兰亭集序》是王右军（王羲之）满意的书法。如果不停地学习，怎么会担心书法胜不过别人。"这些精到的见解无疑为我们提供了宝贵的启示。

赵孟頫的才华横溢和勤奋刻苦使得他在当时的艺术领域名扬四海。然而，入元之后，由于家境贫困，他有时需要依靠字画收取润笔费用来补贴家用。尽管如此，他的书画诗印四绝仍然名震中外。他的作品不仅在国内广受赞誉，也深受国外人士的喜爱。日本、印度人士都以珍藏他的作品为贵。他的弟子唐棣、朱德润、陈琳、商琦、王渊、姚彦卿，外孙王蒙，乃至元末黄公望、倪瓒等都在不同程度上继承发扬了赵孟頫的美学观点。

作为一代宗师，赵孟頫影响了友人高克恭、李衎，妻子管道升，儿子赵雍的画艺。他的艺术成就不仅是他个人才华的体现，更是他对中国传统文化的贡献。赵孟頫的名字和作品将永远铭刻在中国艺术史上，激励着后人在艺术领域不断探索和创新。元代文人画的繁荣，历经数个世纪依旧熠熠生辉，得益于赵孟頫与其子孙赵雍、赵麟的卓越贡献。他们共同创作了《人马图》，被誉为《三世人马图》，成为传颂千古的佳话。而在1987年，国际天文学联合会以赵孟頫的名字命名了一个水星环形山，以纪念他对人类文化史的无与伦比的贡献。他的书画作品散落在世界各地，包括日本、美国等国家，依旧闪耀着璀璨的光芒，为世人所景仰。

刘伯温故里

一、故居概况

刘伯温故里景区，这片位于浙江省文成县的旅游胜地，仿佛一幅自然与人文交织的画卷，让人流连忘返。文成县，这个国家级生态县，以其优美的生态环境和丰富的文化底蕴，为景区提供了得天独厚的条件。

景区占地总面积达4.81平方公里，每一寸土地都充满了生机与活力。其中，刘基庙和百丈漈两大核心景观，更是让人叹为观止。刘基庙，这座建于明朝天顺二年（1458）的古老建筑，不仅是对明朝开国元勋刘伯温的崇高纪念，更是中国古代建筑艺术的瑰宝。庙内悬挂的古今名家匾额楹联，字迹遒劲有力，寓意深远，让人感受到浓厚的文化气息。

而百丈漈，则是一处大自然的杰作。它汇集了南田诸水，从海拔600余米的高山绝壁倾泻而下，形成了壮观的阶梯形"三折"瀑布群。水流如飞珠溅玉，声如怒雷惊涛，让人感受到大自然的磅礴气势。

近年来，刘伯温故里景区的发展更是日新月异。2016年，文成县启动了5A级景区创建工作，经过一年的努力，景区成功通过了国家景观质量专家评审，成为温州市近十年来唯一进入国家5A级旅游景区创建名录的景区。这一荣誉的获得，不仅是对景区自身发展的肯定，更是对文成县旅游产业的巨大推动。

如今的刘伯温故里景区，已经成了一个集多元文化于一体的综合型旅游休闲度假目的地。无论是古建筑，还是自然景观，都让人流连忘返。在这里，你可以感受到浓厚的历史文化氛围，也可以领略到大自然的神奇魅力。这里是一个让人心灵得到放松和升华的地方，也是一个让人流连忘返的旅游胜地。

二、人物生平

刘基，浙江青田九都南田山之武阳村（今浙江文成县南田镇岳梅乡武阳村）人。他天资聪慧，好学不倦，由父亲启蒙识字。他阅读速度极快，被誉为"七行俱下"。在十四岁时，他进入郡庠（即府学）读书，十七岁时，他离开府学，师从郑复初学习程朱理学。

刘基天赋异禀，只需默读两遍便能流畅背诵，更能深入剖析文义，提出前人未曾言明的见解。老师对此大为震惊，误以为他早已读过，便接连测试其他段落，刘基皆能迅速领悟要点。老师深感佩服，私下赞叹他为奇才，日后必非凡人。他学习春秋经，未费多少工夫便融会贯通。

刘基博览群书，诸子百家无所不晓，尤其钟爱天文地理、兵法数学等领域，钻研精深。

二十三岁时，刘基赴大都参加会试，一举中得进士。然而，闲居三年后，他才被任命为江西高安县丞，协助县令处理政务。他勤勉尽职，执法公正，政绩卓著，以刚正不阿、一身正气赢得百姓赞誉。他处理地方事务既严格又体恤民情，对违法行为绝不姑息，对奸恶之徒更是毫不畏惧。因此，虽受地方豪绅嫉恨，但得长官及部属信任，终得免祸。

辞官后，刘基返回青田。曾一度应召出任江浙儒副提举及行省考试官，但因检举监察御史而遭朝中大臣非议，遂上书辞职，任期仅一年。

至正六年（1346），刘基受好友欧阳苏之邀，前往丹徒，在蛟溪书屋过起半隐居生活。他靠教授村中子弟读书为生，间或与月忽难、陶凯等友人交往，生活虽平淡却充满乐趣。至正八年（1348）刘基结束了在丹徒为期两年的半隐居生活，转而投身杭州的市井之中。在此期间，他与竹川上人、照玄上人等方外之士频繁交往，同时与刘显仁、郑士亭等文人墨客相互酬唱，生活颇为丰富。不久，他的夫人为他诞下一子，取名刘琏。

然而，至正十二年（1352），杭州遭遇徐寿辉的攻陷，刘基携家眷匆匆返回故乡。随后，他受到朝廷的任命，出任江浙省元帅府都事，负责平定浙东一带的盗贼，特别是以方国珍为首的势力。然而，由于元廷内部的腐败和纷争，刘基的建议未被采纳，反而遭到谴责，他愤而辞官。

至正二十年（1360），朱元璋邀请刘基前往应天（今南京），担任其谋士。刘基凭借卓越的智慧和远见，为朱元璋提出了避免两线作战、逐个击破的战术，得到采纳。随后，他参与制定了灭元方略，并在朱元璋的军中效力长达八年之久，为明朝的建立立下汗马功劳。

明朝建立后，刘基被任命为御史中丞兼太史令，后又晋升为弘文馆学士。洪武三年（1370），他被授予开国翊运守正文臣、资善大夫等职务，并封诚意伯，享受丰厚的俸禄。然而，就在第二年，刘基因病获准返乡。

洪武八年（1375），刘基不幸感染风寒，病情严重。朱元璋得知后，特派御医前往探望。然而，尽管御医尽力救治，刘基仍于农历四月十六日在家中病逝，享年六十五岁。他的离世对于明朝来说无疑是一大损失，他的智慧和贡献将永远铭记于史册之中。明武宗正德八年（1513），朝廷赐予刘基太师之尊荣，并追赠文成之谥号，以彰其卓越贡献。至明世宗嘉靖十年（1531），刘基的同乡，刑部郎中李瑜，向世宗皇帝朱厚熜进言，提议刘基应享有与开国元勋中山王徐达同等的尊崇地位，即配享太庙并世袭爵位。朝廷经过深思熟虑，认同了李瑜的观点，认定刘伯温的功绩与徐达等开国功臣相当，应享此殊荣。同年，刘基的九世孙刘瑜，作为处州卫指挥，承袭了伯爵之爵位，这一举措不仅是对刘基功绩的肯定，也是对其后代的荫庇。

三、人物事迹

作为朱元璋的得力辅佐，刘伯温在明朝的建立过程中发挥了重要作用。他不仅帮助朱元璋集中兵力，先后消灭了陈友谅、张士诚等势力，还为朱元璋脱离"小明王"韩林儿自立势力，并以"大明"为国号来招揽天下义士的民心提出了重要的建议。在面对陈友谅攻陷太平（今安徽当涂县），意欲东向的嚣张气焰时，刘伯温建议利用陈友谅骄傲自满、听不进不同意见的时机，诱敌入伏，一举重创之，灭其锐气。他说："天道后举者胜，吾以逸待劳，何患不克，莫若倾府库，开至诚，以固士心，伏兵伺隙击之，取威制胜，以成王业，在此举也。"正是在吴国初创、百事待兴，又突临强敌、内部看法不一的危难紧急关头，刘伯温寥寥数语，拨开迷雾，点破形势，议定决策，团结人心，去为完成王业而进取。

在吴元年（1367），朱元璋以刘伯温为太史令，刘伯温呈上《戊申大统历》。荧惑星出现在心宿位，预示有兵灾祸乱，刘伯温请求朱元璋下诏罪己。天气大旱，刘伯温请求处理久积冤案，朱元璋便当即命令刘伯温予以平反，大雨也就从天而降。刘伯温趁机请求建立法制，防止滥杀现象。朱元璋这时正要处决囚犯，刘伯温便问是什么原因，朱元璋将自己所做的梦告诉他。刘伯温说："这是获得疆土和百姓的吉象，所以应当停刑等待。"三日之后，海宁归降，朱元璋很高兴，就将囚犯全部交给刘伯温释放了。

在朱元璋即皇帝位后，刘伯温上奏制定军卫法。当初确定处州税粮时，仿照宋制每亩加五合，唯独青田县除外。

太祖曾言："要让刘伯温家乡世代传颂此事。"当太祖巡幸汴梁时，刘基与左丞相李善长齐肩留守京城。刘基深知宋、元两朝因宽纵而失天下，故应整肃纲纪。他下令御史大胆弹劾，无须顾忌。宿卫、宦官、侍从之中，凡犯有过错的，一律禀报皇太子，依法惩治。因此，人人皆畏惧刘基的威严。中书省都事李彬因贪图私利，纵容下属而被治罪，李善长一向宠爱李彬，故请求从宽发落。刘基却坚持依法办事，并派人飞报太祖。得到批准后，刘基便在祈雨时将李彬斩首。从此，刘基与李善长产生了隔阂。

太祖返京后，李善长向太祖诉说刘基在坛土遗下杀人，此举实为不敬。那些对刘基心怀怨恨的人也纷纷诬陷他。当时正逢天旱，太祖要求诸臣发表意见。刘基上奏说："士卒亡故者，其妻全部迁往他营居住，共有数万人，致使阴气郁结。工匠死后，腐尸骨骸暴露在外，将投降的吴军将吏都编入军户，便足以协调阴阳之气。"太祖采纳了他的建议，然而十天过后仍不见雨，故而他发了怒。此时恰好刘基的妻子去世，所以他请求告辞还乡。太祖正在营造中都，又积极准备消灭扩廓。刘基临走上奏说："凤阳虽是皇上的故乡，但不宜作为建都之地。王保保不可轻视。"不久，定西之役失利，扩廓逃往沙漠，从那时起一直成为边患。这年冬天，太祖亲自下诏，叙说刘基征伐之功，召他赴京，赏赐甚厚，追赠刘基的祖父、父亲为永嘉郡公，并多次要给刘基进爵，刘基都固辞不受。

有一次，太祖因事要责罚丞相李善长，刘基劝说道："他虽有过失，但功劳很大，威望颇高，能调和诸将。"太祖说："他三番两次想要加害于你，你还设身处地为他着想？我想改任你为丞相。"刘基叩首说道："这怎么行呢？更换丞相如同更换梁柱，必须用粗壮结实的大木，我担心自己不能胜任。""若用细木搭建房屋，则立时会倒塌。"这是刘基用房屋结构的精妙比喻。后来，李善长辞官归隐，明太祖朱元璋打算任命杨宪为丞相，但刘基却坚决反对，他认为杨宪虽有丞相之才，却缺乏丞相的气度。丞相应该心如止水，以义理为准则来衡量和决策事情，而不应将个人主观意见掺杂其中。当太祖问及汪广洋时，刘基同样认为他的气量比杨宪更狭窄。对于胡惟庸，刘基更是将其比作驾车的马，担心他会将马车弄翻。因此，太祖说："我的丞相，只有先生你最合适了。"然而，刘基却以自己性格疾恶如仇、不耐烦处理繁杂事务为由，婉拒了太祖的邀请。他认为自己无法胜任这一重任，以免辜负了皇上的委托。最终，杨宪、汪广洋、胡惟庸都因故获罪。

刘基的作品《诚意伯文集》20卷传世，其中包含各种文体的文章和诗词作品，如《郁离子》《复瓿集》《写情集》《犁眉公集》《春秋明经》《卖柑者言》《活水源记》《百战奇略》《时务十八策》以及《春蚕》《五月十九日大雨》《旅兴》《薤露歌》《美人烧香图》《蜀国弦》《梁甫吟》等。这些作品展现了刘基深厚的文学造诣和丰富的思想内涵。

四、文化影响

刘基是一位举足轻重的政治家、文学家和思想家，他的思想、学术和文学成就对明朝乃至整个中国历史产生了深远的影响。

刘基在协助朱元璋推翻元朝、消灭群雄、建立明朝的历史进程中，扮演了智囊的角色，并作出了巨大的贡献。他的政治思想以施德政、得民心为核心，不仅具有政治性，还有经济性，是统治者施政的基本方针，并通过生产实践和一生的亲民行动为表率。

在处理消灭陈友谅和张士诚的先后问题上，刘基准确把握了当时的军事形势，提出了先灭陈友谅再取张士诚的建议，这一决策对朱元璋统一战争起到了关键作用。明朝建立后，刘基主张实行卫所制度，加强了皇帝对军队的控制。他一直强调对民众进行教化，使其明法懂法，对《大明律》的制定也发挥了重要作用。

刘基的法律思想在当时具有重要价值，他主张法治，强调法律的制定要相对宽松，但在执行时必须严格，特别是对执法者提出了更高的要求。他的法律思想打破了古代"人治"的传统，使法律日益走向客观、公正，符合法律制度发展的进步趋势。

在儒学思想方面，刘基的学说对明初学风产生了直接影响。他融会理学诸派，体现了明初思想的特征，影响了明初学术思想的走向。他的理气观针对宋元理学的宇宙生成论和哲学本体论意义而言，是谓哲学层面的"元气说"。

作为元明鼎革之际的重要诗人和散文家，刘基的诗文理论主张讽喻之说，提倡理、气并重，重视时代风格。他的经世致用的文学思想对于扫荡元季文坛纤弱之风，为明初新一代文风之振起，在理论上起到了关键作用。

刘基在元季至正年间曾经积极参与政治，但由于当时的政治环境十分恶劣，他的改革主张并未得到广泛认可。在此背景下，他开始以诗歌的形式表达自己的政治主张和对于社会问题的看法。这些诗歌不仅具有极高的艺术价值，还蕴含了他对于社会现象的深刻认识和对于未来的美好愿景。

除了诗歌作品外，刘基还擅长写寓言文学。他的寓言文学作品不仅内容博大精深，而且寓意深刻，让人在阅读过程中深受启发。在这些寓言文学中，我们可以看到他对于政治、经济、军事、哲学、伦理、道德等问题的独特见解和思考方式。同时，这些寓言文学还表现了他的审美观和价值观，为后人了解当时社会的价值观和道德标准提供了重要的参考依据。

在评价刘基的文学作品时，我们应该充分肯定他的贡献和成就。他的文学作品不仅具有极高的艺术价值和社会认识价值，还是中国文学宝库中的瑰宝之一。他的作品不仅深刻反映了当时社会的种种问题，还表现了他对于未来的美好愿景和对于人类文明的深刻思考。同时，我们也应该看到他的作品中所蕴含的智慧和思想，为后人提供了重要的启示和借鉴。

总之，刘基的文学作品是中国文化宝库中的重要组成部分之一。通过对他的作品的研究和分析，我们可以更好地了解当时社会的种种问题和发展趋势，同时也能够感受到他对于人类文明的深刻思考和对于未来的美好愿景。在深入探讨历史大势和复杂局势时，我们不应忘记那些杰出的领导者们。他们以高瞻远瞩的眼光，运筹帷幄，驰骋于千年的历史长河之中。在瞬息万变的时局中，他们以坚定的意志和智慧，控御一方，确保了国家的安宁与繁荣。他们以慷慨的胸怀，无私的奉献，向我们展现了一幅宏大的画卷。在国家建设的蓝图中，他们首陈远略，擘画宏图；在军事行动中，他们明晰战略，用兵如神。他们的建议和策略，能审慎地审视并合理地应用，因此我们才能有如今的成就。

在刘基的一生中，他展现出了这种杰出的才华和坚定的信念。这位明末学者和朱元璋的重要辅佐，以他的聪明才智和卓越的领导能力，帮助朱元璋实现了伟大的事业。他的忠诚和奉献精神值得我们学习和尊重。

然而，刘基也曾经历过人生的起起落落。他在元朝为官时忠诚于元，然而后来被贬为逐臣，他选择了隐居待时。这种选择显示了他的坚忍和智慧。他并没有放弃，而是选择了以退为进，最终找到了新的机会和平台来实现他的理想和抱负。

王世贞对刘基的评价反映了他的复杂性格和人生的多元面向。虽然有人将刘基比作张良，但刘基在谋略上确实不逊于张良，但说到做官或不做官的气节，却差得远了。这或许暗示了刘基在道德操守方面的某些不足或妥协。

然而，尽管存在这些争议和批评，刘基的文学成就仍然得到了广泛的认可。他的诗歌沉郁顿挫，自成一家，足以与高启相抗衡。他的作品不仅展现了他在文学领域的才华和造诣，也为我们提供了了解他人生经历和思想的重要窗口。

总的来说，刘基是一个多面性的领导者。他在历史上的影响力和成就值得我们尊重和学习。同时，我们也应看到他的人性的复杂性，不应将他简单地归为一个完美无缺的英雄人物。他的故事告诉我们：在追求理想和事业的过程中，我们会面临各种挑战和困难，但只有坚持不懈，才能在挫折中寻找到新的机会和发展方向。

宋濂故居遗址

一、故居概况

宋濂故居遗址，位于金华潜溪南岸，静静地坐落在上柳家与禅定寺之间。从上柳家的东北角出发，步行约200米，便能一睹这片占地400多平方米的遗址的风采。这里，历史的痕迹清晰可见，每一砖每一瓦都诉说着过去的故事，因此被列为县级重点文物保护单位。

在这片遗址的附近，矗立着一座古老的寺庙——禅定古寺。据传，这座寺庙始建于南北朝时期，距今已有1800多年的历史。寺庙的香火旺盛，每天都有来自义乌和金华本地的香客前来朝拜，祈求平安和幸福。

禅定寺在抗日战争时期，还曾是金义浦抗日根据地的重要活动场所。在那个艰苦的岁月里，它为当地人民提供了重要的精神支撑和信仰依托，成为他们心中的一盏明灯。

除了宋濂故居遗址和禅定古寺，横溪宋宅村的宋濂祠堂也是一处不可多得的历史文化遗产。它距离浙江省兰溪市区约37公里，虽然远离市区，但依旧吸引着众多游客前来参观。2005年11月3日，兰溪市政府更是将宋濂祠堂公布为市级文物保护单位，以彰显其重要的历史和文化价值。

宋濂故居遗址、禅定古寺和宋濂祠堂，这三处地方不仅承载着丰富的历史和文化内涵，更是当地人民对于国家和民族未来的期望和责任的体现。我们应该珍视这些宝贵的历史文化遗产，传承和弘扬其中的精神内涵，为实现中华民族伟大复兴的中国梦贡献自己的力量。

二、人物生平

宋濂，生于元武宗至大三年（1310）十月十三日，因与其祖父同日生，故名为寿，后改名濂。其祖先宋栢在南宋时迁徙金华潜溪（今浙江义乌），后至宋濂时才迁居金华浦江（今浙江浦江）。宋濂幼时多病，"每风眩辄昏迷数日"，幸得祖母金氏和母亲陈氏的悉心照顾，得以顺利度过童年。他聪明、记忆力强，号称"神童"。他精通《五经》，并曾受业于闻人梦吉、吴莱、柳贯、黄溍等。

元顺帝至正九年（1349），因危素等举荐，顺帝召宋濂为翰林编修，他以奉养父母为由，辞不应召。至正十年（1350），他入仙华山为道士，实则入山著书。至正十六年（1356）十月四日，他入小龙门山著书。至正十八年（1358）三月，朱元璋军队攻取睦州，宋濂遣家人入诸暨勾无山，但他自己留下未同行。十一月，郡守王显宗以"五经"师聘，宋濂推辞。

至正十九年（1359）正月，朱元璋命升任知府的王显宗在郡中设学堂，召宋濂为婺州郡学"五经"师。至正二十年（1360），在李善长的推荐下，宋濂与刘基、章溢、叶琛被朱元璋召至应天府。七月，宋濂被任命为江南等处儒学提举。十月，奉命为朱元璋子朱标教授"五经"，后又参与修撰起居注。至正二十三年（1363）五月，朱元璋建礼贤馆，宋濂等人均在馆中。

洪武四年（1371）二月，宋濂升任奉议大夫、国子司业，却因祭祀孔子未按时呈上奏章，于八月被贬为安远知县。洪武五年（1372）二月，宋濂被召还任礼部主事。十二月，升任太子赞善大夫。洪武七年（1374）十一月一日，朱元璋命宋濂等考定丧礼服制。洪武八年（1375），宋濂追随太子朱标及诸位讲武中都，尽心尽力。洪武九年（1376）正月，朱元璋任命宋濂与朱右等人制定王国所用之礼，彰显了其重要的地位。同年六月，宋濂被任命为翰林学士承旨，继续担任其他官职。

洪武十年（1377），宋濂决定告老还乡，朱元璋亲自为他饯行，并命宋濂之孙宋慎送其回家。宋濂以头叩地辞谢，约定每年前来觐见一次。回乡后，宋濂每年趁着帝庆节的机会如约进京觐见，展现了其不忘初心的忠诚。

然而，洪武十三年（1380），宋慎被牵扯进胡惟庸案中，导致宋濂一家遭祸。宋慎与宋濂其次子宋璲都获罪而死。朱元璋欲处死宋濂，经马皇后及太子朱标力保，宋濂才得以免死，被徙至四川茂州安置。

洪武十四年（1381）五月，宋濂因病在夔州逝世，享年七十二岁。临终时，他正坐敛首而逝，当时夔州的官员都前来赠赙哭祭。知事叶以从将宋濂葬于莲花山下。蜀王朱椿仰慕宋濂，又将宋濂转葬于华阳城东。

明宪宗成化年间，蜀王朱申凿曾至宋濂墓前祭拜。明孝宗弘治九年（1496），因四川巡抚马俊为宋濂上奏申诉，孝宗经礼部商议后下诏恢复宋濂的官职，每年春秋两季在其所葬之地举行祭祀。正德年间，宋濂获追谥为"文宪"，彰显了他在文学和政治上的杰出成就。

三、人物事迹

洪武元年（1368），朱元璋登基，决定正史以纪，遂诏令宋濂、王祎执笔，编修《元史》。洪武二年（1369），宋濂奉诏入京，肩负重任，与王祎共同担任总裁官。同年六月，被任命为翰林院学士、中大夫、知制诰、兼修国史。八月，《元史》书成，宋濂功不可没，被任命为翰林院学士。

洪武三年（1370），朱元璋采纳欧阳佑等儒士的提议，决定续修《元史》。宋濂和王祎再次担任总裁官。在二月初六的开局仪式后，他们全力投入了《元史》的续修工作。经过七个多月的辛勤努力，全书于七月一日告成。然而，宋濂因失朝被降职为翰林编修。

在洪武五年（1372），甘露降世，朱元璋询问宋濂这意味着什么。宋濂引用《春秋故事》的智慧，告诉朱元璋受命于人不于天，做事不必受天象的影响。当朱元璋的侄子朱文正犯下罪行时，宋濂为他求情，建议将他贬到边远地方，避免他受到死刑的惩罚。

朱元璋问宋濂作为帝王，应该读什么书为主。宋濂推荐了《大学衍义》，并建议将书中内容贴在宫殿两边墙壁之上。朱元璋采纳了他的建议，并命他给大臣讲解《大学衍义》的内容。

洪武六年（1373）二月，朱元璋召集了数十位儒士，任命宋濂为他们的导师。七月三十日，宋濂升任翰林侍讲学士、知制诰、同修国史，仍兼赞善大夫。他在八月十六日与詹同共同担任总裁，奉命修《大明日历》。次年五月，《大明日历》成功修成。同时，他们还辑了五卷为《皇明宝训》。同年九月，朱元璋为散官分阶定俸，任命宋濂为中顺大夫，命他参中书大政。然而宋濂婉辞了这个职位。

宋濂是一位多产的作家，他的作品丰富多样。他著有《孝经新说》、《周礼集说》、《诸子辩》、《龙门子凝道记》二十四篇、《潜溪内外集》三十卷、《銮坡集》二十五卷、《萝山吟稿》二卷、《浦阳人物记》二卷、《翰苑集》四十卷、《芝园集》四十五卷、《洪武圣政记》二卷、《朝京稿》五卷等作品。他的作品不仅展示了他的才华和学识，也使他在历史上留下了不朽的名声。宋濂不仅著有《篇海类编》二十卷和《洪武正韵》十六卷，还曾担任《元史》二百一十卷的主编。除了他的单行本《洪武圣政记》和集体所撰的《元史》之外，他的其他作品后来被合刻为《宋学士全集》（亦称《宋文宪公全集》或《宋学士文集》）

七十五卷。其中,《送东阳马生序》这篇脍炙人口的文章被选入人民教育出版社语文九年级下学期文言文单元,广为传颂。

宋濂的丰富藏书使他成为明朝开私家藏书风气之先者。他的学识和才华不仅在当时备受推崇,也为后世的文学和历史研究留下了宝贵的财富。他的作品不仅具有极高的文学价值,也为我们了解明朝初期的历史提供了重要的史料依据。

在明朝的文坛上,宋濂的名字如雷贯耳。他的作品不仅数量众多,而且质量上乘,具有广泛的影响力。他的《宋学士全集》收录了他的大部分作品,是明朝文学和历史研究的重要资料。

总的来说,宋濂的丰富著述和藏书为后世的文学和历史研究留下了宝贵的财富。他的影响力和贡献不仅在当时备受推崇,也在后世得到了广泛的认可和赞誉。

四、文化影响

宋濂、刘基、高启三人被誉为明初诗文三大家,在中国古代文学史上占有重要地位。宋濂致力于传承儒家封建道统,其文学理念主张回归经典、效法古人,尤其以唐宋为典范,创作颇丰。他的文学作品以传记小品和记叙性散文最为出色,这些散文有的质朴简练,有的则显得雍容典雅,各具特色。朱元璋赞誉他为"开国文臣之首",刘基更是称赞他的文章为"当今第一",而众多学者则尊称他为"太史公"。著有《宋学士文集》。

宋濂对佛、道二氏的理论也有所涉猎和研究,尤其是对佛教典籍的研究更是深入。他提出了一种关于宇宙自然观的观点，认为宇宙的升降运动和四季万物的生长凋零，都是由一种称为"气母"或"元气"的物质所驱动的。这种"气母"或"元气"无边无际、无始无终，虽然人们无法察觉到它，但它确实存在。

宋濂认为，"理"，即代表天地之心，是绝对的，它通过元气产生万物和运动。自然界之所以充满生机，就是因为这个生生不息的"天地之心"通过元气在起作用。他认为，探求真理、提升道德的修养，就在于体认和获得这个"天地之心"，从而让"吾心"能够与天地并存、与日月同辉、与四时同步，实现"君子之道"。而人之所以能体认"天地之心"，是因为"吾心"本具"太极"，它包含了一切的可能性，因此能与天地的"太极"相互感应、相互响应。所谓体认"天地之心"，实际上不过是发掘和显现"吾心"本有的"天地之心"而已。六经的本质就是记录"吾心"所具之理。

在学术方面，宋濂坚持经史并重，尤其重视六经。他认为六经是记录圣人之心的经典，是人们学习的范本。同时，他也受朱熹、陆九渊等人的影响，主张不断克除"人伪"，注重内心的修养和明理。此外，他还受佛教的影响，倡导破二边的不二法门，认为这是达到内心平静和明理的重要途径。

在文学方面，宋濂的散文创作以质朴简洁、雍容典雅为特点，内容比较充实，具有一定的艺术功力。他的散文作品如《秦士录》《王冕传》《李疑传》等，通过抓住细节、突出性格、渲染无多、感染却深等手法，成功地塑造了各种鲜明的人物形象。此外，他的写景散文如《桃花涧修禊诗序》《环翠亭记》等，简洁清秀，颇具欧阳修的风范。

宋濂的文风淳厚飘逸，文章中较多颂扬封建统治、宣传封建道德的内容。虽然有些文章如《阅江楼记》存在粉饰之辞的缺陷，但他的文学成就仍然得到了广泛的认可。他的作品不仅在国内广为流传，还远播国外，受到了朝鲜、日本等国使节的青睐。

总之，宋濂是一位具有重要影响的学术家和文学家，他的学术思想和文学成就对于中国传统文化的传承和发展作出了重要的贡献。

王阳明故居

一、故居概况

　　王阳明故居，坐落于余姚城区历史悠久的武胜门路西侧，阳明东路的北端。这座故居不仅是一处建筑，更是一段历史的见证，它用独特的语言诉说着明代浙东官宦建筑的辉煌与典雅。

　　走进故居，你会被其雄伟的气势所震撼。粗壮的建筑材料、严谨的建筑结构，都充分展现了明代建筑的特色。故居的布局中轴线对称，主次分明，既显得庄重肃穆，又不失雅致。每一块砖、每一片瓦，都仿佛在诉说着历史的沧桑。

故居内的建筑各具特色，其中砖雕门楼尤为引人注目。这座仿木结构的建筑，四柱三间，石质柱子上雕刻着精美的砖雕，斗拱、翘昂、面砖都雕刻得细致入微，工艺精湛，让人不禁赞叹当时砖雕技艺的高超。

而大厅"寿山堂"更是气势磅礴，三开间高平房的结构古朴大方，用材粗大稳实，构件装饰严谨。堂内明间廊下悬挂着姜东舒所书的"真三不朽"匾额，这是对王阳明一生在立德、立功、立言三方面卓越成就的极高赞誉。

穿过甬道，便是故居的主体建筑——瑞云楼。这座重檐硬山、五间二弄的二层木结构楼房，建筑面积达532.56平方米。楼下檐下悬挂着史树青先生题写的"瑞云楼"匾额，楹联和檐联都充满了对王阳明先生的敬仰和赞美。楼内陈列着王阳明先生的生平事迹和诗文名篇，让人仿佛穿越时空，亲身感受他的伟大。

值得一提的是，故居虽然曾在清乾隆年间遭受火灾，但仪门、正厅等建筑仍基本保持完整，这无疑是历史的幸运。如今，故居内的花草树木郁郁葱葱，东西两侧还立有日本友人捐赠的"阳明学纪念碑"和"修复瑞云楼碑"，这些都见证了王阳明学说对海外的深远影响。

漫步在王阳明故居，仿佛能听到历史的回声，感受到那份深厚的文化底蕴。这里不仅是一处旅游景点，更是一处让人心灵得到洗礼的精神圣地。

这所故居，宛如一部厚重的历史长卷，静静诉说着王阳明先生的传奇人生与深邃思想。它不仅是后人缅怀这位伟大哲学家的圣地，更是研究王阳明心学思想的重要基地。

踏入故居，仿佛穿越时空，回到了那个时代。这里的一砖一瓦、一草一木，都仿佛在诉说着王阳明先生的成长故事。瑞云楼，作为他童年的居所，见证了他从稚嫩孩童到一代哲学大师的蜕变。每当夜幕降临，楼内灯火阑珊，仿佛还能听到他当年在此苦读的声音，感受到他追求真理的坚定信念。

王阳明先生一生四次返乡，每次归来都对这片故土充满了深情厚谊。明正德十六年（1521），他那年重返故里，站在瑞云楼前，手指着楼内藏胎衣处，回忆起母亲和祖母的慈爱，不禁泪流满面。这一幕，成了后人传颂的佳话，也让我们更加深刻地感受到了他对故乡的眷恋之情。

更为传奇的是，瑞云楼后来还租给了钱氏。而钱氏家族中，竟也诞生了一位大儒——王阳明的得意门生钱德洪。这样的历史巧合，让这座故居更加充满了传奇色彩。两位哲学巨匠的渊源，仿佛在这里得到了某种神秘的延续。

如今，经过多次整治和修缮，王阳明故居已经焕发出新的生机。它不仅是历史的见证者，更是文化的传承者。人们来到这里，不仅能够领略到明代浙东官宦建筑的独特风格，更能够深入了解王阳明先生的生平和思想，感受他的人格魅力和思想深度。

这座故居，已经成了我们思考和探讨明代浙东官宦建筑特点的重要场所。同时，它也提醒着我们，要珍惜和传承这份宝贵的历史文化遗产，让更多的人能够了解和感受到王阳明先生的智慧与魅力。

二、人物生平

王守仁，号阳明，明代杰出的思想家、文学家、哲学家及军事家，他精通儒、道、佛三家学问。他的学术思想不仅在中国影响深远，还传播至日本、朝鲜半岛及东南亚地区，成为明代学术的璀璨明珠。他的文章气势磅礴，字里行间透露出一种俊逸之气。

王守仁出生于名门望族，自幼便展现出非凡的气质。他的出生颇具传奇色彩，母亲怀胎十月有余才诞下他，而在此之前，祖母曾梦见天神怀抱赤子自天而降。这一奇异的梦仿佛预示了王守仁非凡的一生。

尽管王守仁五岁时尚不会言语，但他却能默记祖父所读之书。一次，一位高僧来访，摸着他的头赞叹道："好个孩儿，可惜道破。"随后，祖父根据《论语》中的教诲为他改名为"守仁"，寓意坚守仁德。改名之后，他竟奇迹般地开口说话。

王守仁自幼便怀揣远大志向。在私塾求学时，他便与塾师探讨天下大事，认为读书做圣贤才是人生首要之事。面对当时朝政腐败、外患频仍的局面，他立志学好兵法，为国尽忠。

王守仁的学说思想——阳明学，在明代哲学界影响深远。他的思想不仅在当时社会产生了广泛影响，而且对后世中国哲学的发展也具有重要意义。他的著作《王文成公全书》更是传世之作，为后人研究其思想提供了宝贵资料。

十五岁时，王守仁已展现出非凡的政治才能和军事谋略。他多次向皇帝献策，甚至尝试平定农民起义，虽未成功，但已显露出其非凡的胆识和才能。同年，他游历了居庸关和山海关，领略了塞外的壮丽风光，更加坚定了他经略四方的雄心壮志。

十七岁时，王守仁与南昌诸养和之女诸氏喜结连理。然而，婚礼当天却发生了一件意想不到的事情，这一事件或许预示着他未来人生道路上的波折与挑战。但无论遭遇何种困境，王守仁始终坚守自己的信念与理想，成为一代杰出的思想家和军事家。他神秘失踪，原来是在闲逛时偶遇一位道士，被其养生之道深深吸引，两人相谈甚欢，直到次日才被岳父寻回。

十八岁那年，他与夫人诸氏途经广信，有幸拜访学者娄谅，娄谅向他传授了"格物致知"的学问，这令他倍感兴趣。随后，他深入研究朱熹的著作，对宋儒关于万物皆有至理的学说进行了深入思索。

为了实践朱熹的"格物致知"理论，他曾决心穷尽竹子的奥秘，然而经过三天三夜的苦思冥想，却一无所获，反而因此病倒。这次经历使他开始怀疑"格物"学说，这一事件在中国哲学史上被称为"守仁格竹"。

二十岁时，他首次参加乡试便一举中举，学业大有长进。然而，他逐渐对军事产生浓厚兴趣，擅长射箭。可惜二十二岁考进士时未能如愿，内阁首辅李东阳虽鼓励他下次定能中状元，但嫉妒者却开始议论纷纷。二十五岁再次落榜，他却不以为意，笑言不以不登第为耻。

终于在弘治十二年（1499），二十八岁的他参加礼部会试并取得优异成绩，被授予刑部主事一职。他在处理江北等地狱案时因病请归。后来，王守仁被起用为兵部主事。然而，明武宗正德元年（1506），宦官刘瑾掌权，逮捕了多名官员。王守仁上疏营救，却触怒刘瑾，遭受杖责并被贬至贵州龙场。王守仁在修文县担任驿丞期间，其父王华亦被调离北京，出任南京吏部尚书。赴任途中，王守仁险遭刘瑾派员追杀，他机智地伪装跳水自尽，成功脱险。之后，他秘密前往南京，与父亲王华会面。王华鼓励他肩负朝廷重任，继续前行。于是，王守仁踏上了前往贵州龙场的道路，那里地处偏远，民族杂居，文明尚未开化。

面对艰苦环境，王守仁并未气馁，他积极融入当地，以风俗教化民众，赢得了广泛的爱戴。在此期间，他对《大学》的核心理念有了深刻领悟，认为"圣人之道，吾性自足"，并撰写了著名的《教条示龙场诸生》，史称"龙场悟道"。

正德四年（1509），王守仁谪戍期满，复任庐陵县知县。次年八月，刘瑾被杨一清联合宦官张永铲除。随后，王守仁被召入京，担任吏部验封清吏司主事。正德十一年（1516），得益于兵部尚书王琼的赏识和推荐，王守仁升任都察院左佥都御史，负责巡抚南、赣、汀、漳等地。

当时，南中地区盗贼猖獗，谢志山、池仲容等各自称王，与周边盗贼相互呼应，频繁攻掠府县。福建大帽山的盗贼詹师富等也起兵叛乱。前任巡抚因病离职，局势愈发严峻。王守仁到任后，发现官府中有盗贼的耳目，于是通过审问狡黠的老仆，揭露了这些内奸。他宽恕了这些仆人的罪行，并着手整顿吏治，为平定盗贼之乱奠定了基础。王守仁，一位卓越的军事家，以其独特的策略成功侦察了叛军的情报，从而精准掌握了盗贼的动向。他迅速发布檄文，联合周边省份的军队，对大帽山的盗贼展开了一场迅猛的讨伐。王守仁的军事才能与狡黠战术，使他赢得了"狡诈专兵"的称号。

正德十二年（1517），王守仁亲自率领精锐部队，在上杭施展了一出巧妙的假撤退战术，出其不意地连续攻破四十余座敌寨，俘虏和斩杀敌军七千余人。然而，由于权力受限，他向朝廷请求更大的指挥权。在得到朝廷的特别授权后，他继续扩大战果，攻克多处敌巢，并在横水地区设立新县，以巩固战果。

当宁王朱宸濠发动叛乱时，朝中大臣惊慌失措，唯有王琼对王守仁充满信心。当时，王守仁正前往福建平叛，得知消息后，他立即改变路线，赶赴江西，迅速组织起一支义军，展开平叛行动。他深知南京的重要性，因此采用疑兵之计，迷惑叛军，为集结大军争取时间。

在平定叛乱的过程中，王守仁虽然手中无兵，但他凭借智慧和谋略，成功动员了江西境内的各方力量，包括官吏、士兵和民众，共同抵抗叛军。他制造声势，声称拥有庞大兵力，使叛军陷入恐慌。最终，在王守仁的精心策划和指挥下，叛军被彻底击败，宁王被擒获，叛乱得以平息。

王守仁的军事才能和卓越贡献得到了朝廷和民众的广泛赞誉。他的战略眼光、战术运用和领导能力，都为后世的军事家们提供了宝贵的经验和启示。王守仁在平叛宁王叛乱中立下赫赫战功，然而世宗皇帝对他的态度却颇为冷淡，并未给予应有的封赏。在平叛后，王守仁选择将朱宸濠交给太监张永，并借病避世，以避免卷入更多政治纷争。因此，在武宗一朝，他的贡献并未得到应有的认可。

世宗即位后，王守仁的境遇虽一度有所改善，但好景不长，世宗很快又对他采取了冷漠的态度。尽管王守仁年事已高，仍尽心竭力为朝廷服务，但他的付出并未换来应有的回报。

尽管如此，王守仁的卓越贡献和非凡成就仍被历史铭记。他在平定宁王叛乱中展现出的智慧和谋略，使他成为中国历史上的一位杰出人物。尽管在世宗朝他的境遇不佳，但他的功绩将永载史册。

值得一提的是，世宗曾对王守仁平定叛乱的功绩给予高度评价，并计划予以重赏，坚决不允许他辞官。随后，王守仁被提升为南京兵部尚书，并获准回乡探亲。不久，他被封为新建伯，并享有世袭特权。

然而，嘉靖元年（1522），王守仁因父亲去世而回乡守丧。此后，他选择辞官回乡讲学，在绍兴和余姚一带创建书院，传授"王学"。他提出的"无善无恶心之体，有善有恶意之动。知善知恶是良知，为善去恶是格物"的心学四句教法，影响深远。

嘉靖六年（1527），思恩和田州发生叛乱，总督姚镆无法平定。于是，王守仁被任命为左都御史，总督两广并巡抚。黄绾趁机为王守仁辩护，请求世宗赐予他铁券和岁禄，并表彰平定宁王叛乱的功臣。世宗一一应允。王守仁率领军队抵达思恩，卢苏和王受因听闻其平定盗贼和叛乱的威名，心生畏惧，遂选择归降。嘉靖七年（1528）二月，王守仁率湖广兵进驻南宁，卢苏和王受亦表示愿戴罪立功。王守仁遂派遣大臣商议对策，并指派汪溱、翁素等将领监管湖广土兵，对断藤峡叛军发起突袭。同时，他命令永顺、保靖两地的军队分别进攻牛肠、六寺等叛军据点，并约定四月初二会师。

叛军得知湖广土兵将至，纷纷藏匿于深山险地。又因听闻卢苏、王受归降及王守仁进驻南宁的消息，误以为明军只是虚张声势，遂放松警惕。然而，湖广兵却出其不意，与明军一同发起猛攻，叛军大败，退守保仙女大山。官军攀崖攻寨，接连攻破油榨、石壁、大陂等地，直逼断藤峡。

随后，王守仁又秘密部署诸将分兵讨伐仙台等地的叛军，约定五月十三日合围。在王守仁的精心策划下，叛军最终溃败，残余势力被副将沈希仪歼灭。至此，断藤峡一带的叛乱基本平定。

然而，王守仁在平定乱局后，因肺病加剧，向朝廷请辞归乡。他推荐林富接替自己，未等批复便匆匆启程。在返回途中，他于江西大庾县青龙港病逝。临终前，他留下"此心光明，亦复何言"的遗言，表达了自己一生光明磊落、无愧于心的境界。他的离世引起了江西军民的深切哀悼，纷纷穿着麻衣为他送行。

他生前曾因平定宁王叛乱被封为特进光禄大夫、柱国、新建伯。隆庆时追赠新建侯，谥文成。万历十二年（1584），他被供奉在孔庙。

三、人物事迹

心学是儒学的一个重要学派，其起源可追溯到孟子。在北宋时期，程颢开启了心学的先河，南宋的陆九渊则进一步拓展了心学的门径，使其与朱熹的理学分庭抗礼。到了明朝，王守仁首次提出了"心学"的概念，并把"致良知"作为心学的宗旨，从而使心学有了清晰、独立的学术脉络。

王守仁的学说通常被称为阳明学或心学。与程颐、朱熹一派的理学强调通过研究事物来获得知识不同，王守仁继承了宋代陆九渊的观点，强调"心即是理"，即最高的道理不需外求，而从自己心里即可得到。王守仁的主张被他的学生们继承并发扬光大，并传播到民间，其中又以泰州学派（又被称作左派王学）将其说法推向一个极端。他们认为，由于理存在于心中，"人人可以成尧舜"，"天地虽大，但有一念向善，心存良知，虽凡夫俗子，皆可为圣贤"。这种"心即理"看法的发展，也影响了明朝晚期思想中对于人性的正面主张和看法。由于心即理，因此人欲与天理不再如朱熹所认为的那样对立，因此是可以被正面接受的。这种主张的代表人物就是李贽、徐阶、张居正、唐顺之。

王守仁一生著作丰富。死后，他的门人辑成了《王文成公全书》三十八卷。其中在哲学上最重要的是《传习录》和《大学问》。这两部作品被收录于《明史》和《古文观止》。

四、文化影响

黄宗羲认为，王守仁的学术思想发展可分为三个阶段。最初，他沉浸于辞章之学，继而在佛老思想中寻找出路，最后回归孔孟儒学，提出了知行合一的理论。

黄宗羲将王守仁成熟后的学问分为三个阶段。首先，他尽去枝叶，一意本原，即以心为本，除去向外追求知识的行为，采用默坐澄心的方式，收敛内心。其次，在江西平定宸濠之后，他专注于提出致良知的主张，认为良知是心的本体，不必专门通过默坐澄心来达到，良知自然能收敛也能发散。最后，在退隐故乡的晚年，他的思想完全成熟，能时时判断是非，开口即直指本心。

王守仁哲学力图纠正宋明以来程朱理学的烦琐与僵化问题。他深刻认识到道德意识的自觉性和实践性，将儒家封建道德建立在简易的哲学基础上，使人人可行。他的思想流行达150年之久，形成了阳明学派。然而，王守仁忽略客观的知识，只重视个人的道德修养；在道德规范的形成上，又忽略了历史条件的决定作用。一些学者将这些流弊视为明朝灭亡的原因。

尽管存在一些弊端，但王守仁的思想中仍包含着促进思想解放的因素，受到了近代学者如康有为和梁启超的关注。他的哲学思想在明中叶以后传到日本，成为显学，对日本的革新起了一定的积极作用。

朱舜水纪念堂

一、景点概况

朱舜水纪念堂，坐落于风景如画的浙江省余姚市龙泉山南麓，它巧妙地依傍着山坡，宛如一位智者静静地守护着这片土地。这座纪念堂，原本是姚江朱氏"老三房"的宗祠，始建于清代，历经风雨，依旧屹立不倒。

朱舜水先生，作为朱氏老三房的后裔，与这座纪念堂有着不解之缘。纪念堂的门面朝西，一走进门，一块"朱舜水纪念堂"的匾额便映入眼帘，字迹苍劲有力，仿佛在诉说着一段段历史往事。

纪念堂内，前后三进的建筑依次展开，分别是门厅、正厅和后厅。

建筑群坐北朝南，依山而建，层层递进，给人一种庄严而肃穆的感觉。门厅是两层的楼房，五开间的格局显得宽敞而明亮。正门的上方悬挂着"崇孝祠"的匾额，这是原来朱氏老三房宗祠的堂名，让人不禁对这座建筑的历史底蕴肃然起敬。

穿过门厅，再登上几十级陡峭的石阶，便来到了正厅。正厅为平房设计，五开间的布局显得宽敞而庄重。抬头望去，"胜国宾师"四个大字赫然在目，这是日本学人对朱舜水先生的崇高赞誉，彰显了他的卓越成就和深远影响。这里原本是祭祖的正堂，如今已改造成朱舜水先生史迹陈列馆，展示着与朱舜水相关的珍贵文物和文献资料。

在陈列馆内，你可以看到朱舜水先生的著作、手稿、书画作品等，还有他在余姚和日本两地的遗迹图录和照片。此外，还有日本友人赠送的关于朱舜水的图像、墨迹、书籍等珍贵物品。这些展品不仅展示了朱舜水的才华和成就，也反映了他在中日文化交流中的重要地位。

后厅原名为"奉先楼"，是供奉祖先牌位的地方。这里弥漫着一种庄重而神圣的氛围，让人感受到朱氏家族对祖先的深深敬仰和纪念之情。

整座朱舜水纪念堂，不仅是一座建筑艺术的瑰宝，更是一段历史的见证和记忆。它见证了朱氏家族的兴衰荣辱，也见证了朱舜水先生的卓越才华和深远影响。在这里，你可以感受到历史的厚重和文化的底蕴，也可以领略到建筑艺术的魅力和人文精神的传承。

二、人物生平

朱之瑜，生于大明万历二十八年十一月十二日，即公元1600年12月26日，卒于明郑永历三十六年四月十七日未时，即公元1682年5月23日，出身于一个官僚士大夫家庭。他的曾祖父名叫诏，号守愚，而祖父名孔孟，号惠翁，一生曾三次拒绝皇恩。

朱之瑜在八岁时失去了父亲，家道从此中落，生活变得清贫，这甚至影响到了他的读书为学。他的长兄朱启明，在天启五年（1625）中了武进士，后来升任至南京神武营总兵，总督漕运军门。朱之瑜于是跟随长兄寄居于松江府，成为松江府的儒学生，并向松江府的学者吏部左侍郎朱永佑、东阁大学士兼吏户工三部尚书张肯堂和武进学者礼部尚书吴钟峦等人学习古学，他尤其擅长《诗》和《书》。

在崇祯十一年（1638），他以"文武全才第一"被推荐给礼部，但朱之瑜看到"世道日坏、国是日非""官为钱得，政以贿成"，朝政紊乱，自己不能为流俗所容，就放弃仕途，专注于学问。他曾对妻子说："我若成为第一进士，做一个县令，最初几年一定会被逮捕；而如果我连续三年被百姓称赞，上官称誉，我必定会得到科道。由此建言，我必定会获大罪，身心受损。自认心怀激昂不能隐忍，所以断绝了做官的念头。"朱舜水不追求功名利禄，而热衷于关心社会民生，他经常对人讲："世俗之人以加官进禄为悦，贤人君子以得行其言为悦。言行，道自行也。盖世俗之情，智周一身及其子孙。官高则身荣，禄厚则为子孙数世之利，其愿如是止矣。大人君子包天下以为量。在天下则忧天下，在一邦则忧一邦，惟恐民生之不遂，至于一身之荣瘁，禄食之厚薄，则漠不关心，故惟以得行其道为悦。"

在崇祯十七年（1644），朱舜水四十五岁时，李自成攻陷北京，崇祯皇帝自缢于煤山（今景山）。不久之后，福王朱由崧在南京即位，改元弘光。这时江南总兵方国安推荐了朱之瑜，并奉皇帝的诏命特别征召他，但他没有接受这个职位。弘光元年，公元1645年，正月，皇恩浩荡，皇帝再次下令征召朱之瑜。然而，这位高士却始终保持自己的节操，没有接受皇帝的任命。四月，在荆国公方国安的极力推荐下，朝廷决定让朱之瑜担任江西提刑按察司副使兼兵部职方清吏司郎中，并监督方国安的军队。尽管这是难得的荣誉和机会，但朱之瑜仍然没有答应就任。

一年内三次拒绝征召，这样的决绝和坚定，无疑引起了朝廷中一些奸臣的嫉恨。次年，他们以"不受朝命，无人臣礼"的罪名追缉朱之瑜。在这种危机之下，朱之瑜连夜逃离了舟山，以行商为掩护，开始了他的流亡生涯。

他深入民间，看到百姓生活的疾苦和世道的不公，心中更加坚定了自己的信念。他不断地寻求真理，寻找解救世道的方法。然而，他也清楚，要想实现自己的抱负，必须先保全自己，不被奸臣所害。

于是，他开始周游各地，与各地的士人和官员交流。他不断吸取新的知识，丰富自己的阅历。同时，他也开始关注各地的政治和经济状况，寻找可以借鉴的经验和教训。

在他的流亡生涯中，朱之瑜始终没有放弃自己的追求和信仰。他始终坚信，只有通过自己的努力和坚持，才能实现自己的梦想，为国家和人民作出贡献。

在永历十四年，也就是1660年，由于郑成功和张煌言的邀请，朱之瑜决定回国抗清。他立即启程，于十月十九日抵达厦门。到了永历十五年（1661）夏天，郑成功和张煌言两位英雄联手北伐，收复了瓜州，攻克了镇江，朱之瑜都亲临前线，目睹了这一切。北伐军一度进军顺利，收复了四府、二州、二十四县，直逼南京城郊，兵威震动东南。然而，到了七月，北伐军在南京城外遭受重创，郑成功不得不转向福建沿海，后来又率军海上。因为情况所迫，他只能向台湾进发。张煌言则在数年后被捕并遇害。朱之瑜看到复明无望，又坚决不剃发，"于是下定决心蹈海自杀以保全气节"。他学鲁仲连不向秦王称臣，再次凄凉地渡海赴日。然而，在那个冬天，他最后一次尝试东渡日本，却未能获得登岸许可，只能在船上困守。当时，日本实施了严格的锁国政策，坚持数十年不接纳任何唐人。然而，有位日本学者安东守约，通过已在日本定居的陈明德介绍，以亲笔书信向朱之瑜请教，表达了对朱之瑜的敬意和弟子般的谦卑。朱之瑜被安东守约的恭敬和卓越的学术见解所打动，回复了他的信件。

在信中，朱之瑜表达了他的悲喜交集的心情。他悲伤的是国家沦陷、家庭破碎，祖国的学术传统中断，师道尊严遭受破坏；而喜悦的是他看到了孔颜之学不仅存在于中华大地，而且也可以在异国他乡得以传承。这表达了他有意将圣贤践履之学传于这位异国弟子的心情。如梁启超所说，这是"先生讲学之发轫"。

安东守约等人积极为他在日本定居奔走。最终，他们得到了日本政府的批准，打破了40年来的国家禁令，让朱之瑜在长崎租屋定居下来。这标志着朱之瑜结束了长达十多年的海上漂泊生活。

永历三十五年（1681），朱之瑜因水土不服而患病，全身遍生疥疮，卧床不起。第二年（永历三十六年，公元1682年）四月，朱之瑜在日本大阪逝世，享年83岁。这一事件再次凸显了中日文化交流的曲折和复杂性，令人深感历史的沧桑变迁。

三、人物事迹

在朱之瑜定居日本期间，他一直强调自己并非意图在此异国他乡宣扬儒学，而是为了保持自己的道德操守和追求真理。然而，在永历十九年（1665），他在长崎正准备购地躬耕时，收到了来自日本国副将军、水户侯德川光国的邀请，希望他能担任国家讲师，并在江户（今东京）进行讲学。朱之瑜对此表示谦让，但在了解到德川光国是一位热衷于学术且尊重人才的领袖后，他接受了邀请。德川光国对他的到来表示了极大的敬意，亲自接待并给予了很高的礼遇。

在江户，朱之瑜受到了热烈的欢迎和尊重。德川光国认为朱之瑜是一位年高德重的大师，因此不敢直接称其名，请他取一个名字以便称呼。朱之瑜以故乡"舜水"为号，表达了他对故国故土的深深怀念。这一称呼逐渐为人们所接受，并沿用至今。

朱之瑜在日本的讲学吸引了众多学者和达官显贵的关注。他们纷纷前来求教，甚至执弟子礼或参加他的讲座。在他的指导下，日本学术界开始对儒家思想产生兴趣，并逐渐形成了新的学术风尚。

永历二十四年（1670），日本决定建造学宫，朱之瑜亲自参与了设计并指导了施工过程。他还撰写了《学宫图说》一书，详细描述了学宫的建筑风格和规划理念。此外，他还参与了古祭器的制作和礼仪的制定，率领学生习释奠礼，对日本的祭祀文化产生了深远的影响。

永历二十六年（1672），德川光国设立彰考馆，聘请朱之瑜指导编纂《大日本史》。他的门生安积觉担任主编，这一工作对日本的史学发展产生了重要影响。这部史书的编纂和出版标志着日本开始以更加开放和自信的态度对待自己的历史和文化传统。

朱之瑜在日本的影响力不仅仅局限于学术领域。他的高尚品德和卓越学识赢得了德川光国的极高敬意。在就任藩主之际，朱舜水也随同前往江户，继续他的学术活动和社会贡献。山鹿素行与水户学思想有着密切的联系。在永历三十六年，公元1682年四月，朱之瑜在日本大阪逝世，享年八十三岁，被安葬在历代水户藩主的墓地瑞龙山（茨城县常陆太田市）。为了纪念他，特将坟墓建为明朝式样，碑文题为"明徵君子朱子墓"，私谥"文恭先生"。德川光国率领朝士们参加了他的葬礼。

朱之瑜在临终前留下遗言："我已经无法再回到汉土，亲眼看到恢复事业。如今我将赴海外，无法再见到明社稷。自此以后，我区区之心对皇汉，将在我瞑目之时绝矣。见我葬地者，呼曰'故明人朱之瑜墓'，则幸甚。"朱之瑜一直希望中原能够恢复，为此他在日本期间生活十分节俭，储蓄了三千余金，希望这些钱能作为恢复国家的经费。

他的日本学生们为他写下了悼文："呜呼先生，明之遗民。避难乘槎，来止秋津。寤寐忧国，老泪沾巾。衡门常杜，箪瓢乐贫。韬光晦迹，德必有邻。天下所仰，众星拱辰。既见既遘，真希世人。温然其声，俨然其身。威容堂堂，文质彬彬。学贯古今，思出风尘。道德循借，家宝国珍。函丈师事，恭礼夤宾……"在他死后一周年时，安东守约在祭文中哭道："呜呼先生，知我望我。今也既逝，学殖云堕。有疑谁问？有过谁督？有事谁计？有怀谁告？"

朱之瑜辞世后，德川光国深感其学问之深厚，遂指派专人悉心整理其遗留下来的文稿。经过精心编纂，终于在日本正德五年，即公元1715年，成功刊行了《舜水先生文集》，全书共计二十八卷，为后世留下了宝贵的文化遗产。

时至今日，当我们走进东京大学农学院，仍能看到一块石碑静静矗立，上面镌刻着"朱舜水先生终焉之地"的字样。这块石碑不仅是对朱之瑜先生一生学术成就的纪念，更是对他临终之地的永恒铭记。每当人们经过此处，都会不禁驻足凝望，缅怀这位伟大的学者。

四、文化影响

朱之瑜是一位博学多才的学者，他的学术造诣深厚，博采众家之长，最擅长经史，尤其喜爱《资治通鉴》。他在道德思想方面主张忠君爱国，推崇苏武、文天祥的伟大人格。这种不尚虚华的学风、扎实严谨的学问和刚直崇高的人格，使得他的学术在日本得以发扬光大。当时的日本学者以师事朱之瑜为荣，将其比拟为"七十子之事孔子"。他的学生遍布日本，其中最著名的是历史学家、《大日本史》的作者安东守约，日本儒学古学派的奠基人、江户时代著名哲学家伊藤仁斋，德川家康的孙子、政治家、儒学"水户学派"的始祖德川光国，江户时代著名经学家山鹿素行，木下顺斋，等等。

朱之瑜一生的著述虽然不算多，但几乎全部是在日本撰写的，包括《朱舜水先生文集》《安南供役纪事》《阳久述略》《释奠仪注》等等。他论学问，以实用为标准。所谓实用者，一是有益于自己身心，二是有益于社会。他说："为学之道，在于近里着己，有益天下国家，不在掉弄虚脾，捕风捉影。……勿剽窃粉饰自号于人曰'我儒者也'。处之危疑而弗能决，投之艰大而弗能胜，岂儒者哉？"他对明朝的八股取士深恶痛绝，认为"明朝以制义举士，初时功令犹严，后来数十年间，大失祖宗设科本旨。主司以时文得官，典试以时文取士，竞标新艳，何取渊源。父之训子，师之教弟，猎采词华，埋头哗哗，其名亦曰文章，其功亦穷年皓首，惟以剽窃为工，掇取青紫为志，谁复知读书之义哉！既而不知读书，则奔竞门开，廉耻道丧，官以钱得，政以贿成，岂复识忠君爱国，出治临民！"他还擅长各种技艺，具有巧思。他曾经为德川光国作《学宫图说》，图成后用木模刻成模型，大小只有实际的三十分之一。他亲自指导木工建造时如何搭配栋梁机橼等细部构造。殿堂的结构方法、木工难以领悟的技巧，他都一一指教。经过一年的精心指导才完成这座模型。德川光国想要建造一座石桥，于是请来了舜水制定的梓人制度。然而，梓人却因为自己的能力不足而感到惭愧。此外，舜水还绘制了许多器物和衣冠的图案，教授给德川光国。这些都对水户藩和加贺藩产生了深远的影响。

朱之瑜在日本执教多年，对水户藩和加贺藩的影响尤为显著。

他的学生中，安积觉、今井弘济、小宅生顺等人都是经德川光国介绍而拜他为师的。加贺藩主前田纲纪也对他极为尊敬，行弟子之礼，因此其属臣亦纷纷拜朱之瑜为师。奥村庸礼等加贺藩属臣还介绍了服部其衷、五十川刚伯、下川三省等儒生到朱之瑜门下学习。

在朱之瑜的众多弟子中，安积觉日后成就最为突出，与德川光国一同成为日本水户学派的领军人物。他回忆自己的成就归功于朱之瑜的严格教导，每日晨读夕诵，课程严谨。朱之瑜对这位体弱多病的学生格外关爱，亲自为他题写作业簿，并督促他每日记录学习进度。

朱之瑜对其他几位亲近弟子也倾注了大量心血。他对待下川三省如同慈母般温柔，又如同严父般督促其学习。对于已有一定基础的五十川刚伯，他则鼓励其不断进取，避免满足于现状。服部其衷初入师门时因思乡之情难以安心学习，但朱之瑜并未因此放松对他的要求，一个月后，服部其衷的学业大有长进，与老师的感情也日益深厚。

朱之瑜在日本从事教育20余年，其间培养了大量的学生，或执弟子礼，或成为近身弟子。这些学生中不乏日后成为日本水户学派领袖的人物。他的教育方法和人格魅力不仅影响了当时的学生，也为后来的教育树立了榜样。文中提到的几位学生，他们对于学问的质疑远超过其他学生。在这些有成就的学生中，还有林春信、佐左宗淳、人见传等人。后来的日本学者对他们的评价是："自天佑以来，儒学以经世治民为要道，不再空谈理论，这都是舜水所带来的影响……不仅后来的明治维新受到这种良好影响，朱氏学说的本身也得到了发扬光大，他的功劳也非常伟大！"梁启超在评论朱舜水时也说："中国的儒学化为日本的道德基础，也可以说由舜水造其端。""舜水的人格极为高尚严峻，所以日本知识阶层受其感化最深。"

张元勋旧居

一、故居概况

位于浙江省台州市温岭市新河镇东门街122弄沈家墙里的张元勋旧居，静静诉说着历史的沧桑与文化的厚重。这座建筑，历经风雨洗礼，依旧保持着独特的建筑风格，让人一眼便能感受到其深厚的历史底蕴。

旧居原是一座三透九明堂式的建筑，坐北朝南，气势恢宏。虽然前透和东西厢房因岁月和人为因素已不复存在，但现存的中、后透及东西厢房仍保留着建筑的原貌，仿佛时光在这里凝固，让人得以一窥当年的风采。

中透部分七开间，宽敞明亮。中三间构成中堂，是旧居的核心区域。明间梁架采用抬梁式结构，五架梁带前后双步加前后廊，显得既稳固又美观。后透五开间，明间构成后堂，梁架则采用抬梁与穿斗混合结构，十柱用十一檩，展现出独特的建筑魅力。

东西厢房各四开间，两层结构，错落有致。檐柱、柱头多施斗拱，斗拱做成莲花形，既增添了建筑的美感，又寓意着吉祥如意。这种建筑风格和特色，无疑是当地历史和文化传统的生动体现。

张元勋旧居不仅格局宏大，而且富有地方特色。它不仅是张元勋先生生平和成就的见证，更是当地历史文化的传承和发展的缩影。这座建筑如同一部厚重的历史长卷，让人们能够从中领略到当地的风土人情和历史文化底蕴。

如今，张元勋旧居已成为当地重要的历史文化遗产和旅游资源。它吸引着无数游客前来参观，感受这座建筑所散发出的独特魅力。同时，它也提醒着我们，要珍惜和保护好这些宝贵的历史文化遗产，让它们继续传承和发扬下去。

二、人物生平

张元勋，出生于1533年，字世臣，号东瀛，是浙江台州府太平县（今浙江温岭）的一位明朝抗倭名将。他从小习武，体魄健壮，15岁时中秀才。16岁时，倭寇侵犯台州，他的父亲张恺散资聚众，力战阵亡，元勋因此立誓杀万贼以报父仇。17岁时，他袭世职海门卫新河所百户，从谭纶、戚继光征倭，转战浙江，升把总。

在嘉靖四十二年（1563），他入闽剿倭，破敌横屿，突围漳浦，歼倭宁德、兴化、仙游、福安，以战功升福建南路参将。隆庆三年（1569），广东曾一本勾结倭寇，战舰千艘进逼福建，官兵屡战皆败。在此关键时刻，张元勋主动请战，六次交锋，获全胜，沉敌舰300余艘，升副总兵。

在隆庆五年（1571），他擢升为署都督佥事，代行总兵官镇守广东。在那里，他面临着一个新的挑战。广东惠州、潮州的蓝一清、赖元爵在嘉靖间在二府山地据险结寨，地连800余里，有众数万。然而，张元勋率兵深入山中，攻破大小山寨700处。

在万历二年（1574）冬，倭寇攻陷铜鼓石、双鱼城。张元勋率兵千里急行，赶至儒峒设伏，大败倭寇，擒杀800余，以功授都督同知。在万历五年（1577），他攻破罗旁瑶寨，晋升都督。然而在功成引退之后，他选择居家度过余生。

广东百姓为了纪念他的丰功伟绩，特地建了张公庙来祭拜他。他的英勇事迹和高尚精神，永远铭刻在人们的心中。

三、人物事迹

在嘉靖四十年（1561），张元勋开始追随戚继光在台州抗击倭寇，并在台州之战中表现出色。当年四月二十四日，在新河之战中，他率领部队担任左哨，成功围困倭寇于新河寺前桥鲍主簿宅，取得了重大胜利。五月二十日，他参加长沙之战，担任水军犄角，大败倭寇，斩首2级；后又参与洋岐下洋追击300多名逃亡倭寇，犁沉倭船2艘，烧死无数，斩首5级。十二月，他随同戚家军驰援江西弋阳，参与平定林朝曦等起义军，斩首35级。

嘉靖四十一年（1562），张元勋与李超、杨文等人率领台州兵跟随戚继光南下驰援福建。八月，他参与了横屿之战；九月，在牛田、林墩等地，他率领中军与敌作战，连破倭寇，斩首105级。嘉靖四十二年（1563）四月，他首先取得平海卫大捷，亲手擒拿倭寇5人，率部斩首260级；五月，他在马鼻、肖石岭等地连续取得胜利，后又参加十二月的仙游之战。在指挥陈濠的率领下，张元勋与陈禄、陈文澄、童子明等为左翼，攻取了倭寇东巢。在战斗中，张元勋一马当先，突破倭寇重围，勇摧劲敌，并与杨文等人率领的右翼积极协同，迅速荡平许家村之敌。尔后他奉命进攻西巢，虎搏鹰击，大破倭寇，成功解仙游之围；接着，他又分兵围剿残倭，共擒斩1500级，取得全面胜利。

嘉靖四十三年（1564）正月，从仙游败退的倭寇企图南逃至漳州、潮州一带。张元勋等在福建同安县坂尾、王仓坪等地追上倭寇。5000余倭凭山结阵，与戚家军对抗，张元勋等将领率兵一齐冲进倭巢，逼敌上山顶，连续杀败倭寇，共斩获倭级177颗，收回被掳百姓3000余名。二月，数千名倭寇逃奔到漳州，企图袭占漳浦县，戚家军奋勇追击，在蔡丕岭遇到倭寇伏兵。张元勋等率部兵300人为中哨，被千余名倭寇围困小山三昼夜。在此情况下，张元勋激励士兵突围，出敌不意。在这场惊心动魄的战斗中，他，一位无畏的勇士，策马扬鞭，身先士卒，如雷霆万钧般冲向敌阵。他的部下在他的英勇激励下，齐心协力，一鼓作气，冲破敌军防线。此役，戚家军在仙游、同安、漳浦三地连破倭寇，斩获颇丰。

其中，张元勋和同乡李超表现尤为突出，他们的英勇无畏和出色领导能力使得他们在战场上建立了不朽的功勋。谭纶和戚继光高度评价他们："张元勋手持马鞭，身先士卒，勇往直前；李超同样不畏艰险，紧随其后。他们以高尚的品质和勇敢的精神为军队树立了榜样。"因此，张元勋因赫赫战功被提升为福建北路守备。

在嘉靖四十四年（1565），海盗吴平与倭寇勾结，占领了南澳。然而，张元勋率领的陆兵在此次战斗中展现出了卓越的军事素质和顽强的战斗精神，成功击退了倭寇。五月，他与李超等将领合作，将倭寇围困在龙头寨，进行全面的搜捕和剿灭。此次行动中，他们成功擒获并斩杀了一百四十多名倭寇，实现了全歼的目标。因此，他的职务再次得到提升，成为福建署都指挥佥事，并世袭海门卫指挥使。在第二年，他更是升任为福建游击将军，其威名令南疆敌人闻风丧胆。

隆在明朝隆庆元年（1567），张元勋成功打击了侵犯福安的倭寇。因此，他在次年升任为福建南路参将。然而，他的成就并未止步。在1569年，吴平海盗遗党曾一本引导倭寇入侵，千艘战舰直逼广东、福建沿海。张元勋不畏艰险，跟随福建总兵李锡会同俞大猷，与敌大小六战，最终获得全胜，擒斩1700余级，缴获战船360余艘，成功消灭了这股海盗。因此，他被晋升为福建副总兵、管参将事。

五年后，春，张元勋又被提拔为署都督佥事，接替广东总兵郭成，负责镇守广东。然而，宁静的日子并未持续太久。同年十月，倭寇进犯，广州高州、雷州等地相继失陷。张元勋应提督殷正茂之邀率军赴援，他率领的军队勇往直前，斩敌数十百级，倭寇大败，四处奔逃。明军斩俘1075人，成功平息了高、雷地区的倭患。

到了万历二年（1574）冬，倭寇攻陷铜鼓石、双鱼城。张元勋率军设伏于儒峒，围歼倭寇，大获全胜，俘斩812人，缴获器仗、马匹无数。此后，张元勋在广东先后率兵镇压了惠州河源唐亚六、广州从化万尚钦、韶州英德张廷光、肇庆恩平陈金莺等反明政府力量。他在潮州、惠州一带平定了蓝一清、赖元爵、林道乾和罗旁瑶寨土著等反明政府力量，平定十多个影响重大的社会动乱，为朝廷立下汗马功劳。因此，他被晋升为署都督同知，并被授予世袭百户的荣誉。不久之后，他又晋升为都督，改荫锦衣，并被封为"护国庇民"大将军。

然而，张元勋并未因此而自满。相反，他选择了在取得了一定的成就后辞官回归故里。他的离任使得广东百姓感到极度的惋惜，大家"攀辕泣留"，哭声震动原野。为了纪念他，百姓们建立了"元勋张公纪念祠"，并塑像祭祀。

四、文化影响

在明朝台州抗倭战争中，张元勋是一位杰出的将领，他以其卓越的领导能力和军事成就，成为历史上最著名的抗倭将领之一。他追随戚继光，参与了浙闽地区的抗倭斗争，留下了辉煌的一页。除此之外，他还凭借自己的实力和智慧，成功地镇守一方，为平定闽粤地区的贼寇作出了卓越的贡献。他的荣耀和功勋不仅在当时广为流传，而且至今仍然为人们所传颂。

在《明史》中，对于张元勋的功绩有着详细的记载。世宗时期，老成宿将们以俞大猷为首，然而由于时运不济，他们屡次遭受挫折。当时内外臣子中，有许多人贪图私利、掩盖事实，使得很多功臣的英勇事迹被埋没。然而，戚继光是一位杰出的将领，他以威震寰宇的声威和出色的领导能力，率领军队取得了赫赫战功。但是，只有在张居正、谭纶等有能力、有作为的大臣当政时期，他的才华才能得到充分的发挥。而此后，像张鼎思、张希皋等言官们的干预和阻挠，则使得他的功绩在一定程度上受到了制约和影响。

同样，刘显也是在平定蛮族之乱后引疾归隐，并以有司阻挠为借口。这也反映了当时的一些情况。李锡和张元勋虽然战功显赫，却没有得到应有的殊荣和奖赏。这也暴露了当时军事体制和政治环境的一些问题。

从这些历史事件中可以看出，一个杰出的将领要想充分发挥自己的才华和能力，需要得到当政者的信任和支持。同时，一个稳定、有序的政治环境和良好的体制保障也是必不可少的。只有这样，才能让更多的人才脱颖而出，为国家的发展和繁荣作出更大的贡献。

在明朝的历史长河中，张元勋的功绩和名字将永远被铭记。他的英勇事迹和不屈精神不仅激励着当时的人们，也将永远激励着后来的人们为正义事业而奋斗。

胡雪岩故居

一、故居概况

胡雪岩故居，坐落于风景如画的杭州市西湖风景区元宝街18号，占地宽广，达10.8亩之广。这座宅邸，乃是清朝同治十一年（1872）胡雪岩倾尽心血，斥资几十万两白银精心打造而成，被誉为"中国巨商第一宅"，名震四海。

然而，时光荏苒，岁月如梭。1903年，胡雪岩的后代因种种原因，无奈将这座昔日辉煌的豪宅作为抵债之物，交给了刑部尚书协办大学士文煜。随后，古宅又几经易主，落入蒋家之手，自此日渐式微，昔日荣光不再。

幸运的是，杭州市政府高度重视文化遗产的保护与传承，投入巨资对胡雪岩故居进行了全面修复。经过精心修缮，2001年，这座尘封已久的古宅终于重新焕发出勃勃生机，向世人敞开了大门。

走进古宅，仿佛穿越时空，回到了那个繁华的明清时代。院落布局规整，建筑风格典雅，每一处都透露出中国古代文化的独特韵味。家具陈设考究，大量名贵木材经过精雕细刻，展现出无与伦比的工艺水平。

更为难得的是，古宅内还珍藏了许多文人和名家的书法石刻作品，如董其昌、郑板桥、唐伯虎、文征明等大家的墨宝，字迹潇洒飘逸，令人叹为观止。此外，还有两顶专为胡雪岩量身打造的红木轿子，坐在其中，仿佛能感受到当年主人的尊贵与荣耀。

整座古宅文物荟萃，犹如一座民间工艺珍宝馆。其中一篇长篇题词尤为引人注目："胡雪岩故居，见雕梁砖刻，重楼叠嶂，极江南园林之妙，尽吴越文化之巧，富埒王侯，财倾半壁。古云：富不过三代，以红顶商人之老谋深算，竟不过十载，骄奢淫靡，忘乎所以，有以致之，可不戒乎。"这段文字不仅赞美了胡雪岩故居的建筑艺术和文化价值，更深刻揭示了胡雪岩家族的兴衰荣辱，令人感慨万分。

胡雪岩故居的建筑面积达五千八百多平方米，从建筑到室内家具陈设，无不体现出用料之考究、工艺之精湛。整个建筑布局紧凑而又不失大气，居室与园林相互交融，形成了一幅美丽的画卷。建筑材料更是堪称一绝，可与皇帝故宫相媲美，无材不珍，无艺不精。

这座古宅不仅展示了中国古代建筑艺术的精华，更让我们领略了胡雪岩这位商界奇才的传奇人生和丰富的历史文化内涵。漫步其中，仿佛能听到历史的回声，感受到那份沉甸甸的文化底蕴。

二、人物生平

在清朝道光三年（1823年），胡雪岩诞生于安徽省徽州绩溪县湖里村。他从小家境贫困，以帮人放牛为生。然而，他并不甘于贫困的生活，1835年，在他12岁那年，父亲离世，他开始独自闯荡。

1836年，年仅13岁的胡雪岩便开始在杭州杂粮行和金华火腿商行当小伙计。他从扫地、倒尿壶等杂役做起，但三年师满后，他凭借勤劳和踏实成了钱庄的正式伙计。这是他在商海中的第一桶金。

1842年，胡雪岩被杭州阜康钱庄的于掌柜收为学徒。于掌柜没有后代，视胡雪岩为亲生儿子。在于掌柜弥留之际，他将钱庄托付给了胡雪岩。这所价值5000两银子的钱庄，成了胡雪岩在商海中的重要基石。

到了1848年，胡雪岩结识了"候补浙江盐大使"王有龄。为了帮助王有龄补实官位，他挪借钱庄银票500两银钱。此举使得他被赶出钱庄。然而，失败并未打倒他。

1851年，王有龄被任命为湖州知府，后调任杭州。在他的支持下，胡雪岩开始代理湖州公库并创办丝行，利用公库资金扶持农民养蚕，收购湖丝运往杭州、上海销售，再交回浙江省"藩库"，无须付息。胡雪岩还说服浙江巡抚黄宗汉入股药店，通过运粮人员推广药品，使药店迅速发展。

1860年，王有龄升任浙江巡抚，大力支持胡雪岩的阜康钱庄。随着王有龄的升迁，胡雪岩的生意也逐步扩大，除了钱庄还开设多家店铺。庚申之变中，胡雪岩与军界建立联系，大量募兵经费存入钱庄。王有龄委派他负责粮械、漕运等重任，使其掌握浙江战时财经大权。

1861年，太平军攻击杭州时，胡雪岩从上海、宁波购运军火、粮食支援清军。但杭州城破，王有龄自杀，胡雪岩失去依靠。随后，左宗棠接任浙江巡抚，胡雪岩得到其信任，被委任为总管，负责杭州善后及浙江钱粮、军饷，阜康钱庄因此获利丰厚，胡雪岩走上官商之路。

此后，胡雪岩以亦官亦商身份在宁波、上海等地与外国人交往，处理粮台转运、军需物资等事务，并勾结外国军官训练常捷军，参与清军对宁波、奉化、绍兴等地的进攻。清同治三年（1864），清军占领浙江后，众多将官将掠夺的财物存入胡雪岩的钱庄。胡雪岩利用这些资金开展贸易，并在各市镇设立商号，迅速积累财富，几年间家产便超过千万。左宗棠任职期间，胡雪岩负责管理赈抚局。他积极设立粥厂、善堂、义塾，修复寺庙，收殓暴骸数十万具；恢复战乱中断的牛车服务，便利百姓；还向官绅劝捐，缓解战后财政危机。他的这些举措在商业上取得了巨大的成功，并被誉为"中国首富"。

1866年，胡雪岩协助左宗棠在福州创办了"福州船政局"，这是中国历史上第一家新式造船厂。然而，就在船厂建设刚刚开始不久，西北地区突然发生战事，朝廷下令左宗棠调任陕甘总督。在左宗棠赴任之前，他向朝廷推荐江西巡抚沈葆桢担任船政大臣，同时极力推荐胡雪岩协助处理船政的各项具体事务。1869年秋季，船厂的第一艘轮船"万年清"号成功下水。这艘轮船从马尾试航一直行驶到达天津港，当人们首次看到中国自己制造的轮船时，万众欢腾，场面极为壮观，连洋人也深感惊奇。随后，1871年年初，"镇海"号兵轮又成功下水。1872年，阜康钱庄的分支机构已经多达20多家，遍布大江南北。此时的胡雪岩功成名就，他的事业达到了巅峰。

1877年，胡雪岩协助左宗棠创建了"兰州织呢总局"，这是中国近代史上最早的官方轻工业机构。紧接着的清朝光绪四年（1878），时年55岁的胡雪岩进一步创立了"胡庆余堂"药号，并正式开始运营。

1881年，胡雪岩因协助左宗棠成功收复新疆，被朝廷授予了布政使衔（从二品），并赏赐了黄马褂和二品红色顶戴，同时他还负责总办"四省公库"。

随后，在1882年，胡雪岩决定在上海创办一家蚕丝厂，他投入了大量的白银，以期能够通过垄断丝茧贸易来获取利益。然而，事与愿违，生丝价格日益下跌，他被迫贱卖蚕丝厂，由此导致的亏损高达千万两，他的家产也因此减少了一半，资金周转不灵，这个消息很快传遍了四方。

各地的官僚们纷纷开始担忧自己的存款安全，他们竞相要求提取存款，并对胡雪岩进行敲诈勒索。在这样的困境下，胡雪岩被迫贱卖了大部分的资产。次年11月，顺天府尹毕道远等上奏折给朝廷，告知阜康银号倒闭的消息。清廷得知此消息后，下令让当时的闽浙总督何璟、浙江巡抚刘秉璋调查胡雪岩的资产以备抵债。

1883年11月28日，清廷再下谕旨，将胡雪岩革职，并让左宗棠追缴胡雪岩欠款。经过将近一个月的查访，清廷大概获知了胡雪岩欠款及资产情形，谕旨中提到"亏欠公项及各处存款为数甚巨""有典当二十余处，分设各省；买丝若干包，值银数百万两"可以说就是查访结果。由"买丝若干包"可知，胡雪岩确实在破产前购买了大量生丝。

1884年2月3日，清廷下旨催促左宗棠加紧清理胡雪岩的资产。左宗棠确实曾派人去查封杭州胡雪岩的当铺、商号等，并向清廷奏报。然而，在1885年9月5日，左宗棠因病逝世。同年十一月，胡雪岩在贫恨交加中郁郁而终。

三、人物事迹

在清光绪二年（1876），为了收复被阿古柏匪帮占据长达十年之久的新疆，清廷任命陕甘总督左宗棠率军西进。这场战争的胜利让左宗棠名垂青史，同时也让胡雪岩实现了"红顶商人"的梦想。

在清光绪元年（1875）5月，清政府任命左宗棠为钦差大臣，负责督办新疆军务。每年出关粮运经费高达白银二百余万两，加上西征军官兵的饷银，每年共需经费八百余万两白银。左宗棠想起了胡雪岩，他的阜康钱庄与英国渣打银行有业务往来。于是，胡雪岩亲自出面，成功向渣打银行借款二百万两，为西征筹得第一笔借款。

此后，胡雪岩依靠自己在上海滩商业信誉，先后四次出面向汇丰银行等英国财团借得总计白银1595万两，解决了西征的经费问题。这被左宗棠称赞为："雪岩之功，实一时无两。"

左宗棠也没有忘记胡雪岩所做的一切，向朝廷报告，为其请功。清廷因此赏赐胡雪岩一件黄马褂，官帽上可戴二品红色顶戴，让其成为著名的"红顶商人"。

身处洋务运动时代并参与过左宗棠马尾造船厂运作的胡雪岩，他的生意主要分为两类。一类是借助政商关系的"特殊"生意，如为政府采购军火、机器，筹措外资贷款等；另一类则是"正常"生意，如钱庄、当铺、生丝、药局等。他的金融平台，也是他的核心产业，就是"阜康钱庄"。与一般钱庄不同的是，"阜康钱庄"拥有两大特殊资金来源：一是数额庞大的委托理财，主要为官商的利益输送服务；二是巨额公款，包括"西征借款""西征借款还款"以及其他公款存款。胡雪岩利用时间差对这些巨款进行腾移挪用，形成低成本甚至免费的资金库。除了"西征借款"之外，胡雪岩所编织的庞大政府关系网，也为他输送了各种其他名目的公款存款。

胡雪岩的人生经历跌宕起伏，最终却陷入贫困，离世时家产被抄，留下的资料稀少。然而，他创办的胡庆余堂药铺却得以留存，成为其传奇生涯中的一抹亮色。

胡庆余堂，始建于1874年，坐落于杭州吴山脚下，以其精湛的制药技艺和深厚的人文底蕴，赢得了"江南药王"的美誉。在漫长的中医药发展历史中，胡庆余堂独树一帜，与北方的同仁堂齐名。

胡庆余堂在制药过程中，始终坚守古法，如"局方紫雪丹"的制作，严格遵循不使用铜铁锅熬药的古方要求，确保了药品的品质与疗效。这些都展现了胡庆余堂对制药技艺的执着追求和对人文价值的坚守。

此外，胡庆余堂的经营管理中，有一块著名的"戒欺匾"，由胡雪岩亲笔书写，强调诚信经营的重要性。这块匾悬挂在营业厅背后，时刻提醒员工要诚实制药、诚信经营。

胡雪岩功成名就后，不忘回馈故乡杭州，他开设了钱塘江义渡，方便了当地百姓的出行，赢得了"胡大善人"的美名。同时，他还热心于慈善事业，多次向受灾地区捐款赈灾，其善举广受赞誉。

值得一提的是，胡雪岩还曾两度赴日本考察学习，展现了他的开放视野和进取精神。尽管他的人生结局并不圆满，但胡雪岩的传奇经历和胡庆余堂的辉煌成就，仍被后人传颂不衰。他慷慨解囊，不惜重金，致力于从日本购回流失的中国文物。这些行动不仅彰显了他行侠仗义、仁厚待人的品质，更深刻体现了他对祖国的深厚情感与坚定支持。他的爱国情怀和无私奉献精神，值得我们每一个人学习和传承。

四、文化影响

胡雪岩的传奇经历令人叹为观止：他以钱庄小伙计的身份起家，通过结交权贵显要，积极参与纳粟助赈，为朝廷尽忠职守；在洋务运动中，他聘请外国工匠、引进先进设备，贡献卓越；左宗棠出关西征时，他积极筹措粮械、借洋款，立下了汗马功劳。经过几次转手，他便从钱庄小伙计跃升为显赫的红顶商人。他构建了以钱庄、当铺为支撑的金融网络，并开设药店、丝栈，既与洋人做生意，也与洋人进行商业竞争。

胡雪岩一生的功过褒贬各有评说，但无可否认的是他善于用人的能力。他以长取人，不求完人，认为一个人最大的本事就是用人的本事。清人顾嗣协曾有一首诗：骏马能历险，犁田不如牛。坚车能载重，渡河不如舟。舍长以取短，智高难为谋。生材贵适用，慎勿多苛求。这首诗恰好道出了胡雪岩用人的智慧和策略。

鲁迅曾评价胡雪岩为中国封建社会的最后一位商人，二月河则评价他为华商中民族英雄的典范，而不仅仅是有钱的商人。这些评价都充分展现了胡雪岩在商业和民族事务中的卓越表现和影响。

在晚清历史的洪流中，曾国藩、左宗棠、李鸿章三人犹如中流砥柱，引领着清朝政府走向现代化的洋务运动。在与太平天国的血腥战争中，他们痛定思痛，深刻意识到了西方先进军事技术的至关重要性。于是，三人联手，立志向西方学习，自强御侮，抵御外敌。

然而，由于他们的特殊身份和地位，直接与外国人打交道并不方便。此时，一位名叫胡雪岩的人进入了他们的视线。胡雪岩与左宗棠关系密切，熟悉中西事务，通晓洋务，成了洋务运动中的重要人物。

胡雪岩协助左宗棠创办了福州船政局、甘肃织呢总局，为清朝政府引入了先进的生产方式。同时，他还帮助左宗棠引进了西洋新机器，用于开凿径河。在左宗棠晚年的成功之中，胡雪岩无疑起到了极大的作用。他的努力和贡献，无疑在推动着清朝政府走向现代化。

可以毫不夸张地说，没有胡雪岩的倾力相助，左宗棠的洋务事业不可能取得如此巨大的成功。胡雪岩在洋务运动中的重要作用，也让我们看到了晚清时期中西交流的必要性和迫切性。他是那个时代的中西交流的桥梁，他的贡献和影响力，无疑在历史长河中留下了深刻的印记。

胡雪岩的成功首先得益于他在商业领域的出色表现。他具备丰富的商业经验和独特的眼光，能够在激烈的商业竞争中敏锐地抓住机会，取得骄人的业绩。此外，他还注重诚信经营和口碑建设，赢得了广大客户和业界的信任与尊重。这种诚信经营的理念和实际行动不仅为他树立了良好的形象，也给他带来了可观的商业回报。

除了商业成就，胡雪岩还因其卓越的领导才能和人际关系处理能力而受到广泛赞誉。他善于发掘人才、培养人才、激励人才，使得他的团队成员都能充分发挥自己的潜力，共同实现目标。此外，他还注重与政府、行业协会和其他企业的合作与交流，为企业的长远发展奠定了坚实的基础。

1988年，胡庆余堂被国务院定为全国重点文物保护单位，这一荣誉足以证明其在中华药业历史上的重要地位。2002年，胡庆余堂更是上榜中国驰名商标，这充分展示了其品牌知名度和美誉度。2003年，胡庆余堂被认定为浙江省首届知名商号，这一称号则进一步提升了其在商业领域的地位。

更为重要的是，2006年，胡庆余堂中药文化成功入围首批国家级非物质文化遗产名录，这一荣誉不仅彰显了其在文化传承方面的价值，更代表着其在整个医药行业的地位得到了国家级别的认可。而国药号也被商务部认定为首批中华老字号，这一荣誉则进一步巩固了其在中华药业历史和现实中的地位。胡雪岩的决策和胡庆余堂的成就，为我们提供了一个深入思考药效和品牌建设的机会。我们应该从中汲取经验教训，不断提升自己的眼光和决策能力，为医药行业的繁荣和发展作出更大的贡献。

总之，胡雪岩的一生充满了传奇色彩。他的成功不仅在于他的商业智慧和政治关系，更在于他对制药技艺和人文价值的坚守和追求。

龚自珍纪念馆

一、纪念馆简介

在杭州城东的马坡巷6号，隐藏着一座占地六百多平方米的小园，园内坐落着龚自珍纪念馆。这座纪念馆，自1990年起便静静地诉说着清代思想家、文学家龚自珍的传奇故事。

纪念馆的前身，是清末时期桐乡人汪维精心打造的"小米山房"，人们亲切地称之为"小米园"。龚自珍，这位文学巨匠，便是在马坡巷这片土地上孕育出的文化瑰宝。尽管他自11岁起便随父赴京，但心中对家乡的眷恋之情却从未减退，他的诗句"从此与谁谈古外，马婆巷外立斜阳"便是对这份情感的深深寄托。

1988至1989年间，小米园经过精心整修，摇身一变成为龚自珍纪念馆，向公众敞开大门。走进馆内，首先映入眼帘的便是龚自珍的半身古铜色塑像，他静静地坐在那里，仿佛在诉说着过去的故事。四周的墙壁上，悬挂着沙孟海、赵朴初等书法大家的匾额和楹联，字迹苍劲有力，彰显着中华文化的深厚底蕴。

纪念馆内的四个展室，则如同一个时光隧道，带领人们穿越回龚自珍的时代。展室内陈列着龚自珍的生平图文简介、大事年表、史料、龚氏年谱、诗选以及后人研究文集等珍贵资料，让人们能够更加全面地了解这位文学巨匠的生平和思想。

而庭院内的景致，更是别有一番风味。小桥流水、假山亭榭，在四季变换的花木映衬下，展现出古典园林的幽雅与宁静。漫步其中，仿佛能够感受到龚自珍当年在这里留下的足迹和思绪。

龚自珍纪念馆不仅是一处供人们游览的景点，更是一处传承和展示历史文化的重要场所。在这里，人们可以近距离地感受龚自珍的生平和思想，也可以领略到杭州历史文化的独特魅力。每一次参观和学习，都是一次与历史的对话，也是一次心灵的洗礼。

二、人物生平

1792年8月22日，清朝乾隆五十七年七月初五，龚自珍在浙江仁和（今杭州）的东城马坡巷一个世代官宦的家庭诞生。这个家庭有着深厚的文学传统和显赫的官场背景。龚自珍的祖父龚禔身与同胞兄弟龚敬身同为乾隆三十四年（1769）的进士，他们的仕途一直升至内阁中书、军机处行走等要职。龚敬身还曾担任吏部员外郎，后任云南楚雄知府，以清廉著称，在当地深得民心。龚自珍的父亲龚丽正，也是一位出类拔萃的官员，他过继给龚敬身，是嘉庆元年（1796）的进士，官至江南苏松太兵备道，署江苏按察使。

在这样的家庭环境中成长起来的龚自珍，自然受到了极好的熏陶。他从小就接受了母亲的良好教育，酷爱阅读诗文。从8岁起，他开始研究《经史》《大学》，并跟随外祖父段玉裁学习《说文》。他对科名掌故、古今官制以及目录学、金石学等领域都有深入研究。同时，他在文学领域也展现出了杰出的才华。13岁时，他创作了《知觉辨》；15岁时，编辑出版了自己的诗集；1810年（嘉庆十五年），他开始尝试倚声填词，并在顺天乡试中以监生身份中副榜第28名。

然而，1813年（嘉庆十八年）的第二次顺天乡试，他未能如愿上榜。同年7月，他的妻子因误诊在徽州府署去世，给他带来了巨大的悲痛。1814年（嘉庆十九年），他将妻子的棺柩护送回杭州，存放在湖西的茅家埠。在这期间，他写了四篇《明良论》，明确表达了自己对政治的见解，对君权专制进行了尖锐的抨击。他的外祖父段玉裁读后大为震惊，对他的独特见解大加赞赏。之后，龚自珍回到徽州参与了父亲主持的《徽州府志》重修工作。

1815年（嘉庆二十年），龚自珍续娶了安庆知府何裕均的侄孙女何吉云。在祖父病逝后，他和家人回到杭州守孝。两年后，他回到京师，租住在北京法源寺南。1818年（嘉庆二十三年），他再次参加浙江乡试并成功中举。当时的主考官是王引之，著名的汉学家。他在1819年（嘉庆二十四年）参加了会试，然而并未成功。那时，他与魏源一起师从文学家刘逢禄，深入研读《公羊春秋》。1820年（嘉庆二十五年），他再次参加会试，但又一次未能通过。不过，这次他被选拔为内阁中书。

从1821年（道光元年）开始，他在国史馆担任校对等职务，持续了十几年。在这期间，他充分利用内阁丰富的档案和典籍，整理和探索历史的各方面。此外，他还参与了《大清一统志》的修撰工作，并撰写了具有深刻见解的文章《西域置行省议》。

在1829年（道光九年），经过六次会试的龚自珍终于考中了贡士。在殿试对策中，他模仿王安石的《上仁宗皇帝言事书》，撰写了《御试安边抚远疏》，针对新疆平定准噶尔叛乱后的治理问题，从多个方面提出了改革主张。这篇文章深深地震撼了阅卷的诸公。

然而，主持殿试的大学士曹振镛是个有名的"多磕头、少说话"的三朝不倒翁。他认为龚自珍的书法不符合规范，因此将他置于三甲第十九名，并未能进入翰林院。

在1839年（道光十九年）春天，由于龚自珍不断揭露时弊，触动了某些人的利益，他遭到了权贵的排挤和打击。在这种情况下，他决定辞官南归。在他离京的那一天，也就是1839年6月4日（道光十九年四月二十三），他写下了许多激扬、深情的忧国忧民诗文，这就是著名的《己亥杂诗》315首。

在1841年（道光二十一年）春天，龚自珍在江苏丹阳云阳书院任教。三月，他的父亲龚丽正去世，于是他又兼任了原由其父主持的杭州紫阳书院讲席。夏末时，他曾写信给江苏巡抚梁章钜，准备辞去教职，前往上海参加反抗外国侵略的战斗。然而，令人遗憾的是，他在1841年9月26日突然患急病，在丹阳去世。

三、人物事迹

　　龚自珍的《己亥杂诗》以其深邃的笔触，展现了诗人对民族与国家命运的深沉忧虑和炽热的爱国情怀。在诗的第一百二十三首中，诗人以锐利的笔触写道："不论盐铁不筹河，独倚东南涕泪多。国赋三升民一斗，屠牛那不胜栽禾。"这里的诗人，对清朝政府忽视国计民生的关键领域如盐铁生产、税收制度及水利建设等进行了深刻的揭示。政府过度依赖东南地区的漕运，却对江南百姓施以重税，导致农业生产遭受重创，百姓生活陷入水深火热之中，这无疑是对国家经济的沉重打击。诗人以无畏的勇气，对这一现象进行了毫不留情的揭露和批判。

　　而在第八十七首中，诗人又写道："故人怀海拜将军，侧立南天未蒇勋。我有阴符三百字，蜡丸难寄惜雄文。"这里的诗人，表达了对禁烟斗争的深切关注，以及对国家前途命运的深深忧虑。他渴望将自己的智慧和策略献给国家，但现实却让他感到无奈和惋惜。这种对国家和民族命运的深沉关怀，无疑展现了诗人的高尚爱国情怀。

　　诗人的批判、呼唤和期望，不仅体现在对国家经济的关注上，更体现在对国家政治的关切和对人民生活的关心。在诗中，诗人揭露了清朝政府的种种弊端，呼吁改革，期望国家繁荣昌盛。诗人的爱国激情和对民族、国家命运的深切关怀，使这首诗成为具有重要历史和思想价值的文学作品。

龚自珍的诗歌创作涉及多个方面，既有抒情描写，又有议论评述。然而，他的诗歌并不涉及具体事实，也不进行抽象议论，更没有散文化的倾向。相反，他的诗歌以现实生活中的普遍现象为出发点，通过抒发感慨和表达态度，将读者带入对社会历史的深度思考。

在龚自珍的诗歌中，常见的自然景象如"月怒""花影怒""太行怒""太行飞""爪怒""灵气怒"等被赋予了强烈的生命力，使读者能够感受到这些景象所带来的壮丽感觉。此外，《西郊落花歌》的描写也表明了龚自珍对落花的独特看法，他将衰败的景物转化为壮丽的景象，超越了寻常的想象。

尽管龚自珍的诗歌形式多样，但七言绝句占据了其中的大部分。这些诗歌不受格律的限制，往往自由奔放，出口成章。然而，龚自珍的词却存在一些问题。尽管他的词中有一些抒发感慨怀抱的作品，表现出孤独而自豪的情感，以及与庸俗文士的矛盾和理想不能实现的感慨，但大部分作品仍属于消闲之作，抒写缠绵之情，成就远逊于他的诗。

龚自珍的诗歌风格多样，既有瑰丽的一面，也有朴实的一面；既有古奥的一面，也有平易的一面；既有生僻的一面，也有通俗的一面。尽管有些篇章由于用典过繁或过生，或含蓄曲折太甚，不免带来艰深晦涩的缺点，但总体来说，他的诗歌自然清丽，沉着老练，受到了杜甫、韩愈的影响。

此外，龚自珍的词也颇负盛名。谭献认为，龚自珍的词作绵丽沈扬，意欲合周、辛而一之，堪称奇作。实际上，他的词并没有摆脱传统词的影响，偏重于词的言情本性。然而，龚自珍的词作仍然具有独特的艺术风格和思想内涵，为古词创作注入了新的生命力。

　　龚自珍是一位才华横溢的作家，同时也是一位深刻的思想家。在他的思想体系中，佛学特别是天台宗思想成为重要的理论来源。他崇尚天台宗，而不满意晚唐以来的狂禅。

　　在他的思想中，佛学特别是天台宗的万法唯心的观点被吸收并强调，他认为自我精神的创造作用是至关重要的。龚自珍曾明确表示："天地，人所造，众人自造。……众人之宰，非道非极，自名曰我。我光造日月，我力造山川，我变造毛羽肖翅，我理造文字言语，我气造天地，我天地又造人，我分别造伦纪。"这种观点使他坚信，一切皆因我之"知见"而有，因我之"知见"而变，"十方、三世，所有微尘非他，知见而已矣"。

　　基于这种理解，龚自珍提出了通过改变人们的"知见"来改变现实世界的想法。他坚信，人人都有一个"无善无不善"的本性，只要通过后天的努力，就能改变人心的好坏，从而达到改变世俗世界的目的。他对佛学的信受和奉持，无疑给他的社会观、人生观都带来了很大的影响。佛教思想既是他信仰的内容，也是他用来批判现实的有力武器，是他挣脱传统思想束缚、要求变法革新的精神法宝之一。

　　在他的一首名为《题梵册》的诗里，他大胆地贬抑儒教，推崇佛教，向儒家的正统地位发出挑战："儒但九流一，魁儒安足为？西方大圣书，亦扫亦包之。即以文章论，亦是九流师。释迦谥文佛，渊渊劳我思。"这表现出他蔑视儒家道统的叛逆精神。

　　总的来说，龚自珍的思想体系深受佛学影响，特别是天台宗的哲学思想对他的影响尤为深远。他运用佛学的观点去观察世界、解释世界，并以此作为他思考社会问题、政治问题的理论基础。他的社会观和人生观都受到了佛教思想的深刻影响。

四、文化影响

龚自珍与林则徐等人共同倡导抨击时弊、抗御外侮、通经致用的进步思想，被柳亚子誉为"三百年来第一流"。

龚自珍先进的思想是他许多优秀诗篇的灵魂。思想的深刻性和艺术的独创性使龚诗别开生面，开创了诗的一个新的历史时代。不同于唐宋诗的风格，他的诗歌实开近代诗的新风貌。尽管在当时欣赏他诗歌的人不多，但随着时间的推移，他的影响逐渐扩大。这主要归因于他的诗歌所表现出的突出的思想性和政治性，以及抒情与思想政治内容的紧密结合。作为古文大师，龚自珍以其卓越的散文作品而闻名于世。他的散文作品与其诗歌创作的精神相一致，或以经术为政论，或直接批判揭露现实，或借题发挥，或通过论文、论事、记物、记名胜形势对封建统治的腐朽、黑暗进行批判讽刺。这些作品思想内容丰富而深刻，表现方法也十分多样，或直率，或奇诡，散行中有骈偶，简括中有铺陈，语言瑰丽古奥。

龚文的表现方法一般很简单，而简括中又有铺叙夸张，有的直率，有的奇诡。他的散文语言活泼多样。有的散行中有骈偶，有的瑰丽，有的古奥，甚至偏僻、生硬、晦涩。龚文区别于唐宋和桐城派的古文，是上承先秦两汉古文的一个独特的发展，开创了古文或散文的新风气。

作为一名中国改良主义运动的先驱人物，龚自珍不仅支持林则徐查禁鸦片并建议加强军事设施以抗击英国侵略者，还对社会、哲学、史学和文学等方面产生了深远影响。

在社会观方面，龚自珍指出社会动乱的根源在于贫富不相齐，因此他强烈主张改革科举制度，多方罗致通经致用的人才。他的这一观点对于当时的社会具有积极的启示意义，也为后来的社会改革提供了有益的借鉴。

在哲学思想方面，龚自珍阐发了佛教天台宗的观点，认为人性无善无不善，善恶皆后起。这一观点具有一定的创新性，对于传统儒家思想提出了一种新的解读和理解方式。

在史学上，龚自珍发出"尊史"的呼吁，并潜心于西北历史、地理的探讨。他的这一努力为后人研究西北地区的历史、地理提供了宝贵的学术遗产。

在文学上，龚自珍提出"尊情"之说，主张诗与人为一。这一观点对于当时的文学界具有颠覆性的意义，为后来的文学创作提供了新的思路和方向。

此外，龚自珍清醒地认识到清王朝已经进入"衰世"，是"日之将夕"。为了改变这一现状，他批判封建统治的腐朽，揭露封建社会没落趋势，并呼唤改革风雷的到来。《己亥杂诗》中的第一百二十五首就是他抨击社会弊病和官僚制度的一首代表作，表达了他对于死气沉沉的社会砰然一击的勇气和决心，惊醒了许多世人的沉梦，激发了人们向真、向善、向美、向勇的追求。

总的来说，龚自珍作为中国历史上的杰出人物，他的思想、学术和人格魅力对于我们今天的社会仍然具有重要的启示意义。我们应该从他的一生中汲取智慧和力量，追求真理、推动社会进步、弘扬优秀文化、促进人类文明的发展。

　　梁启超曰："晚清思想之解放，自珍确与有功焉。光绪间所谓新学家者，大率人人皆经过崇拜龚氏之一时期；初读《定盦全集》，若受电然。"（《清代学术概论》）

葛云飞故居

一、故居概况

　　葛云飞故居，坐落于风景如画的萧山区进化镇云飞村，这里有两座建筑尤为引人注目——宫保第与葛氏宗祠。宫保第，这座清代建筑，见证了葛云飞将军的诞生。它静静地伫立在那里，五间正房与两间厢房组成的二层楼屋，仿佛在低语着那段辉煌的历史。而葛氏宗祠，则是葛云飞年少时读书的地方，建于清中晚期，门厅、正厅、厢楼一应俱全，充满了浓厚的书卷气息。这两座建筑，不仅是典型的江南民居和宗祠建筑代表，更承载着深厚的文化内涵，让人不禁为之倾倒。

在石板山的南麓，葛云飞的墓静静地躺在那里，朝南偏东五十度，仿佛将军仍在守望着这片他深爱的土地。墓地被石块精心砌筑的围墙环绕，石板压顶，筒板瓦雕刻精细。墓前立有石碑，上面刻着"诰授振威将军追赠太子少保葛壮节公之墓"，字迹苍劲有力。正脊上刻着"忠荩可风"四个大字，彰显着葛云飞的忠诚与英勇。墓前设有祭桌，石板铺地，环境肃穆而幽静，让人心生敬意。

而在进化镇云飞村，葛云飞纪念馆于2009年12月30日隆重开馆。走进纪念馆，首先映入眼帘的是葛云飞的坐像，庄严肃穆。接着是史迹陈列馆，里面陈列着葛云飞、汤金钊、朱凤标和蔡东藩等历史人物的珍贵文物和史料。葛云飞练功用的石桩、儿时戴过的帽子等古物，都让人仿佛穿越到了那个英雄辈出的年代。纪念馆的建成，得到了舟山鸦片战争纪念馆、萧山博物馆、区历史学会等单位专家的大力支持，为后人铭记历史、传承精神提供了宝贵的场所。

此外，清光绪年间建造的三忠祠也是一处不可多得的历史遗迹。祠内的石碑高达2.17米，宽1.65米，上面镌刻着1044字的碑文，详细记述了当年三总兵抗英的英雄事迹。在鸦片战争中，葛云飞将军与寿春总兵王锡朋、处州总兵郑国鸿并肩作战，共同抵御外敌入侵。他们率领的军民在晓峰岭和土城与英军展开了激烈的战斗，经过六昼夜的浴血奋战，虽然付出了巨大的牺牲，但毙敌1000多人，展现了中华民族不屈不挠的抗争精神。三忠祠的存在，不仅是对这段历史的见证，更是对葛云飞等英雄人物的永恒纪念。

在城内弹药耗尽，援军迟迟未至的绝境中，三位英勇的总兵在竹山门与晓峰岭的战场上，悲壮地献出了自己的生命。定海之战，不仅是一场硝烟弥漫的军事冲突，更是我国军民顽强抵抗、不屈不挠精神的生动写照，其英勇事迹至今仍让人肃然起敬。

如今，当我们踏上晓峰岭的山岗，仍能感受到那段历史的沧桑与沉重。在那里，古炮台的遗址静静地诉说着当年的战火纷飞。炮台旁，三尊巍峨的神像屹立不倒，它们正是为了纪念那些英勇牺牲的民族英雄——葛云飞、王锡朋和郑国鸿。这些英雄的身影，仿佛穿越时空，依旧守护着这片土地，激励着后来人不断前行。

葛云飞、王锡朋和郑国鸿，他们的名字和事迹已经深深烙印在中华民族的历史长河中。他们用生命诠释了什么是忠诚与担当，什么是勇敢与无畏。每当我们在晓峰岭瞻仰这些英雄的神像，都能感受到他们坚定的目光和不屈的精神，仿佛在告诉我们：无论面临多大的困难和挑战，只要心中有信念，有勇气，就一定能够战胜一切。

二、人物生平

葛云飞，字鹏起，又字凌召，号雨田，是清朝末年一位杰出的将领，被誉为中国近代史上的民族英雄。1789年，他出生于一个下级军官家庭，自幼便展现出对武艺的热爱。七岁时，他开始进入私塾学习，同时坚持习武。

嘉庆十九年（1814），葛云飞顺利通过考试，成了一名武生。五年后，他又在嘉庆二十四年（1819）的武举人考试中脱颖而出，取得了武举人的称号。道光三年（1823），葛云飞再接再厉，成功考取了武进士。

在之后的职业生涯中，葛云飞历任千总、守备、游击、参将、副将、总兵等多个职位，负责镇守东南海疆。他曾在宁波、黄岩、温州、乍浦、瑞安、定海以及福建烽火门等地的水师营任职，时间长达16年。最终，他晋升为定海总兵。

在清道光二十一年（1841），葛云飞在著名的"定海保卫战"中壮烈牺牲。他的牺牲激发了国人的爱国热情，他的英勇事迹被后人所传颂。

葛云飞殉国后，被追谥为"壮节"，并被诰授振威将军，追赠太子少保。同治十年（1871），为了表彰他的英勇事迹，他又被加赠提督、建威将军。葛云飞的一生，充满了传奇与英勇，他为保卫祖国作出了巨大的贡献，成为中国近代史上一位永垂不朽的民族英雄。

三、人物事迹

1839年，葛云飞因父亲过世而丁忧回乡。在离开之前，他提出了关于广东查禁鸦片的八十七条建议，并预测外夷可能会引发战争。1840年6月，英军占领了定海。同年7月，葛云飞被任命为镇海防务负责人。其间，他坚决拒绝为违反军纪的卫兵求情，以维持军纪。

葛云飞认为，当前首要任务是加强防守，然后再考虑作战。他提出"先言守，后言战"的战略方针，并在招宝山、金鸡山等关键地点设置防御工事，以确保江岸安全。不久，伊里布被派往浙江，葛云飞请求在海上阅兵，以鼓舞士气。然而，伊里布主张妥协求和，拒绝了葛云飞和王锡朋收复定海的请求。

1841年1月，琦善与义律签署了《穿鼻草约》，英军同意归还定海。伊里布随后派人与英军联系，商讨交接事宜。2月，葛云飞、王锡朋和郑国鸿带领三千士兵前往接收定海。在接收过程中，葛云飞坚持先退城，后释放定海的俘虏。否则，他将使用武力，迫使英军退出定海。

在捕盗过程中，他总是身先士卒，表现出无畏精神和高超的武艺。道光二十一年（1841）六月二十九日，定海花鸟洋面发现了海盗船只。葛云飞率领部队出海，亲自掌舵，从上风接近海盗船。当两船相距两丈左右时，葛云飞手持佩刀，纵身跃上盗船，这次捕盗抓获了十一名大盗，斩首十二颗，还缴获了三只盗船，烧毁了一只。

自道光帝于正月初发布对英宣战诏令后，曾命伊里布进兵，"收复定海"。但伊里布畏缩不前，一再要求对敌妥协。道光帝严斥，改派江苏巡抚裕谦为钦差大臣，代替伊里布主持浙江军务，负责浙江前线指挥。二月二十五日，英军退出定海。闰三月，裕谦被任命为两江总督。葛云飞经裕谦同意，从小竹山至城东青垒头，修筑了长达一千四百三十余丈的土城，并在城东南关山修建了镇远城，周边一百三十丈。为了增强定海防务，他请求在晓峰岭上筑炮台，小竹山下塞江路，以便杜绝偷越，并在五奎山增筑炮台，吉祥门、大渠门、毛港、虎头颈诸岛，各置防守，互为犄角。裕谦因为费用太高不许。葛云飞请求借三年薪俸，自费修筑，裕谦怒斥："是挟我也！"坚决拒绝。后来，葛云飞又请求塞竹山门狭港，使这里不能通船，也没有结果。

道光二十一年七月，当英军侵扰厦门时，葛云飞认为土城守兵单薄，晓峰岭背负海，且有间道，又上书要求增炮和营船，以备水战。然而，裕谦并未重视，反而禁议水战，并下令将定海营船押过镇海。葛云飞苦于掣肘，心知只守不攻必败，于是起誓竭力杀敌，以身殉国。

道光二十一年八月间，英舰二十九艘进攻定海竹山门，葛云飞下令开炮击退敌船。二十八日至三十日，敌军试图登陆定海，被葛云飞、王锡朋、郑国鸿击退。英军集中进攻定海，葛云飞等四千守军处境危急。三总兵向镇海大营告急，但大营拒绝发救兵。十月一日，英军攻上晓峰岭，王锡朋牺牲。英军进攻竹山门，郑国鸿牺牲。葛云飞率二百多名士兵与敌激战，全身受伤四十余处，最后英勇殉难，二百多名士兵也全部壮烈牺牲。定海再度失陷。

四、文化影响

葛云飞虽然生活中充满了军事事务，但他依然热爱读书，广泛涉猎各种学科，包括历史和诗词创作。他的志向远大，常常用文字表达自己的内心世界。他的作品包括《名将录》《制械要言》《制药要言》《水师缉捕管见》《浙海险要图说》以及许多诗歌和散文，总共有几十卷之多。当时的人们对他的评价是："他多才多艺，文笔简洁明了，性格温和谦逊，乐于与下级军官交往，因此很多学者都愿意与他交朋友。"

清代进士陈康祺在其《郎潜纪闻》中，记录了陈忠愍公、葛壮节公、王刚节公、郑忠节公等人的英勇事迹，他们分别守卫吴淞、定海和虎门等地，他们誓死抗敌，结缨免胄，令人敬佩。他写道：我出生于海东，根据父老的传闻和近年来的世变，我记录下了这些英雄的事迹，感到愤气填膺。

阎受鹏在文章中提到，每一个王朝在崩溃前都会涌现出像葛云飞这样的民族英雄，如宋末的文天祥、岳飞和明末的史可法。这些英雄所处的王朝早已灭亡，但英雄们所代表的精神文明却永放光芒。通常，活着的他们和王朝都是不幸的，而死后的他们和精神文明都是幸运的。葛云飞以身作则，治军严格，行军扎寨时从不损害百姓分毫，执法如山。在黄岩镇标中营任守备时，一卒偶然取老百姓一个芋芳头，便受到鞭子责打，并立即命令归还主人。因此，云飞所率领的队伍一向秋毫无犯。

《傲骨亭碑记》：云飞葛公，夺丁忧之私，膺干城之寄。昭勇成忠，铭两刀而作诔；同仇袍泽，统三镇以为骈。龙战六日，城摧黑云；虎贲五千，气壮白刃。奋袂西崦，鲁阳挥返日之戈；断头东海，干戚作行天之舞。终致雾失晓峰潮哭竹山。葛公单骑突阵，多弹贯胸，举宝刀而怒目，倚危内崖而裂耻。将星沉海，捧泪盘而成珠；傲骨擎天，补碧落之不堕。悠悠苍天，曷有其极！

《清史稿》：葛云飞，勤於缉捕，常微服巡洋，屡获剧盗，有名。云飞兼能文，著有名将录、制械制药要言、水师缉捕管见、浙海险要图说及诗文集。

济公故居

一、故居概况

济公故居，这处坐落在古城北门外永宁村石墙头的神秘之地，正是那位传奇人物济公的诞生之所。作为浙江省历史文化名城的一颗璀璨明珠，它不仅是济公成长的摇篮，更是一部活生生的历史长卷，诉说着丰富的文化内涵。

然而，时光荏苒，历史的尘埃曾让这片故土蒙上了一层沧桑。幸运的是，2002年，天台县人民政府决定投入巨资，让济公故居重现昔日辉煌。经过两年的精心雕琢，2004年5月，这座历史瑰宝终于以全新的姿态展现在世人面前。

走进重新开放的济公故居，仿佛穿越了时空，置身于南宋的繁华盛世。这座占地16亩、建筑面积达6310平方米的宅第，典型的浙东建筑风格让人眼前一亮。故居主要由济公李氏祖居、陇西园和永宁村三部分组成，每一部分都充满了故事与传奇。

济公李氏祖居，这座南宋时期"三进九明堂"的建筑，是济公成长的摇篮。厅堂、卧室、书房、佛堂和祖堂等一应俱全，古家具、画像、图片以及济公生平和研究资料等展品琳琅满目。这些展品生动地再现了南宋时期济公李府的生活场景，让人们仿佛能够触摸到历史的脉搏，感受到济公的真实生活。

陇西园，作为济公李府的私家花园，更是别有一番风味。园内水池清澈，水榭雅致，钓月亭、醉仙楼和游廊等景观错落有致，构成了一幅江南园林的绝美画卷。园中的济公佛殿更是香火鼎盛，济公玉石立像庄严肃穆，背屏上的五百罗汉楠木群雕栩栩如生，吸引了无数信众前来朝拜。

而永宁村，则让人们仿佛穿越到了南宋时期的古村。观霞阁巍峨耸立，两座牌楼古朴典雅，南宋古街坊建筑风貌犹存。一条赭溪自北向南穿村而过，见证了少年济公成长的足迹。漫步在村中，仿佛能听到历史的回声，感受到那份古朴与宁静。

济公故居的修复与开放，不仅让这一历史文化遗产得以传承与发扬，更为人们提供了一个了解济公传奇人生和南宋历史文化的重要窗口。在这里，人们可以亲身感受那份深厚的文化底蕴，领略济公的智慧与慈悲，更深入地了解那段辉煌的历史岁月。

二、人物生平

济公，原名李修元（1130—1209），台州天台（今浙江省天台县）

永宁村人。在他的少年时期，他曾在村北的赤城山瑞霞洞静心读书，深受释教和道教的双重熏陶。他先是拜在国清寺法空一本大师门下，后又参访祇园寺道清、观音寺道净，最后他在杭州灵隐寺高僧瞎堂慧远的门下接受了具足戒，并取名为"道济"。

李修缘诞生于南宋时期，为宋真宗驸马李遵勖的后代。他的家族世代为官，清正廉明，崇尚佛教，是台州的名门望族。济公在赭溪边成长，于赤城山攻读书卷。他在二十岁时皈依佛门，先入国清寺，后在西湖灵隐寺受具足戒，之后抵达净慈寺。

他的性格耿直而洁身自好，行为狂放而潇洒。他扶危济困，惩恶扬善。他的诗酒翰墨，意蕴悠长，超凡脱俗。他的异行神迹广为流传，赢得了人们的敬称"济颠"。

三、济公传说

济公传说，源自南宋禅宗高僧道济的故事，经由民间口头文学的传承与演绎，成为一种独特的文化现象。此传说以天台为中心，广泛分布于浙江省境内，并由此辐射全国，影响世界。六朝隋唐时期，天台就流传着许多罗汉、癫僧的传说。南宋早期，道济降生于天台，以"济癫"之名广行济世，深得民众爱戴。在道济的生前身后，关于他的灵异传说层出不穷，流传至今。

济公传说的形成，离不开特定的历史背景。两宋之交，内忧外患，民众呼唤救星。在这样的时代背景下，以修元和道济的真人真事为基础，经过民间长期的艺术加工和口传心授，济公传说应运而生。

济公生活的时代，恰逢宋室南迁，内忧与外患交迫。金兵入侵，宋军节节败退，甚至有劫掠之举。而南宋小朝廷却偏安一隅，过着奢侈淫逸的生活。高宗勾结丞相秦桧，以"莫须有"的罪名处死抗金英雄岳飞。忠奸颠倒，生灵涂炭，南迁流民更是处在水深火热之中，亟待拯救。在方腊、钟相、杨幺这样的草莽英雄被镇压之后，在李纲、宗泽、岳飞这样的贤相名将被排挤杀害之后，民众心中的希冀并没有熄灭。他们把一位与自己休戚与共的僧人推到历史的台前，这就是济公。

　　济公传说以南宋禅宗高僧道济的故事为核心，经过民间长期的传承与演绎，形成了丰富多彩的民间文学。这一传说的形成与流传，既反映了南宋时期内忧外患的历史背景，也体现了民间对于救世英雄的渴望与信仰。

　　在济公传说的演变过程中，民间艺术家们通过丰富的想象和艺术加工，使得这一传说具有了浓厚的传奇色彩和艺术魅力。而口传心授的方式也让这一传说在传承过程中得以原汁原味地保留下来。时至今日，济公传说已经成为家喻户晓的民间故事，深受广大民众的喜爱和传承。

　　总之，济公传说是中国民间文化的一颗瑰宝，具有深远的历史影响和现实意义。这一传说的流传和传承不仅反映了南宋时期的历史背景和民众心声，也体现了中华民族对于英雄崇拜的传统价值观。通过对于济公传说的研究和传播，我们可以更好地了解和传承中华民族的优秀传统文化，同时也为构建和谐社会提供有益的借鉴和启示。因此，我们得以欣赏到那位美丽神奇、幽默诙谐的济公传说，如春风拂面，净化着人们的心灵，丰富着社会的精神生活，承担着不可或缺的社会责任。这位潇洒飘逸的传奇人物，以他的智慧和正义，扬清击浊，成了广大民众的灵魂导师和最可爱的国家公民。济公的故事不仅仅是一种娱乐，更是一种激励人们向上向善的力量，一种提醒我们珍惜美好生活、追求公正公平的警世之言。在这个喧嚣的世界里，济公传说以其独特的魅力，唤起了我们对美好生活的向往和追求，承担着丰富人们精神生活、激浊扬清的社会责任。

四、文化影响

济公传说的影响几乎涉及社会文化生活的各个方面。

（一）在民间信仰方面的影响

济公是历史人物，由于他的奇言畸行，尤其是对弱势群体的帮助和对为富不仁者的抑止，在其生前身后深为人们敬仰。广大民众创作了有关他出世、行善、扶弱、抑强和圆寂后显圣等种种传说，其中不乏有意无意的神化。由此导致禅僧道济走向了神坛。济公故乡永宁村和济佛院，杭州灵隐、净慈两寺的济公旧址和虎跑寺的济公塔以及后来修建的殿堂塔院，都成了四众瞻礼和膜拜的地方。有一定"史"的成分的宋元说话人的底本《钱塘渔隐济颠师语录》（以下简称《济颠语录》），采撷民间传说，对济公由人到神作了一定程度的反映。众太尉和受了济公恩惠的人，都要供奉济公的"神子"（画像），即是一例。

以神化的方法创作的传说，反映了民众对济公的信仰，也吸引和培育了更多的信徒。在辗转反复的传颂中，随着神化的升级，济公也由"侠僧"而"神僧"而"罗汉"而"活佛"，在佛国（严格说应是"大众佛教"）中的地位日益提高。

有些民间教派崇拜济公，将其作为自己的保护神。清同治、光绪间由赵万秩创立的皈一道，提倡儒释道三教归一，有济公扶乩训文留下。义和团在"十请"神兵咒语中也有"五请济颠我佛祖"之句，并于光绪二十六年（1900）六月十七日发布《济公禅师降坛诗》。

大规模地将济公作为活佛来供奉，是在民国六年（1917）夏。当时著名慈善家、佛教居士王震，皈依济公，请活佛给自己取了个"觉器"的法名。他在上海邀约政界和工商界的信徒，成立了中国济生会。该会以赈灾济生为主旨，通过自筹和以济公临坛扶乩的形式募捐钱物、施医舍药，为各地灾民提供人道援助。民国十五年（1926）3月，任天台县知事的济公信徒李锦枚和陈立仁、裘炳涛和朱福履等一批有较高文化水平的信徒，按照中国济生会的模式成立了天台济公会，亲任会长。他们先后在泉亭、石墙头、赤城山瑞霞洞设立明善坛，以扶乩降神等形式，托名济公为人释忧疑、卜吉凶、诊病施药，而将其实录编成《清夜钟声》上下册，于民国二十年（1931）印行。当时在台州各县和浙江、江苏等省都有济公坛。民国三十五年（1946），广州设立康济会。这些都是信仰兼慈善性质的组织。

编撰有关济公的善书，是济公信仰的重要组成部分。民国二十四年（1935）蒋照定撰写有《南屏佛祖密行概要》，以济公口吻在菩提法会上宣讲伦理道德，劝人积德行善，而以《佛说消灾解厄心大陀罗尼经》结束。附以《迦叶尊者宣传秘密真言》，称其"专治小儿内外疾一切疑难问杂症"。民间还流传《济公活佛圣训27句》，言简意赅，闪烁着佛门的智慧，对为人处世也有一定的启迪和指导作用。再如1992年台湾慈恩坛托名济公宣说《五戒》，包括综论、杀戒、盗戒、淫戒、妄语戒、酒戒六讲，然后印发善信。

改革开放以来，天台修复了赤城山济公院和济公故里济公殿，民间也自发修建了石墙头济公殿和金钗坟济公庙。各地济公庙宇，如浙江东阳大智禅寺、义乌的济公殿、福建铅山县慈济寺的济公殿、广东梅州丰顺法源寺的济公殿，也得到了修缮，信徒如云。

（二）在绘画雕塑舞蹈方面的影响

最早的济公像源于信徒们在他生前供奉的"喜神"，之后各种济公画和雕像的形象不尽相同。《增订佛祖道影》中的《五十世济颠道济禅师像》慈眉善目，手执芭蕉扇。灵隐寺的济公像脸庞丰满、慈悲、睿智、关怀众生疾苦。现代王震、当代范曾、王金泰、刘庸、马哲等艺术家的济公画作各具特色。戴云辉的水墨淡彩和速写描绘济公颇为传神。表现济公传说的连环画最受儿童欢迎，艾晓临的8册《济公传》风格轻松活泼。

济公最早的雕塑已无从考证，宋嘉定二年（1209）发现一块颇肖济公的岩，后人称为"济公岩"。其后出现了各种材质各种形貌的济公像，但大体符合民间传说中不修边幅、洒脱癫狂的形貌。当代中国工艺美术大师高公博的《济公百态》，被拍成新闻纪录片。储立之的《醉济公》陶塑，虞金顺的《醉济公》雕塑，亦各有千秋。游本昌收藏的竹雕《济公》通高36.5厘米，造型独具匠心。嘉义市南恩寺的济公像高达5.2米，是亚洲最大的济公像。济公戴着墨镜以遮挡西晒，成为该县对外宣传的一大亮点。台南市南化乡的双面济公像则与赤城山三相济公造像有异曲同工之妙。

济公传说也融入了舞蹈表演，其中最典型的例子是清乾隆年间福建渔民将"跳蚤舞"作为娱乐性的"船舞"之一，传至舟山沈家门，继而传至舟山各岛与宁波定海。新中国成立初，双人舞改编为群舞，配上"舟山锣鼓"，以高跷形式展示于舞台。节奏明快，舞步粗犷，诙谐逗趣，赢得了观众的阵阵笑声。1955年2月，该舞蹈荣获浙江省首届民间古典音乐舞蹈观摩大会大奖，后又被编入《浙江省民间舞蹈集成》。

（三）在戏曲影视方面的影响

在济公圆寂不久之后，他的传奇经历以及那些引人入胜的传说，便被剧作家们作为素材采入戏曲之中。早在13世纪下叶，陈德武的《马头调·醉打山门》中就有"那济颠僧，五荤都用，他全不戒"的曲词。明朝时期，张大复以《济颠语录》为蓝本，汲取民间传说，编纂成《醉菩提传》，由老生扮演济公，至今仍是昆剧的保留节目。

清末时期，随着京剧戏班进入上海戏园表演，那些由评书《济公传》改编而成的《赵家楼》《火烧大悲楼》《马家湖》《古天山》《双头案》《白水湖》《慈云观》《八卦炉》《八魔炼济颠》等折子戏（根据陶君起的《京剧剧目初探》，中国戏剧出版社，1983），逐渐发展成了连台本《济公佳话》。在光绪四年（1878）的演出中，这部剧作赢得了观众们的热烈欢迎。

进入民国初年，上海新舞台编演的18本《济公活佛》再次引发了观众的热议。这部剧作由丑角夏月珊主演，以其诙谐幽默的表演风格和独特的机关布景与幻灯魔术，赢得了观众们的喝彩。

此外，济公戏在多个地方剧种中都有所体现，如扬剧、甬剧和潮剧等。其中，潮剧更是推出了连台本戏，将济公的故事演绎得淋漓尽致。而在中国台湾，济公连台本歌仔大戏更是以其载歌载舞的形式，深受海峡两岸同胞的喜爱和追捧。这些剧种在传承中不断创新，为观众带来了丰富多彩的视听盛宴。

历史上收入各种《高僧传》的名僧近三千，但登上舞台的只有十几位。像释迦、弥勒等也只是偶露峥嵘而已。只有济公一人，有幸成为唯一的主角，这是何等的不易啊！宋代的"陶真"是一种市民通俗说唱文艺，采取诗赞体。到了明代，衍化扩展为散文体的评书、评话。近代以来，评书名家辈出，还流传着"学评词，有架式；学悟空，装猴子；济颠僧，趿拉只"的俗谚，可见其影响之大。苏州范玉山，这位京剧连台本戏的行家，从中取材并巧妙地将戏曲动作融入自编的长篇《济公》之中。他的表演惟妙惟肖，被人们亲切地称为"活济公"。虞文伯则因其独特的表演风格被誉为"滑稽济公"。

当代评书艺人辽阳施夒星特地来到浙江，为了采集济公的逸闻传说。他的讲述出神入化，再度赢得"活济公"的美誉。他的《济公对诗》被收入《中国评书精华·志怪卷》。杭州王超堂主持播讲濒临失传的《济公传》评话，深受听众的喜爱。

济公的形象还进入了影视艺术。动画片《济公斗蟋蟀》以妙趣横生的方式，最早赢得了儿童的热烈欢迎。周星驰、张曼玉主演的《济公》则是香港拍摄的武打喜剧电视片，采用浪漫荒诞的手法，旨在表达"只要有爱人之心，天堂就在人间"的主题。台湾的济公电影则由"谐星"许不了扮演。

1985年，杭州电视台录制的6集电视连续剧《济公》，在天台拍摄部分外景，由游本昌主演。他的表演诙谐自如、妙趣横生，又很有深度。在国内外播出后引发了"济公热"，各地的街头巷尾都响彻起"鞋儿破，帽儿破……哪里不平哪有我"的主题歌。游本昌也因此荣获第四届大众电视金鹰奖最佳男主角奖。

1995年，双方再度携手拍摄20集《济公游记》，对济公形象的内涵作了更深层次的开掘。2003年2月，上海东方电视台来天台拍摄《济公救山姑》短片。这一年三维动画《济公》的十分钟样片《飞来峰》制作成功，获全国CG动画大奖，继获国际大奖。2005年秋，张国立又在天台国清寺开拍30集的《济公新传》，正在播映。正在拍摄制作的则有曾炜的52集电视动画系列长片《古灵精怪小济公》。据统计，目前正在播出的有关济公的电影至少在13部以上，济公的故事仍然在各种形式中继续传承并广为传播。

（四）在文学创作方面的影响

自南宋时期，评书、评话将原本的说唱诗赞（陶真）转化为散文体，这个举措最终促成了以济公传说故事为素材的章回小说的诞生。起初，只是简单地将《济颠语录》分割为多个回目，并稍作修饰。然而，至清代中叶，说书人开始广泛采集各种传说故事，极大地扩展了其场面，并形成了上百万字的长篇章回小说《济公传》。在光绪初年，240回本的《评演济公传》被印行后，诸如啸侬、坑余生等续作至50续，共1755回、580万字。浙江古籍出版社将其分为12册进行出版，而吉林文史等四家出版社则分为16册。最后一册还收录了《济颠语录》

和《蒙文济公传》。这些超巨型的说唱作品在全方位的生活画卷和多层面的性格展示中，济公由原来的佯狂入世、除暴抑强、扶危济困的神僧侠侣形象，逐渐演变为妙算如诸葛亮、仁义行道如宋江、法力无边如孙悟空的"大活佛"。这种形象给人一种"高大全"的感觉，然而原生态的济公传说故事却因此而显得模糊。不过，其影响确实很大。

鉴于旧小说在思想和艺术上的不足，当代民间文艺家陈玮君以杭州民间传说为基础，创作了20回、25万字的《济公外传》，并于1987年由浙江文艺出版社印行。著名佛教学老师赖永海根据有关志书、民间传说和《济公语录》《醉菩提全传》，撰写了《济公和尚》，其性质介于传记和小说之间。随后，著名儿童文学家孙幼军编写了《小济公传》上下册（原名《仙篮奇剑传》），给儿童送上了一份充满童趣的少年武侠小说。罗伟国则广泛采集民间传说，吸收评书故事，所写的《话说济公》（上海书店，2000年）形象通俗。孙雅菊编写的《济公惩治狗》也是一部引人入胜的作品。近年来，浙江少儿出版社陆续出版了一系列济公传说故事，例如《济公与秀才》等。这些故事在民间广为流传，深受读者喜爱。通过对这些故事的重新编排和修订，出版社为读者呈现了一个更加生动、真实的济公形象。这些济公传说故事不仅富有文化内涵，而且具有很强的教育意义。它们可以帮助读者了解中国民间文化，同时也能够培养读者的道德观念和价值观念。此外，这些故事还为读者提供了一个轻松愉快的阅读体验，让人们在阅读中放松身心，享受文化的魅力。

（五）在民俗风物方面的影响

济公与民众的关系亲密无间，他在民间有着广泛而深远的影响。一些民俗风物甚至与他的名字紧密相连。以美食为例，当外地人来到天台做客，他们只要提起"饺饼筒"，无一不啧啧称赞。这张直径一尺的薄皮，包裹进各种荤素菜肴，放在平底锅上煎烤至金黄色，便成为色香味俱佳的主食和下酒物。相传，这是济公当年在国清寺做沙弥时，因为预约的客人未来，他将剩下的菜肴包卷在饼皮中创造的。

天台还有许多以济公命名的美食小吃，如济公家酿酒、济公酒、济公狗肉面、济公八大碗等。杭州的虎跑也有所谓的"济公宴"。当人们到无锡时，他们总是会品尝一下南门莫兴盛肉店和三凤桥慎余肉店的"无锡肉骨头"。那诱人的酱红色泽、咸中带甜的香味和酥烂的口感，真让人垂涎欲滴。它的制作方法也是当年济公对那位屡次施舍熟猪肉的店主的回赠。

此外，还有诸如傅金煮玉、名吃扇骨等美食相传都与济公有关。有些济公的传说成为后人的口头禅。比如在重修净慈寺时，工匠众多，斋粮即将耗尽，济公从怀中取出一个小口袋，往千人锅倒进七粒米，不顾众人的耻笑，挑进八担水，三百名工匠居然饱餐一顿。从此，杭州人将节约米称作"七粒米，八担水"。

再比如俗谚"捣蟹酱，念弥陀"，一般解读为"言行相背"，但联系上面的济公传说，将其解读为"惩恶即是扬善"也未尝不可。因为天台人将蟹比作横行霸道的人，恶人遭到报应，人们也会念一声阿弥陀佛。还有济公用谎称"牛生麒麟（奇人）"巧惩贪财的地主的故事，后世成为鞭笞不讲诚信、耍胡赖人的口头禅。东阳的"一家不晓一家事，和尚不晓大智寺"的谚语，寓意家家有本难念的经，源自济公由临安返台途中发现有这么一座古寺的感叹。

济公的言行穿戴极富个性，后人将其用作俗语。仅《中华俗语词典》就收有多条："济公的装束——衣冠不整"等。他的形象和事迹在民间流传广泛，成为人们茶余饭后的话题和谈资。

济公还是一位卓越的医生，他的医术古怪但疗效显著。他常为老弱贫病者诊治，赠药送方，且不计较贫富。他的医术验方被后世广泛传颂，并被融入了佛道两家，形成了独特的医学体系。台湾圣德宝宫所出的《圣德治病秘方》中就收录了传为济公所留的单方、验方数百种。在香港康济会印行的《康济选集》中，也假托济公之名，将劝善与治病相结合。甚至在日本吉元昭治博士的专著《道教与不老长寿医学》中，也将济公列名于"道教与历代名医"之中。

近代篇

李叔同纪念馆

一、故居概况

平湖李叔同纪念馆,这座坐落于东湖之滨的璀璨建筑,占地宽广,耗资巨大,犹如一颗明珠镶嵌在风景如画的湖畔。其设计别出心裁,以七瓣莲花为形,恰似李叔同先生那"清水出芙蓉"般的纯净心灵和高尚情操,成为东湖景区中一道亮丽的风景线。

纪念馆占地16亩,总投资高达1998万元,其宏伟壮观可见一斑。建筑总面积达1506平方米,高达24米,分为上下两层,每层都承载着李叔同先生的艺术瑰宝和人生故事。二楼更是设有七个陈列室和一个环形展厅,犹如一个艺术宝库,收藏着近百件珍贵的书画作品。

走进纪念馆，仿佛穿越时空，回到了李叔同先生的各个生活阶段。七个陈列室中，每一个都精心布置，展示了李叔同先生的生活照片、历史资料以及艺术成就。从绘画到音乐，从话剧到诗词，从书法篆刻到佛学成就，无不彰显着李叔同先生的多才多艺和卓越成就。这些珍贵的展品，不仅让我们领略到李叔同先生的艺术魅力，更让我们感受到他那种追求真理、探索未知的精神。

而纪念馆所在的叔同公园，更是如诗如画。树木葱茏，鸟语花香，名人塑像与小桥流水相映成趣，构成了一幅美丽的画卷。在这里，我们不仅可以欣赏到李叔同先生的艺术瑰宝，更能感受到大自然的宁静与和谐。

李叔同纪念馆不仅是一个新的旅游景点，更是一个重要的爱国主义教育基地。它让我们在欣赏美景的同时，也能领略到艺术的魅力和人生的真谛。每一次参观，都是一次心灵的洗礼和升华，让我们更加珍惜当下，追求更高的艺术境界和人生理想。

二、人物生平

在1880年（光绪六年）的10月23日，李叔同诞生于天津河北区的地藏前故居李宅。他的祖父李锐，原籍浙江平湖（也有说法称他是天津人），但在天津寄籍，从事盐业和银钱业经营。他的父亲李世珍，字筱楼，是清同治四年（1865）的进士，曾任吏部主事，后来辞官继承父业，成为津门的巨富。李叔同是家中的第三个孩子，幼时名为成蹊，学名广侯。

李叔同从小就在佛教的氛围中成长。据说，他出生的那天，有喜鹊衔着松枝送到产房，这让人们相信这是佛赐予的吉祥之兆。此后，他一直携带这根松枝，终身未离。他的父母以及大娘郭氏都是虔诚的佛教徒，叔同从她们那里学会了念诵《大悲咒》和《往生咒》。他的长嫂也信仰佛教，曾教他背诵佛经。在孩提时代，李叔同常常与三弟一起模仿僧人做法，用夹被或床罩当作袈裟，在屋里或炕上念佛玩耍。

当李叔同六七岁时，他开始跟随比自己年长12岁的兄长文熙学习读书和日常礼仪。文熙对他的教育非常严格，不仅日常功课不能马虎，而且应对进退也必须符合礼仪。虽然这样的教育可能在一定程度上压抑了他的天性，但它也帮助他养成了严肃认真的习惯，这对他日后的成就有着深远的影响。

1884年（光绪十年甲申），5岁的李叔同生活在天津。然而，8月5日，他的父亲病逝，终年72岁。父亲的离世使他在李家的处境更加尴尬，这也可能是他性格中沉默寡言、略带自卑倾向的原因之一。在这样的环境中成长，李叔同逐渐形成了自己独特的性格和人生观。

在1885年，当李叔同只有6岁的时候，他开始了他的启蒙教育，由他的二哥文熙亲自指导。第二年，他7岁，继续跟随文熙学习《百孝图》《返性篇》《格言联璧》等经典文献。

1887年，李叔同8岁时，他正式拜常云庄先生为师，开始攻读《四书》《孝经》《毛诗》《左传》《尔雅》《文选》等经典著作。同时，他还学习了书法、金石等技艺，展现出了非凡的才华。到了1892年，李叔同已经13岁，他开始研读《说文》等经典，并开始学习训诂之学。

他热衷于各朝书法，尤其以魏书为主，逐渐在乡里崭露头角。15岁，他继续深入学习《左传》《汉史精华录》等经典。这一年，他领悟到了"人生犹似西山日，富贵终如草上霜"的深刻哲理。同时，他开始形成自己的独立思考，对兄长从小要求他刻苦用功学习的经国济世的"正经"学问产生了质疑，而对唱戏这种"贱业"产生了浓厚的兴趣。

他经常前往戏园子观看戏曲表演，成为了忠实的票友，有时甚至会客串某个角色。他对伶人杨翠喜的表演尤为欣赏，每天晚上都会前往"天仙园"为她捧场。散场后，他会提着灯笼陪伴杨翠喜回家，并亲自指导她的唱腔和身段，使她的艺术水平得到了极大的提升。与杨翠喜的交往或许可以视为李叔同的初恋。然而，命运多舛，这个女子最终被卖入官家，几经周折后嫁给了商人。李叔同的痴情终究化作了无尽的闲愁。

在1895年，年仅16岁的李叔同考入了位于城西北文昌宫旁的辅仁书院，开始了他的制义（八股文）学习之旅。与天津的另外两所著名书院——三取书院和问津书院相似，辅仁书院的教学重点已经转向了考试，而不再是传统的讲学。每月两次的考课，分别在初二和十六这两天进行，一次由官方出题、阅卷和评定等级，另一次则由掌教负责。这样的制度不仅激发了学生们的学业热情，还通过发放奖赏银钱来鼓励他们努力学习。

在进入书院之前，李叔同已经广泛阅读了经史诗文，打下了坚实的学术基础。再加上他自幼聪慧过人，每次考课作文都能文思泉涌，意犹未尽。按照书院的规矩，文章需要逐字书写在格子纸上，而纸张的数量也是有限的。然而，李叔同常常觉得自己的思绪如泉涌，纸短情长。于是，他会在一个格子中巧妙地书写两个字，以完成自己的文章。这种独特的写作风格为他赢得了"李双行"的美称，他的文章也常常名列前茅，屡获奖赏。

1896年，17岁的李叔同迎来了他学术生涯的又一个重要阶段。夏天，他请来了唐敬严为他教授钟鼎篆隶八分书，而秋天则跟随天津名士赵幼梅学习诗词和辞赋、八股。他对唐五代诗词情有独钟，尤其是王维的诗歌。此外，他还向津门书印名家唐静岩学习篆书和治印技艺，并与同辈名士结交游历。

1897年，18岁的李叔同遵循母亲的意愿，与茶商之女俞氏喜结连理。哥哥文熙更是慷慨解囊，拨出30万元作为叔同的家用。这笔巨款在当时可谓是一笔天文数字。有了这笔资金的支持，李叔同购买了一架昂贵的钢琴，开始涉足音乐与作曲领域。当时，康有为、梁启超等人正积极倡导维新变法，关心国事、憧憬未来的李叔同对这场变革充满热情。他积极鼓吹新说，并特意刻制了一方"南海康梁是吾师"的印章，以表达自己对变法的坚定支持。然而，随着"戊戌政变"的爆发，六君子英勇殉难，康、梁二人也不得不逃亡海外。这场维新运动以失败告终。外界纷纷传言李叔同与康、梁有牵连，为了避祸，他带着母亲和妻子迁居上海，在法租界租下了一套房子，开始了新的生活。由于家族在上海有钱庄生意，他得以凭借少东家的身份轻松支取生活费用。

他手头宽裕，以富家子弟的身份，与上海的社会精英建立了广泛的联系。在十月份，他加入了"城南文社"，并凭借一篇名为《拟宋玉小言赋》的作品，在文社的月度评选中荣获第一名，展现了他的文学才华和深厚的文学造诣。

在1899年，也就是光绪皇帝在位的第二十五年，年仅二十岁的李叔同做出了一个重要的决定，他搬到了好友许幻园家的"城南草堂"。在那里，他与袁希濂、许幻园、蔡小香、张小楼结下了深厚的友谊，他们五人被誉为"天涯五友"。李叔同的文人生活从此变得丰富多彩，他与画家任伯年等人共同创立了"上海书画公会"，致力于书画艺术的推广与交流。

1900年，李叔同迎来了自己的第一个孩子李准。这一年，他还出版了《李庐诗钟》和《李庐印谱》，并与任伯年等人继续致力于"上海书画公会"的发展，每周都会出版书画报，这份报纸由中外日报社随报发行，深受读者喜爱。

1901年，李叔同在为许幻园所撰的《城南草堂笔记》题跋后，曾回到天津探望家人，并计划前往河南探视其兄。然而，因故未能成行，他便返回了上海。同年秋天，他进入南洋公学就读经济特科班，与黄炎培、邵力子、谢无量等人一同在蔡元培先生的指导下学习。然而，由于校内新旧思想相争激烈，校方禁止学生阅读部分杂志、报纸，这引起了学生的强烈不满。在与校方的冲突中，蔡元培先生站在了学生一边，但无奈之下，他带领学生和积极教师离开了南洋公学。李叔同也在其中，坚定地追求着自己的学术理想。

1902年，李叔同参加了各省补行的庚子、辛丑恩正并科乡试。他先后以河南纳监和嘉兴府平湖县监生的身份报名应试，但遗憾的是并未中榜。然而，这并未打击他的信心，他依然坚定地回到了南洋公学，继续追求自己的学术梦想。

1903年，南洋公学的学生们掀起了罢课风潮，这一行动引起了蔡元培先生的深深同情，他选择了自动辞职，而全体学生也相继退学。李叔同也是其中的一员，他勇敢地选择了退学。不久后，他与许幻园、黄炎培等志同道合的人士在上海共同成立了"沪学会"，他们开办补习班，积极举行演说会，大力提倡婚姻自主等新思想。李叔同才华横溢，他不仅创作了新戏《文野婚姻》的剧本，还写下了大量的诗歌，并谱写了《祖国歌》等深受人们喜爱的歌曲。他的艺术成就如同新月般璀璨夺目。

1903年，李叔同与一些退学者在上海的"沪学会"内增设了补习科，并经常举行演说会。他还以"李广平"的名字翻译了《法学门径书》和《国际私法》两本书，这两本书由上海开明书店相继出版，为法学研究贡献了自己的力量。

1904年3月，李叔同为"铄镂十一郎"（章士钊）的传记著作《李苹香》撰写了序言，并署名"惜霜"。他常常与歌郎、名妓等艺术界人士交往。在上海的舞台上，他初次亮相，参加了京剧《八蜡庙》《白水滩》《黄天霸》等剧的演出，展现了他的艺术才华。同年12月9日，他的儿子李端出生，为他的生活带来了更多的喜悦。

1905年3月10日，他的生母王氏病逝，他携着护柩回津，表达了对母亲的深深思念和敬意。同时，他还出版了《国学唱歌集》，将他对国学的热爱和才华融入了歌声中。随后，他把妻子和两个孩子留在天津，自己决定东渡日本留学。在离开祖国之际，他创作了《金缕曲·留别祖国并呈同学诸子》，表达了他对祖国的深深眷恋和不舍。

在日本东京，他为《醒狮》杂志撰写了《图画修得法》与《水彩画法说略》，为艺术事业贡献了自己的智慧和力量。

1906年，李叔同在东京编辑《音乐小杂志》。同年7月1日，他以"李哀"之名，首次参与了日本名士组织的"随鸥吟社"雅集。同年9月29日，他又以"李岸"之名注册，并考入了东京美术学校的油画科。他与同学曾延年（孝谷）等人共同组织了"春柳社"，这是中国第一个话剧团体。他们演出了《茶花女》《黑奴吁天录》《新蝶梦》等话剧，李叔同先生因此成为中国话剧运动的创始人之一。在川上音二郎和藻泽栈二朗的指导下，他学习了新剧演技，并取艺名为"息霜"。在这一年，他还曾回到天津，并创作了《喝火令》一词来表达自己的感慨。

1907年，李叔同在"春柳社"首演了《茶花女》，并饰演了茶花女一角，这标志着中国话剧实践的第一步。同年7月，他再次参演了《黑奴吁天录》，饰演了美洲绅士解尔培的夫人爱密柳，并客串了男跛醉客。在留学期间，他与一位美术模特（姓名不详）产生了感情，并最终一起回国。1908年，李叔同退出了"春柳社"，开始专心致力于绘画和音乐。

1910年，李叔同回国，在天津北洋高等工业专门学校担任图案科主任教员。第二年，他又在上海城东女学担任音乐教员。1911年，在春天创作了毕业自画像。同年3月，他毕业于东京美术学校，并偕同日本妻子回国抵达上海。他在直隶高等工业学堂担任图画教员。然而，同年他的家庭遭遇了经济困境。1912年，他从天津返回上海，在杨白民任校长的城东女学任教，教授文学和音乐课。同年，他加入了"南社",并被聘为《太平洋报》的主笔,负责编辑广告及文艺副刊。他与柳亚子共同创办了文美会,并主编了《文美杂志》。然而,在秋天,《太平洋报》停刊了。随后,他应经亨颐之聘赴杭州,在浙江两级师范学校担任音乐、图画课教师。

1913年5月,校友会发行了《白阳》杂志,他设计了创刊号的封面。李叔同先生不仅是一位杰出的艺术家,还是一位热心的教育者。他的全部文字作品,都是由他亲手书写并经过石印精制的。在1914年,也就是民国三年,35岁的李叔同加入了享有盛誉的西泠印社,与著名的金石书画大师吴昌硕频繁交流,相互启发。课后,他更是积极组织了一群志同道合的朋友,成立了"乐石社",致力于金石的研究与创作。他们的活动丰富多彩,不仅提高了自己的艺术修养,也为推动金石艺术的发展作出了贡献。

1915年,乙卯年,也就是民国四年的时候,36岁的李叔同应南京高等师范学校校长江谦(易圆)的邀请,兼任了学校的图画音乐教员。在繁忙的教学之余,他还倡导并成立了金石书画组织"宁社",利用佛寺的场地,展示古书、字画和金石。

二十四年后,南京高师校长江谦大师在庆祝自己六十岁生日的时候,写下了一首诗,其中写道:"鸡鸣山下读书堂,廿载金陵梦莫忘。宁社恣尝蔬笋味,当年已接佛陀光。"这首诗不仅表达了对李叔同的深深怀念,也充分展现了"宁社"活动的深远影响。

同年夏天,李叔同先生还曾前往日本避暑。在9月回国后,他又投入到了繁忙的教学和创作中。秋天的时候,他先后创作了《早秋》《悲秋》《送别》等诗词,用文字表达了自己对季节变换和人生离别的深刻感悟。

在1916年，也就是民国五年的时候，37岁的他因为受到日本杂志上介绍的"断食"修养身心方法的启发，产生了入山断食的念头。在那个冬天，他前往了杭州的虎跑定慧寺，进行了为期17日的断食试验，并详细记录了整个过程，写成了《断食日志》。在入山之前，他创作了一首词："一花一叶，孤芳致洁。昏波不染，成就慧业。"表达了他对清净修行的向往。回到学校后，他开始素食，并逐渐在马一浮的影响下对佛教有了更深的领悟。1918年，李叔同在春节期间选择在虎跑寺度过，并拜了悟和尚为师，成为其在家弟子，取法名演音，号弘一。农历七月十三日，他正式进入虎跑定慧寺出家。出家前，他将所藏的印章赠予西泠印社，该社创始人之一叶为铭特意为他凿壁庋藏，并题写了"印藏"的题记。同年九月，他在灵隐寺受了比丘戒，十月则前往嘉兴精严寺小住。年底，他应马一浮之邀，前往杭州海潮寺打七。1919年春天，李叔同小住于杭州艮山门外井亭庵，之后移居玉泉清涟寺。夏天，他居住在虎跑定慧寺，秋天则到灵隐寺，专心研究佛法。

1920年春天，李叔同居住在玉泉寺，为《印光法师文钞》题词并写序。他称赞老人的文章如日历天，普照众生。6月，他前往浙江新登贝山闭关，深入研究律学。秋天，他离开贝山前往衢州，客居莲花寺。1921年正月，李叔同从新登返回杭州，居住在玉泉寺，开始研读《四分律》，并开始阅读各位先师的作品。春天，他曾在闸口凤生寺短暂停留，丰子恺在游学日本前夕曾前往与他话别。3月，他从杭州前往温州，居住在庆福寺。他撰写了《谢客启》，闭门研究律法。6月，他完成了《四分律比丘戒相表记》的初稿。1922年正月初三，得知在家发妻俞氏在天津本宅病逝的消息，虽然俗家仲兄文熙来信劝他回天津一次，但他因故未能成行，仍留在庆福寺。在1923年，与尤惜阴居士在上海携手撰写了《印造经像之功德》。同年6月，为杭州西泠印社的《弥陀经》一卷进行了刻石。9月，再次来到衢州，并在莲花寺居住。

到了1924年4月，李叔同从莲花寺搬到了三藏寺。不久后，又经过松阳、青田抵达了温州。5月，前往普陀山，拜访了最敬佩的印光大师，并拜他为师，称赞他是"三百年来，一人而已"的大德。6月，返回温州整理《四分律》，并在8月完成了这部著作。之后，前往杭州，但因交通受阻，暂时在宁波的七塔寺停留。应夏丏尊之邀，还至上虞白马湖短暂居住。10月，再次返回温州。1925年春天，李叔同游历了宁波的七塔寺、杭州的弥陀寺和定慧寺。应夏丏尊之请，再次至上虞白马湖小住。不久后，返回温州庆福寺。

1927年春天，李叔同居住在杭州的吴山常寂光寺，7月则搬到了灵隐后山的本来寺。秋天，他前往上海，在江湾的丰子恺家中暂住。在那里，他主持了丰子恺的皈依三宝仪式，并与丰子恺共同策划了《护生画集》的编纂工作。同年，他们合作完成了《中文名歌五十曲》，其中收录了李叔同在俗时的13首歌曲。丰子恺在序言中高度赞扬了李叔同的才华，称他为"中国作曲作歌的唯一一人"。

1928年春夏之交，李叔同在温州大罗山修行禅定。秋天，他再次来到上海，与丰子恺、李圆净等人进一步商讨《护生画集》的编纂事宜。冬天，他与刘质平、夏丏尊、丰子恺、经亨颐等人共同集资，在白马湖建造了"晚晴山房",作为他的居所。

1929年,李叔同迎来了他的50岁生日。正月,他从南安小雪峰前往厦门南普陀寺,居住在闽南佛学院,参与学院的整顿工作。春天,他返回温州,途经福州时,在鼓山涌泉寺藏经阁发现了珍贵的《华严经疏论纂要》刻本,并发愿将其刊印。9月,他在"晚晴山房"短暂居住后,10月再次前往厦门、南安,与小雪峰寺的太虚法师共度岁末,并合作创作了《三宝歌》。同年2月,《护生画集》第一集由上海开明书店出版,其中的50幅护生画均由大师配诗并题写。大师在跋文中表达了他的创作意图:"我依画意,为白话诗;意在导俗,不尚文词。普愿众生,承斯功德;同发菩提,往生乐国。"他还强调了艺术作为人道主义宗旨的重要性。此外,夏丏尊将大师在俗时所临的各种碑帖整理出版,名为《李息翁临古法书》(上海开明书店)。同年,大师的兄长李文熙去世,享年62岁。

1930年正月,李叔同从小雪峰前往泉州承天寺,与性愿法师相聚。4月,他前往温州,之后抵达白马湖的"晚晴山房"。秋天,他前往慈溪金仙寺,两次讲律。11月,他再次前往温州庆福寺。当时的人们称赞弘一大师为孤云野鹤,四处弘法。

1931年春,李叔同从温州出发,经过宁波,最终抵达白马湖横塘镇的法界寺。在那里,他发下了一个重要的誓言:舍弃有部律,专心研究南山律,从此,他由新律家转变为旧律家。同年9月,广洽法师邀请他前往厦门。同月,他在金仙寺创作了脍炙人口的《清凉歌》。岁末,他在镇海伏龙寺度过了那个宁静的冬天。

1932年,李叔同在镇海龙山伏龙寺为刘质平书写了一幅书法作品。年底，他抵达厦门，住进了山边岩（即万寿岩），并在妙释寺分享了他对《人生之最后》的独到见解。

1933年，李叔同在年初前往厦门，不久后又返回妙释寺。那一年，他在妙释寺讲解了《改过经验谈》，在万寿岩开讲了《随机羯磨》，并重新编写了满益大师的警训，命名为《寒茄集》。同时，他还在开元寺圈点了《南山律钞记》，在承天寺分享了《常随佛学》的深刻内涵。

1934年2月，李叔同抵达厦门南普陀寺讲解佛法。同时，他还协助常惺院长整顿了闽南佛学院。看到学僧们的纪律松弛，他深感机缘未熟，于是决定创办佛教养正院。那一年，他还创作了《一梦漫言》，并绘制了宝华山的《见月律师行脚略图》。冬天，他移居到万寿岩，讲解了《阿弥陀经》，并编写了《弥陀经义疏撷录》。

1935年正月，大师在万寿岩撰写了《净宗问辨》。3月，他前往泉州开元寺讲解了《一梦漫言》。5月，他抵达净峰寺，随后应泉州承天寺之邀，在戒期中讲解了《律学要略》。

1936年春天，李叔同因病在草庵休养，数月后才康复。5月，他居住在鼓浪屿日光岩。年末，他移居到南普陀寺。同年，《清凉歌集》由上海开明书店出版，为更多的人带去了清凉与智慧。

1937年，大师年初在南普陀寺讲解了《随机羯磨》。2月，他在佛教养正院分享了《南闽十年之梦影》的感人故事。3月，他为厦门市第一届运动大会创作了会歌。5月，他应邀前往青岛讲解佛法，10月返回厦门。岁末，他前往泉州草庵，继续他的修行与分享。

1938年，1月31日，他在草庵讲解了《华严经普贤行愿品》。2月19日，他进入泉州。3月2日，他在承天寺为众人讲解佛法。

在完成了梅石书院、开元寺、清尘堂的讲经活动后，大师又前往了惠安和厦门等地继续传播佛法。在5月4日，也就是厦门即将陷落的前几天，大师毅然离开了厦门，前往漳州南山寺。随着冬季的到来，大师又来到了泉州承天寺，之后他选择移居到温陵养老院，继续在那里修行和传授佛法。大师的行程虽然充满了艰辛，但他始终坚守着对佛法的热爱和执着，为信众们带来了智慧和启迪。

在1939年（民国二十八年），弘一法师迎来了他的60岁生日。在4月，他选择进入蓬壶毗峰普济寺，闭门静修，专注于他的著作工作，其中包括了《南山律在家备览略篇》等书籍。同年9月，他的影响力得到了广泛的认可，澳门《觉音月刊》和上海《佛学半月刊》都出版了《弘一法师六秩纪念专刊》来纪念他。在秋末时分，他还为《续护生画集》题字并作了跋。

1940年（民国二十九年）春天，他在永春蓬山闭关，谢绝了所有的往来，专心投入到他的著述工作中。到了10月，他应邀前往南安灵应寺弘法，继续传播他的佛法智慧。

1941年（民国三十年)4月，弘一法师离开了灵应寺，前往晋江福林寺结夏安居，并在那里讲解了《律钞宗要》，同时还编写了《律钞宗要随讲别录》。在冬天，他短暂地在泉州百原寺停留，之后移居到开元寺。年末时，他返回福林寺度过新年。

1942年（民国三十一年)2月，弘一法师前往灵瑞山讲经，提出了三个约定：一不迎，二不送，三不请斋，体现了他的谦逊和低调。3月，他回到泉州开元寺，之后居住在温陵养老院。7月，他在朱子的"过化亭"教演出家剃度仪式。8月，在开元寺讲解了《八大人觉经》。

然而，在10月2日下午，他的身体开始发热，逐渐显露出患病的迹象。10月7日，他召唤妙莲法师到他的卧室写下遗嘱。10月10日下午，他写下了"悲欣交集"四个字交给妙莲法师。最终，在10月13日晚7时45分，他的呼吸变得急促，8时整，他安详地在泉州不二祠温陵养老院晚晴室圆寂，离开了这个世界。

三、人物事迹

弘一大师在佛学领域的贡献，主要体现在他对律宗的研究和传承上。他致力于振兴律学，不畏艰辛，深入研究，并亲自实践。作为近代佛教界备受尊敬的律宗大师，他在国内外佛教界都享有崇高的声誉。

在弘一大师刚开始接触佛学的时候，他不仅阅读了僧人必读的经典，还广泛涉猎其他知识。他对待任何事情都非常认真，一旦决定做某事，就会全力以赴。因此，在佛学思想方面，他也形成了自己的独特见解。林子青曾概括说：弘一大师的佛学思想体系以华严为镜，四分律为行，净土为果。他对晋唐时期翻译的华严经有深入的研究，并著有《华严集联三百•》，展现了他的佛学造诣。

弘一大师一生都严格遵守律宗戒律，他悲天悯人，对待生命充满敬畏。他每次坐藤椅前都会先摇一下，以免压死藏在其中的小虫。临终时，他要求弟子在龛脚垫上放四碗水，以防蚂蚁爬上尸身被烧死。这些善举都体现了他的慈悲之心。

中国佛教律学有四大律，即《十诵律》《四分律》《摩诃僧祇律》

和《五分律》。为了弘扬律学，弘一大师深入研究《四分律》，并花费四年时间著成《四分律比丘戒相表记》。这本书与他晚年所撰的《南山律在家备览略篇》一起，成为他精心撰述的两大名著，为佛法的传承和弘扬作出了重要贡献。

在中国近百年的文化历史长河中，弘一大师李叔同以其卓越的才华和独特的魅力，成为学术界公认的通才和奇才。作为新文化运动的先驱者，他率先将西方油画、钢琴、话剧等艺术形式引入国内，同时以精湛的书法、优美的诗词、出色的绘画、卓越的音律才华和精湛的金石篆刻技艺而名扬四海。

李叔同不仅在佛教界享有盛誉，在近代文艺领域也涉足广泛，诗词歌赋、音律、金石篆刻、书艺、丹青、文学戏剧等方面都早已展现出了他的才华。皈依佛门后，他更是洗尽铅华，专心致志地修行，成了令人敬仰的一代佛教宗师，被佛教弟子奉为律宗第十一代世祖。

他传奇的一生为中国近代文化、艺术、教育、宗教等领域作出了卓越的贡献，创造了十三个第一，堪称文艺先驱。他的爱国情怀和义举更是贯穿了他的一生，为后人留下了宝贵的精神财富。

李叔同，中国话剧的奠基人，以其卓越的贡献引领了话剧运动的发展。他不仅是"春柳社"话剧团体的核心成员，更是中国首部话剧《茶花女》的女主角扮演者，为话剧在中国的起步作出了巨大贡献。李叔同的戏剧活动虽然短暂，但影响深远，他在布景设计、化妆、服装、道具、灯光等艺术方面的创新，为中国话剧的发展奠定了坚实的基础。

在音乐领域，李叔同同样成就斐然。他不仅是作词、作曲的大师，还是中国音乐期刊的开创者，用五线谱作曲的先驱，以及钢琴推广的重要人物。他在浙江一师教授和声、对位，为西方乐理在中国的传播作出了重要贡献，同时也是"学堂乐歌"的积极推动者。

李叔同的歌曲作品广泛流传，包括爱国歌曲、抒情歌曲和哲理歌曲等，旋律优美，歌词动人，深受人们喜爱。此外，他在油画领域的贡献也不容忽视，作为中国油画的鼻祖，他最早介绍了西洋画知识，并聘用了裸体模特进行教学。他还与夏丏尊共同编辑了《木刻版画集》，成为中国现代版画艺术的开创者和倡导者。

李叔同不仅广泛引进西方美术派别和艺术思潮，还积极组织西洋画研究会。他的《西洋美术史》《欧洲文学之概观》《石膏模型用法》等著作，在当时都是国内研究的开创之作。他在学校美术课上，不遗余力地传授西方美术发展史和代表性画家的知识，使中国美术家首次全面、系统地了解了世界美术的壮丽景象。

作为艺术教育家，李叔同在浙江一师的课堂上，采用现代教育法，培养出了丰子恺、潘天寿、刘质平、吴梦非等一大批杰出的画家和音乐家。他的西画创作也备受赞誉，如炭笔素描《少女》和水彩画《山茶花》等作品至今仍被人们所欣赏。尽管存世的油画作品较少，但其中的《裸女》和《李叔同自画像》都是珍贵的艺术瑰宝。

李叔同不仅大胆引进西方美术，还深入研究中国传统绘画理论和技法。他擅长将西洋画法与中国传统美术相结合，与弟子丰子恺合作的《护生画集》就是诗画合璧、图文并茂的佳作。

在书法艺术方面，李叔同的成就同样卓越。他的书法早期受魏碑影响，笔势开张、灵动飘逸；后期则形成独特风格，冲淡朴野、温婉清拔。特别是出家后的作品，更展现出超凡的宁静和云鹤般的淡远意境。

此外，李叔同的篆刻艺术也独树一帜。他早年从秦汉入手，兼攻浙派，35岁加入"西泠印社"。出家前，他将平生篆刻作品和藏印赠予"西泠印社"，该社为之筑"印冢"并立碑以纪念。他对篆刻的热爱和造诣，从未因时间或生活变迁而减退。

锥形刀只能刻出白文，就像用铁笔写字一样。而扁尖刀能刻朱文，但总免不了雕琢的痕迹，不如锥形刀刻出的白文自然有趣。李叔同对印学的贡献不仅在于此，他还推动了近代篆刻事业的发展。他亲自成立了乐石社，这是继"西泠印社"之后的又一印学团体。他们定期聚会，并编印印社作品集和史料汇编，这在近代篆刻史上堪称先河。

李叔同的书法如同未经雕琢的玉石，清新脱俗，精致而美妙。他的书法中蕴含着儒家的谦恭、道家的自然和释家的静穆，让人在欣赏字的同时，也能感受到佛法的智慧。他的书法被誉为国之至宝，华夏之光。

李叔同不仅是一位才华横溢的艺术教育家，也是一位高僧。他的书法艺术达到了极致，被誉为"朴拙圆满，浑若天成"。鲁迅、郭沫若等现代文化名人都以得到他的墨宝为荣。

此外，李叔同还是中国现代歌史的启蒙先驱。他接受了欧洲音乐文化的影响，将一些欧洲歌曲的曲调引入中国，为中国现代歌曲的发展奠定了基础。

李叔同创作了许多新词，这些歌曲在全国范围内广为流传。他的曲调带有明显的外来风格，而歌词则深深扎根于旧体诗词的韵律之中。这些歌曲不仅标志着新时代的到来，也展现了李叔同作为启蒙者的历史使命。

李叔同不仅是中国"学堂乐歌"的杰出代表，还是最早将民族传统文化遗产融入学堂乐歌创作的先驱。1905年，他出版了《国学唱歌集》，其中选取了《诗经》《楚辞》和古诗词中的13篇作品，配以西洋和日本曲调，甚至还有两首昆曲的译谱。其中的《祖国歌》以其中国民间曲调填词，激发了学生的爱国热情。

李叔同前往日本学习西方音乐、美术和戏剧理论，主攻钢琴。他创办了中国的第一部音乐刊物《音乐小杂志》，大力倡导音乐的社会教育功能，认为音乐可以陶冶性情，提升人的精神境界。同时，他还发表了《我的国》《隋堤柳》等充满爱国情怀的乐歌。

李叔同一生创作了70余首乐歌作品，这些作品继承了中国古典诗词的优良传统，以借景抒情为主要手法，文辞优美，声辙抑扬顿挫，意境深远。由于他具备全面的中西音乐文化修养，选用的曲调多为欧美通俗名曲，优美动人，清新流畅。因此，他的乐歌作品深受青年学生和知识分子的喜爱，如《送别》《忆儿时》《梦》《西湖》等，特别是《送别》，更是被电影《早春二月》《城南旧事》选为插曲或主题歌，可见其影响力之广。

四、文化影响

李叔同，新文化运动的领军人物，他不仅是杰出的艺术家、教育家和思想家，还是中国近现代佛教史上的一位高僧。他的成就不仅体现在诗词书画、音乐戏剧等多个艺术领域，更在于他对教育、哲学、法学、汉字学、社会学等多个学科的创造性贡献。

李叔同的书法艺术达到了巅峰，他的作品展现了深厚的文化底蕴和独特的艺术魅力。与历史上的僧人艺术家不同，他以坚定的佛教信仰和实际的修行为目的，将书法艺术与佛教精神融为一体。

他的画作如八大山人的白眼八哥，充满了讽刺意味，表达了他对世态炎凉的独特见解。而他的音乐作品如《送别》，则成为经典名曲，传唱至今。

作为一位卓越的艺术家和教育家，李叔同培养了许多文化名人，如丰子恺、刘质平等。他的佛教信仰也让他成为佛门弟子的楷模，被奉为律宗第十一代世祖。

李叔同的一生充满了传奇色彩，他的成就和贡献让人们铭记不已。他的艺术造诣和人格魅力让人们敬仰不已，他的一生是中国绚丽至极归于平淡的典型。鲁迅曾赞誉他的朴拙圆满、浑若天成，而太虚大师则赠偈称赞他的以教印心、以律严身、内外清净、菩提之因。

周恩来对曹禺说，编写《中国话剧史》时，别忘了天津的李叔同，也就是后来的弘一法师。他是将西洋绘画、音乐、戏剧引入中国的先驱。赵朴初曾评价他："深悲早现茶花女，胜愿终成苦行僧，无尽奇珍供世眼，一轮圆月耀天心。"林语堂也称他为那个时代最有才华、最奇特、最遗世独立的天才之一。张爱玲曾说，在弘一法师寺院围墙外，她感到前所未有的谦卑。夏丏尊则总结他的一生，既是翩翩公子，又是激昂志士，多才多艺的艺人，严肃的教育者，戒律精严的头陀，更是一位倾心西极、吉祥善逝的佛教徒。

王国维故居

一、故居概况

　　王国维故居，这处坐落在浙江省嘉兴市海宁市盐官镇建安路4号的古朴宅院，是国学泰斗王国维少年时期的成长摇篮。建于清光绪十二年（1886）的它，是一座典型的坐北朝南木结构庭院式建筑，占地宽广,700余平方米，建筑面积近370平方米。尽管岁月流转，故居的原貌已有所变迁，但幸运的是，在1985年、1992年和2003年，它得到了精心修复，重现了当年的风采。

　　步入庭院，首先映入眼帘的是前厅正中摆放的王国维半身铜像，他目光深邃，仿佛仍在思考着那些深奥的学术问题。故居内的陈列布局精巧，分为三部分。第一部分详细介绍了王国维的故乡风情、家族背景和生平事迹，让人仿佛穿越时空，回到他成长的年代。第二部分则集中展示了王国维的学术成就，包括他的著作、手稿以及各类研究成果，让人领略到这位国学大师的博学多才。最后一部分陈列了国内外专家学者对王国维的研究论著，展现了他在学术界的重要地位。

值得一提的是，故居内还悬挂着一副郭沫若所题的对联："发前人所未能发；言腐儒所不敢言"。这副对联不仅是对王国维学术精神的精准概括，也为故居增添了一份厚重的文化气息。它似乎在告诉我们，王国维敢于挑战传统，勇于创新，这种精神正是我们今天所应学习和传承的。

作为全国重点文物保护单位之一，王国维故居不仅是对这位国学大师的缅怀之地，更是开展学术研究活动的重要场所。每年，无数学者和游客慕名而来，他们在这里追寻王国维的足迹，感受他的学术魅力和人生历程。这座故居，就像一部活的历史书，让我们能够更加深入地了解这位国学大师的一生。

二、人物生平

1877年12月3日，王国维出生于浙江杭州府海宁州城（今浙江省嘉兴市海宁）。他的家族世代书香，家学渊源，海宁学人辈出，对他的成长和人生道路产生了深远影响。他的父亲王乃誉是宋安化郡王三十二世裔孙，王氏家族因抗金名将王禀及袭封前爵、赐第盐官的王沆，在海宁受到当地人民的长期敬仰。

王国维的童年和青少年时期主要在海宁故乡度过，直到1899年赴上海就读农学社及东文学社。四岁时，他的母亲去世，他和姐姐的生活主要由叔祖母照顾，而读书生活则受父亲王乃誉的影响。王乃誉擅长书画、篆刻、诗古文辞，博涉多才，著有游目录八卷，古钱考一卷及其他文稿，题画诗、画粕等数卷。在这样的家庭环境中，王国维从小聪颖好学。

1883年，他七岁起，先后入邻塾从师潘紫贵及陈寿田先生就读，接受过塾师的启蒙教育，并在父亲的指导下博览群书，涉猎了传统文化的许多领域，初步接触到近代先进的科学文化知识和维新思想，逐步形成了读书的志向和兴趣。

1886年，王国维全家迁居城内西南隅周家兜新宅，此处后来成为王国维故居纪念馆。1892年7月，他入州学，参加海宁州岁试，以第二十一名中秀才，与陈守谦、叶宜春、诸嘉猷被誉为"海宁四才子"。

1892年，王国维考入州学，成绩中等。虽然他连续两年赴杭应试都未能成功，但他并未放弃对知识的追求。1894年，他成功考入崇文书院，开始对史学、校勘、考据之学及新学产生浓厚兴趣。

甲午战争后，随着大量西方文化科学的传入，王国维开始接触并热衷于新文化和思想。尽管家境贫寒，无法负担他外出游学的费用，但他仍然关心时事，广泛阅读外洋政书和各类报刊。

1895年，王国维与莫氏结为夫妻。1897年底，他与同乡张英甫等人计划创办海宁师范学堂，但筹款未果。1898年，他在父亲的陪同下赴上海求学，加入《时务报》馆和罗振玉所办的东文学社，学习日文、英文及数理等课程。这一年，戊戌变法失败，六君子遇害，王国维对此深感愤慨。

1900年春，王国维为参加出洋考试及安排赴日留学事宜而奔波。在罗振玉及两位日本教师的帮助下，他于1900年12月前往日本东京物理学校学习。然而，因病于次年农历四月二十六日返回上海，五月返回家乡养病。八月后，他前往武昌农学校担任译授。在编译方面，他的工作始于东文学社时期，留学日本后，他在罗振玉办的《教育世界》上发表了大量译作，并逐渐成为该刊的主笔和代主编。通过编译工作，他为传播新知识作出了重要贡献。

在南通师范学校、江苏师范学堂等地任教期间，王国维不仅致力于哲学研究，还广泛涉猎了西方伦理学、心理学、美学、逻辑学、教育学等多个领域。他的译著在心理学和逻辑学领域具有开创性的贡献，展现了他深厚的学术功底和广阔的学术视野。

这一时期，王国维自称是"兼通世界之学术"的"独学"时期。他的代表作《红楼梦评论》及《静庵诗稿》《人间词》等作品，充分展示了他深厚的文学造诣和独特的艺术品位。同时，他还在学部总务司行走、学部图书编译局编译等职位上，为学术界的繁荣和发展作出了积极贡献。

三十岁以后，王国维的学术兴趣转向了文学领域。他全面介绍了俄罗斯文学家托尔斯泰等世界文学巨匠，并对莎士比亚、但丁、歌德等进行了深入的比较研究。此外，他还对美学、词学等领域进行了深入研究，写出了著名的《人间词话》等著作。同时，他对中国戏曲史的研究也取得了丰硕成果，为《宋元戏曲考》的完成奠定了坚实基础。

1908年，王国维经历了人生中的一次重大变故。在这一年的1、2月间，他的夫人不幸病逝。悲痛之余，他在3月与继室潘夫人完婚，随后在4月携眷北上返京，开始了新的生活阶段。尽管生活中充满了变故和挑战，但王国维始终坚守着对学术的热爱和追求，为后世留下了宝贵的学术遗产。

1911年辛亥革命后，清政府垮台，王国维与全家跟随罗振玉前往日本，度过了四年多的侨居生活。在罗振玉的帮助下，他得以专心治学，研究方向转向经史、小学。他与罗振玉一家相邻而居，经常互相交流学术心得，还协助罗氏整理大云书库的藏书，得以一窥其中的彝器和其他石器拓本，并与日本学者进行了广泛的学术交流。

在日本期间，王国维开始研究甲骨文，他专注于新发现的史料，以古文字学为基础，研究古史，涉及古器物、古代书册、服装、建筑等多个领域，取得了丰富的学术成果。此外，他在戏曲研究方面也取得了重大突破，所著《宋元戏曲考》被誉为戏曲史研究上的总结性巨著。

在日本的生活让王国维深感时局动荡和清王朝灭亡的沧桑，他结合自己的人生体验，创作了一些诗作；并编定了诗集《壬癸集》。这一时期，他的生活相对稳定，学术成就也更加显著。他自述这段时间的生活简单而学问变化丰富，所著之书数量之多，堪称一生之最。

然而，由于生计问题，王国维在1916年应同乡邹安之邀回到上海，为英国人哈同主编《学术丛编》杂志。他不愿再让全家生活拖累罗振玉，于是开始了新的职业生涯。在哈同的"广仓学窘"《学术丛编》

担任主任，并兼任仓圣明智大学教授。他主要从事甲骨文及商周历史研究，取得了超越前人的成就。他还参与了《浙江通志》的编纂工作，为江南著名藏书家蒋汝藻编写了《乌程蒋氏密韵楼藏书志》等著作。

此外，王国维还将自己辛亥以来的重要研究成果汇编成《观堂集林》，其中包括《艺林》八卷、《史林》十四卷、《杂林》二卷，对后世产生了深远的影响。

1921年初，马衡代表北京大学再次邀请王国维担任文科教授，但遭到拒绝。一年后，王国维同意出任北京大学研究所国学门的通讯导师，但他并没有接受酬金。1923年春，经升允推荐，王国维成为逊帝溥仪的南书房行走，尽管他并非进士或翰林出身，但因其卓越学识，与杨钟羲、景方、温肃一同入选，得以一窥大内藏书。

然而，1924年冬天，冯玉祥发动"北京政变"，驱逐溥仪出宫，这对王国维来说是一次巨大的耻辱。他曾与前清遗老罗振玉等人相约投金水河殉清，但因家人的劝阻而未能实现。随后，他结束了南书房行走的工作，并在胡适、顾颉刚等人的推荐下，担任新成立的清华大学国学研究院的教职，拒绝了院长的职位。

在清华大学，王国维讲授《古史新证》《说文》《尚书》等课程，并从事《水经注》的校勘及蒙古史、元史研究。他以其深厚的学识、扎实的学风、科学的治学方法和朴素的生活影响了清华的学者，培养了一批文字学、历史学、考古学方面的专家。同时，他自身的学术也取得了巨大的进步，对古代历史、地理等领域作出了重大贡献，赢得了海内外学者的尊敬。

1925年2月，清华任命吴宓筹办研究院，并计划聘请王国维为导师。在请示溥仪后，王国维接受了这一职位。此后，他的研究方向转向了西北地理及元史。同年9月14日，国学研究院的普通演讲正式开始，王国维发表了《古史新证》。10月15日，他又加授了《尚书》课程。与此同时，他与梁启超、陈寅恪、赵元任等学者一同，为学术界注入了新的活力。

1927年6月2日清晨，王国维如常洗漱后享用早餐，随后进入书房稍作休息。他原计划到办公室为毕业研究生评定成绩，却发现自己忘记带试卷和文章，于是命令研究院的听差回家取回。取回卷稿后，他认真地完成了评定工作。接着，他与研究院办公处的侯厚培详细讨论了下学期的招生事宜。在谈话中，王国维向侯厚培借了两元钱。之后，他离开了办公室，雇了一辆人力车前往颐和园。在颐和园昆明湖的鱼藻轩，王国维抽完一根烟后，选择了自沉。

人们在他的内衣口袋中发现了一封遗书，上面简短地写着："五十之年，只欠一死。经此世变，义无再辱。"这寥寥数语，却引发了后人的无数猜测。

清废帝溥仪为王国维追赠了"忠悫"的谥号。1927年6月3日，王国维的遗体被安放在成府街的刚秉庙。7日，罗振玉来到北京为他处理丧事。6月16日，人们为他举行了悼念仪式。

1927年8月14日，王国维被安葬在清华园东二里许的西柳村七间房。两年后，即1929年6月3日，为纪念他逝世两周年，清华园立起了《海宁王静安先生纪念碑》。碑文由陈寅恪撰写，林志钧书丹，马衡篆额，而梁思成则负责了设计。

三、人物分析

王国维敏锐地抓住了时代的脉搏，不仅找到了自己的学术道路，还为整个学术界指明了新的方向。在他的青年时期，他选择了将西方学术与中国传统学术相结合的道路，从而开创了学术的新领域。进入中年后，他在"五大发现"中的甲骨学、简牍学和敦煌学三个方面都作出了辛勤而卓有成效的探索，因此被公认为这些国际性新学术领域的开拓者和奠基者。

王国维在文学创作和文学理论领域具有卓越贡献，他的《人间词》与《人间词话》两部作品相互辉映，共同展现了他的文学才华和理论深度。他的词作，以其独特的境界开拓而著称，这种境界也正是他在《人间词话》中所强调的核心。

深入剖析他的作品，我们会发现王国维的词作往往跳脱出传统的离情别绪、宠辱得失的框架，更多地展现了人在广阔宇宙中所面临的悲剧命运，以及对于生命和灵魂的深刻反思。他的词作中，常常流露出一种沉重、哀伤的气息，如他在《采桑子》中所写："人生只似风前絮，欢也零星，悲也零星，都作连江点点萍。"这种对人生苦难的发现，与那种因循守旧、知足常乐的人生观形成了鲜明的对比，体现了人的觉醒和对于更高境界的追求。

在《人间词话》中，王国维提出了"无我之境"的概念，其中的"无我"与他在《叔本华之哲学教育学说》中所阐述的"无欲之我"相呼应。同时，他所提及的"理想"与"写实"的观念，也源于叔本华的哲学美学观点。王国维将这些外来的哲学美学观念内化为自己的人生观和艺术观，并与中国的传统艺术实践相结合，使得《人间词话》成为中国美学史上的一部融通中西、承前启后的理论巨著。

此外，王国维在戏曲研究、历史研究、古文字研究等领域也作出了杰出的贡献，这些成就都与他富有创造性的精神追求和思想导向密不可分。他在《人间词话》中分享了自己的治学经验，提出了"三种境界"的观点。其中第一种境界，他引用了晏殊《蝶恋花》中的词句："昨夜西风凋碧树。独上高楼，望尽天涯路。"原词意在描绘秋景的萧飒，而在王国维的解读下，它象征着追求学问或事业的人们，需要独自面对困难和挑战，坚定信念，勇往直前。

总的来说，王国维的学术成就和人格魅力都为我们留下了宝贵的遗产。他的词作和文学理论不仅具有深厚的学术价值，更体现了他对于人生、宇宙和艺术的深刻思考。他的治学经验和精神追求也为我们提供了宝贵的启示，激励我们在追求学问和事业的道路上不断前行。

在追求学问和成就大事业的道路上，首先，我们需要有那份坚定的追求。这就像站在高楼上，远眺天际，明确自己的目标和方向，对事物的全貌有一个清晰的认识。

然后，我们会遇到第二个阶段，这个阶段就像柳永在《蝶恋花》中所描述的那样："衣带渐宽终不悔，为伊消得人憔悴。"这里的"伊"可以被理解为我们的理想或者毕生追求的事业。这告诉我们，要想在学问或事业上有所成就，并不是轻而易举的。我们需要付出辛勤的努力，甚至不惜废寝忘食，直到人瘦带宽也不后悔。

最后，当我们达到第三个阶段时，就像辛弃疾在《青玉案》中所写的那样:"众里寻他千百度,蓦然回首,那人却在,灯火阑珊处。"这个阶段需要我们有专注的精神,反复追寻、研究,下足功夫。只有这样,我们才能在学问或事业上豁然贯通,有所发现,有所发明,从必然王国进入自由王国。

这三种境界的理论,出自晚清学者王国维的《人间词话》。他借用诗词的意境,形象地描述了追求学问和成就大事业的三个阶段。这三个阶段并不是一蹴而就的,而是需要我们逐步攀登,不断付出努力。只有这样,我们才能在学问和事业上取得真正的成就。

"因此,我们需要极大的修养。"这句话,如今被广大人群用来解读各种生活情境,如爱情的离合、仕途的升迁、财运的得失等。大师们的阐释与这世间的轮回确实有着异曲同工之妙。深入观察人生,无论是爱情、仕途还是财运,成功的案例都遵循着三个基本过程:首先设定目标,然后努力追求;在追求过程中遇到阻碍,但坚持不放弃;最后,在关键时刻挺过难关,终于获得成功。而失败的案例,往往是在第二个环节出了问题。

大多数人都能够轻松地达到第二个境界,但要跨越它却不是那么容易。成功的人之所以成功,是因为他们拥有坚定的决心和毅力,他们不仅超越了人生的境界,更超越了自我。只有那些成功后回望过去的人,才能真正理解这三重境界的深层含义:初看山只是山,水只是水;再看时,山已非山,水已非水;最后,山还是山,水还是水,但眼中的世界已经完全不同。

王国维的史学研究主要汇集在《观堂集林》的《史林》部分,共14卷,内容广泛,涵盖了殷周研究、司马迁研究、历史地理研究、古代北方民族研究、辽金元研究、汉晋简牍研究以及敦煌研究等多个方面。其中，他在甲骨文、汉晋简牍、敦煌文书文物和古代北方民族、辽金元研究等领域取得了尤为突出的成就。

1925年，王国维发表了新讲义《古史新证》，其中第一章总结了他的研究方法，提出了著名的"二重证据法"，即将"纸上之材料"与"地下之新材料"相结合进行考证。他是将甲骨学从文字学引入史学的先驱，通过对比甲骨文与中国历史古籍，他纠正了书中的错误，深入探讨了殷周的政治制度，得出了新的结论。他的考证方法极为严谨，因此他的论断被认为是非常精确的。

王国维的这种考证方法不仅继承了乾嘉学派的考据传统，还融入了西方实证主义的科学考证方法，使两者在古史研究中得到了有机结合。他的研究为古史领域开辟了新的道路，创造了新的方法，并取得了巨大的成就。郭沫若曾高度评价他的贡献，称赞他的研究成果就像一座巍峨的楼阁，在旧学的城垒上绽放出独特的光辉。

王国维在中国哲学学科建构上的贡献不容忽视。他巧妙地运用西方哲学的方法，对中国哲学进行了系统的梳理，为20世纪中国哲学研究奠定了基础。有人称他为西方哲学的传播者，特别是早期对西洋哲学的介绍。但在冯友兰的《中国哲学史新编》中，尽管王国维的哲学思想愈发明显，但因文献限制，他更多被视为中国美学的奠基人。

这种评价或许失之偏颇。从学术贡献看，王国维在历史和文学领域的成就确实卓越，但在哲学上的贡献也不容忽视。尽管他对哲学的兴趣持续时间相对较短，但他对以叔本华、康德为代表的哲学家思想有深入的理解，并作出了独到评论。他运用叔本华的观念来解析中国哲学的问题和概念，使他在20世纪初的哲学研究者中脱颖而出。

然而，受限于时代，王国维对西方哲学的研究呈现出"单一性接受"的特点。这主要表现在他对叔本华观点的推崇，以及学术取向与叔本华的高度一致。这种单一性接受方式使他对被接受者有深入而正确的了解。他最终得出结论：哲学是研究自然、人生、知识等根本原理的学问。这一定义凸显了哲学作为"根本原理之学"的重要性。

王国维对中国哲学的研究，明显受到了他对西方哲学深入理解的影响。这一点不仅体现在他的文章风格上，更重要的是，他尝试运用所掌握的西方哲学观念，特别是康德和叔本华的哲学思想，来重新解读和讨论中国哲学的核心议题，进而梳理出中国哲学的一些基本范畴。

在王国维看来，中国哲学在整体上更偏向于道德哲学和政治哲学，而在纯粹的形而上学方面则显得相对薄弱。在范畴整理方面，他的代表作《论性》《释理》《原命》等文章，都体现了这一观点。以《论性》和《释理》为例，这两篇文章的基本立场明显受到了他1902年翻译的日本人元良勇次郎所著《伦理学》的影响。

王国维对西方哲学的理解远超同时代人，而他利用西方哲学来整理中国哲学的最大贡献，在于他初步构建了中国哲学作为现代教育学科的面貌。他为20世纪中国思想界在整理古代哲学传统方面提供了一种新的范式，这种范式以西方哲学问题为出发点，以西方哲学模式为依托来整理材料。这种范式具有一些基本特征，如注重逻辑分析、强调概念清晰等，这些特征都为中国哲学的现代发展奠定了基础。

王国维生前创作了六十余种著作，其中包括他亲自编定的《静安文集》和《观堂集林》，这两部作品均已经出版并广受赞誉。在他逝世后，还有《遗书》《全集》《书信集》等作品相继出版，更有后人整理出版的遗著、佚著多种，充分展现了他的学术贡献。

作为一位集史学家、文学家、美学家、考古学家、词学家、金石学家和翻译理论家于一身的大家，他的生平著述丰富多样，共计62种，批校的古籍更是超过200种。其中，《遗书》收入了他的42种著作，而《观堂集林》则是他最为著名的作品之一。

《观堂集林》共有二十四卷，内容深邃广博。此外，他还有《观堂别集》四卷、《庚辛之间读书记》一卷、《苕华词》一卷、《静安文集》一卷续集一卷等作品。在考古学方面，他的《尔雅草木虫鱼鸟兽释例》一卷、《两周金石文韵读》一卷等作品都具有很高的学术价值。同时，他在词学、金石学、翻译理论等领域也有卓越的贡献，如《史籀篇疏证》一卷、《校松江本急就篇》一卷、《重辑仓颉篇》二卷等作品，都充分展现了他的学术才华。

总的来说，王国维的学术成果丰硕，他的著作不仅数量众多，而且质量上乘，对后世产生了深远的影响。他的学术精神和贡献将永远铭刻在历史的长河中。

四、文化影响

王国维是在中国近代学术史上熠熠生辉的杰出学者，不仅在国内享有盛誉，还赢得了国际学术界的广泛认可。他的一生致力于文史哲学的研究，成果丰硕，影响深远。

作为中国近代史上首位运用西方哲学、美学和文学观点及方法深入剖析和评论中国古典文学的先驱，王国维的学术视野开阔，见解独到。同时，他也是中国史学史上将历史学与考古学相结合的开创者，为后世确立了系统的近代研究标准和方法。

王国维的学术成就不仅体现在他的理论创新上，更在于他严谨求实的治学态度。他平日深居简出，生活简朴，不介入政治圈子，不营生计，不交权贵，不慕荣华，不图享受。他专注于学问，与同时代之学术界人士有广泛接触，与罗振玉、缪荃荪、沈曾植等人交流学术，交往较密。他的《书信集》所收书信中就有与数十位学者的论学通信，还与日本、法国等国学者有很多的学术交流。

在美学和文学思想领域，王国维的贡献尤为突出。他试图将西方美学、文学理论融入中国传统美学和文学理论中，构建新的美学和文学理论体系。他既集中国古典美学和文学理论之大成，又开中国现代美学和文学理论之先河。因此，他被誉为"中国近三百年来学术的结束人，最近八十年来学术的开创者"。

在史学领域，王国维同样成就斐然。他的古史新证、二重证据法为史学研究开拓了新向度。他对上古史、唐史、宋史等古史的研究，不仅挖掘了大量珍贵史料，还提出了许多独到的见解和观点。

总之，王国维以其卓越的学术成就和独特的治学风格，在中国近代学术史上留下了浓墨重彩的一笔。他的学术贡献和成就，不仅为后来的学者提供了宝贵的启示和借鉴，也为中国学术界的繁荣和发展作出了不可磨灭的贡献。

　　这位杰出的史学家，他的才华和博学在历史地理、文物考证和敦煌学等领域得到了充分体现。他对甲骨文、金文、简牍文、石经等古文字的深入研究，以及对传统《说文》学、训诂学、音韵学、版本目录、校勘学的精通，都彰显了他的卓越学识。他巧妙地运用这些来沟通学术领域，成为他治学的一大特色。

　　不仅在学术上，王国维在为人上也追求独立个性。在深受西学影响的清华校园中，他保持着传统的着装和发型，这既是他对传统文化的坚守，也是他与现实生活抗衡的文化象征。尽管这种坚守显得与时代格格不入，但从个人品格的角度来看，他的坚持仍然值得尊敬。

　　王国维的学术成就得到了众多学者的赞誉。梁启超称他为"全世界之学人"，郭沫若则赞誉他的知识产物"灿然放出了一段异样的光辉"。伯希和更是将王国维与陈垣并列为"中国近代之世界学者"。胡适则评价他能够融合南北学术之长，去其短处。而鲁迅更是认为，要谈国学，王国维才算是一个真正研究国学的人物。

　　总的来说，王国维以其卓越的史学才能和博大的学识，在学术界留下了深远的影响。他的坚守和追求，不仅体现在他的学术研究中，也贯穿于他的日常生活中。他的故事告诉我们，无论时代如何变迁，坚守自己的信仰和追求始终是一种值得尊敬的品质。

陈寅恪强调独立精神和自由思想的重要性，认为这两种精神是永恒的，与天地同存，与日月同辉。他在《清华大学王静安先生纪念碑铭》中也表达了这一观点。而王攸欣在《选择、接受与疏离——王国维接受叔本华、朱光潜接受克罗齐美学比较研究》一书中，则指出王国维的《人间词话》和《红楼梦评论》虽然字数不多，但在美学史上的地位却比朱光潜的庞大体系更为重要。

这两位学者的话都传达了一个核心信息：真正的学术价值不在于篇幅的长短，而在于是否具有独立精神和自由思想。这种精神是学术研究的灵魂，是推动学术进步的不竭动力。因此，我们应该在学术研究中注重培养这两种精神，勇于挑战传统观念，不断探索新的领域和方法，为学术事业作出更大的贡献。

鲁迅故里

一、故居概况

　　鲁迅故里，这条隐藏在浙江省绍兴市市区鲁迅中路的历史街区，仿佛一幅流动的江南水墨画，充满了古朴而深邃的韵味。这里，是文学巨匠鲁迅先生早年成长的摇篮，也是他笔下那些鲜活人物和细腻风物的真实舞台。

　　经过两年多的精心保护和修缮，鲁迅故里仿佛穿越了时空的隧道，将我们带回了那个充满故事和传奇的年代。鲁迅故居、祖居、三味书屋、百草园等古迹，都恢复了它们昔日的风采。而那些从未对外开放的神秘角落，如西厢房、周家新台门、寿家台门等，也首次向世人揭开了它们的面纱。

漫步在鲁迅故里，每一步都仿佛踏在历史的脉络上。青石板路蜿蜒曲折，两旁是粉墙黛瓦、竹丝台门的传统建筑，仿佛在低语着过往的岁月。你可以穿梭于各个古迹之间，感受鲁迅先生曾经的生活轨迹和创作灵感。百草园的绿意盎然，三味书屋的墨香四溢，都让人仿佛置身于鲁迅的作品之中，与那些鲜活的人物共同经历着他们的喜怒哀乐。

门前流淌的小河，波光粼粼，河上晃晃悠悠的乌篷船，更是增添了几分江南水乡的韵味。坐在船上，随着水波荡漾，仿佛能听到鲁迅先生笔下的那些故事在耳边轻轻述说。

如今，鲁迅故里已成为解读鲁迅思想、文学和革命历程的重要窗口。这里不仅展示了鲁迅先生的故居和古迹，更传承了鲁迅先生的精神遗产。每一位游客，都能在这里感受到鲁迅先生的爱国情怀和文学魅力，从而更加深入地理解和欣赏他的作品和思想。

鲁迅故里，一个充满故事和传奇的地方，一个让人流连忘返的文化胜地。无论是文学爱好者还是普通游客，都能在这里找到属于自己的那份感动和启迪。

二、人物生平

鲁迅，原名周樟寿，后更名为周树人，字豫山，再后改为豫才。他出生在浙江绍兴，是一位伟大的文学家。1918年，他发表了著名的《狂人日记》，并首次使用了"鲁迅"这个笔名，这个名字也成为他最广为人知的身份象征。

鲁迅从小聪明伶俐，但家境并不富裕。1892年，他开始在三味书屋跟随寿镜吾先生学习，课余时间则喜欢描画图画，并与章闰水结下了深厚的友谊。

然而，1893年，鲁迅的祖父周介孚因事入狱，父亲周伯宜又身患重病，家境陷入困境。为了维持生计，鲁迅不得不经常出入当铺和药店，遭受了许多白眼和冷遇。1896年，他的父亲去世，鲁迅开始承担起家庭的重担，同时也开始写日记，记录自己的生活和思考。

1898年，鲁迅改名为周树人，并考入了南京水师学堂。然而，他并不满足于仅仅学习军事技能，而是开始接触新思想和新文化。1902年，他毕业后公费赴日本留学。

除了学习，鲁迅还热爱骑马运动，敢于和旗人子弟竞赛。1904年，他考入了仙台医学专门学校，希望通过学习医学来拯救国民的身体。然而，1906年，他在观看日俄战争教育片后深受刺激，决定放弃医学，转而从事文学创作。他认为，只有通过文学才能真正唤醒国民的灵魂。

鲁迅的一生充满了坎坷和挫折，但他始终坚守着自己的信仰和追求。他的文学作品深刻反映了当时社会的黑暗和人民的苦难，激发了无数人的爱国热情和革命精神。他被誉为现代中国文学的奠基人，对中国现代文学的发展产生了深远的影响。

他放弃了学业，全身心地投入到文艺翻译和著作中。在随后的几年里，他通过各种途径学习了德语和俄语。

1908年，他开始跟随章太炎先生学习，并加入了"光复会"。同时，他和他的二弟作人一起翻译了《域外小说集》。尽管过程艰难，但他们仍然坚持校对书稿以补贴生活。

1909年，《域外小说集》的前两册终于出版了。同年8月，他回到国内，在杭州和浙江两级师范学堂担任生理学和化学教员，同时还兼任日本教员铃木珪寿的植物学翻译。

1910年8月，他成为绍兴中学堂的教员兼监学。1911年，他完成了自己的第一篇文言小说《怀旧》。

1912年，民国政府成立于南京，他应教育总长蔡元培的邀请，担任了教育部社会教育司的第一科科长。同年8月，他被任命为教育部佥事。从这一年开始，直到1917年，他大量抄录古碑，辑录金石碑帖，校对古籍，并对佛教思想进行了一定的研究。

1917年7月7日，因张勋复辟的混乱，他愤然离职。但仅仅在14天后，乱局平定，他又返回了教育部。

1918年1月，他参与了《新青年》的改组，并担任了编委。同年5月，他以"鲁迅"为笔名，发表了中国现代文学史上第一篇用现代体式创作的白话短篇小说《狂人日记》，这篇小说刊登在《新青年》的第四卷第五号上。

1920年，他在北京大学和北京高等师范学校讲授中国小说史。6月，他阅读了《共产党宣言》的中文译本，并盛赞了译者。9月，他发表了小说《风波》。

1923年8月，他的小说集《呐喊》出版了。同时，他与弟弟周作人分居，搬到了西四塔胡同61号居住。分居的原因至今不明。12月，他发表了《娜拉走后怎样》的演讲，并兼任了女师大和世界语学校的教师。《中国小说史略》的上册也在这一年出版了。

1924年7月，他的人生又翻开了新的篇章。

鲁迅在1924年赴西安讲述《中国小说的历史变迁》，并于8月返回北京。同年，他在《语丝》周刊的首期上发表了《论雷峰塔的倒掉》，从此成为该作家群的重要成员。

1925年，鲁迅因支持女师大进步学生的正义斗争，被教育总长章士钊免职。他随即向平政院状告章士钊。

1926年3月，发生了"三一八惨案"。4月，鲁迅创作了《死地》和《记念刘和珍君》等作品，抨击段祺瑞政府残害学生的罪行。因此，他遭到追捕并躲进山本医院避难。尽管身处困境，他仍坚持写作。8月，《彷徨》出版，他前往厦门大学担任国文系教授，但同年12月就辞去了这一职务。

1927年1月，鲁迅前往中山大学任教。3月，他与中共两广区委书记陈延年会面。4月1日，他在黄埔军校发表了演讲《革命时代的文学》。然而，12日发生了"四一二政变"，29日，他因营救进步学生无果而愤然辞职。8月，他发表了《魏晋风度及文章与药及酒之关系》。9月，他写信给台静农，拒绝作为诺贝尔文学奖候选人，并离开广州前往上海，与许广平开始同居。12月，他与梁实秋等人就"第三种人""自由人"的问题展开了激烈的争论。

1928年春天，鲁迅参加了中国革命互济会。这一年，他与创造社、太阳社的大部分成员就"革命文学"问题展开了论争。同时，他开始大量搜集并翻译马克思主义著作，提倡革命美术，并倡导现代木刻运动。

1929年9月27日，许广平生下了一个儿子，鲁迅为他取名"周海婴"。年底,他与冯雪峰多次商讨组建"中国左翼作家联盟"。

1930年2月,鲁迅成为中国自由运动大同盟的发起人之一。3月2日,他出席了中国左翼作家联盟成立大会,并被选为常务委员。

鲁迅在1931年遭遇了一系列变故。1月20日,他的朋友柔石被捕,鲁迅不得不离开寓所避难。然而,仅仅过了几天,他在1月28日就返回了旧寓。

1932年,鲁迅的生活再次受到冲击。1月29日,他身陷战火之中,次日便躲进了内山书店以避战祸。2月6日,他在内山书店朋友的帮助下,被护送到英租界内的内山支店暂时避难。同时,他与艾青等人共同发起了"春地美术研究所"。

到了1933年,鲁迅的生活逐渐回归正轨。1月,他受到蔡元培的邀请,加入了"民权保障同盟会",并被推举为执行委员。2月17日,他再次受到蔡元培的邀请,前往宋庆龄的宅邸,欢迎著名剧作家萧伯纳。同时,他还创作了《为了忘却的记念》一文,以怀念已故的朋友柔石。

1934年,鲁迅的文学事业取得了新的进展。1月,他与郑振铎合作编辑的《北平笺谱》正式出版。5月,他编选的木刻作品集《引玉集》也顺利出版。

1935年,鲁迅开始着手翻译果戈理的名著《死魂灵》。同年6月,他完成了《新文学大系·小说二集》的编辑工作,并撰写了长篇序言。

然而,1936年,鲁迅的身体状况开始恶化。1月,他的肩部和肋骨都出现了剧烈的疼痛,但他仍然坚持完成了最后的创新之作《故事新编》的出版。2月,他开始继续翻译《死魂灵》的第二部。然而,5

月15日，他的病情再次发作，医生诊断为胃病。此后他一直在发烧，但直到6月，他的身体才略有好转，让周围的人以为他已经康复了。然而，10月17日，他的病情再次复发，18日黎明前，他气喘不止。最终，在19日上午5时25分，鲁迅逝世。

三、人物分析

鲁迅，这位文学巨匠，在文学创作、批评、思想研究、文学史研究、翻译、美术理论引进、基础科学介绍以及古籍校勘等多个领域均取得了卓越成就。他对五四运动后中国社会的思想文化发展产生了深远影响，享誉世界文坛，尤其在韩国、日本等地享有极高声誉，被誉为"20世纪东亚文化的重要代表"。

伟人曾赞誉："鲁迅的方向，就是中华民族新文化的方向。"他的小说集《呐喊》《彷徨》和《故事新编》等作品，展现了他独特的文学才华和深刻的社会洞察力。鲁迅的杂文作品在他去世后，经过蔡元培、许广平等人的整理出版，成为鲁迅全集的重要组成部分。

此外，鲁迅的学术专著如《中国小说史略》《汉文学史纲要》和《中国小说的历史的变迁》等，也展现了他深厚的学术功底和独到的见解。在小说创作上，鲁迅突破了古典文学的传统模式，以"为人生"的启蒙主义为创作目的，开创了表现农民与知识分子两大现代文学题材。他关注病态社会中不幸的人们，尤其是知识分子和农民的精神痛苦，展现了他深刻的社会责任感和人文关怀。

30年代，鲁迅虽将主要精力放在杂文创作上，但仍不忘小说创作，并留下了创新之作《故事新编》。这部作品不仅展现了他卓越的文学才华，也体现了他对社会的深刻洞察和批判精神。鲁迅的作品和思想，至今仍对我们产生着深远的影响，是我们学习和研究的重要对象。这部小说集再次展现了鲁迅非凡的想象力和创造力，对《呐喊》和《彷徨》中确立的中国现代小说创作规范进行了新的冲击和突破。在《故事新编》中，鲁迅巧妙地打破了时空界限，运用古今交融的手法，将历史人物与现代元素相结合，创造出独特的艺术效果。他通过现代语言的自由运用，以戏谑的方式对现实进行嘲讽和揭露，展现出一种独特的"油滑"姿态。同时，作品中充满了庄严与荒诞并存的艺术张力，如《补天》中女娲造人的宏大与结尾的荒诞形成鲜明对比，让人在感叹历史悲凉的同时，也深刻感受到鲁迅对现实的深刻洞察。

鲁迅的散文作品虽不多，但每篇都堪称精品，收录于《朝花夕拾》和《野草》中。《朝花夕拾》是鲁迅对童年和青少年时期的深情回忆，通过描绘绍兴印象、求学经历等生活片段，展现了作者纯真、明朗的情感世界。与《朝花夕拾》的亲切风格不同，《野草》则呈现出一种更为深邃、诡异的艺术氛围。在《野草》中，鲁迅运用梦境、鬼魂等超现实元素，创造出荒诞而瑰丽的艺术世界，展现出他独特的想象力和诗情。同时，作品中语言的变异和文体的创新也为读者带来了全新的阅读体验。

总的来说，鲁迅的作品无论是小说还是散文，都展现了他卓越的文学才华和深刻的思想洞察力。他通过对现实世界的独特观察和艺术表现，为我们呈现出一个充满想象力和创造力的文学世界。

鲁迅在文学史研究方面贡献卓越，他创造性地编撰了两部文学史专著——《中国小说史略》和《汉文学史纲要》，为我国的文学史研究奠定了坚实基础。然而，遗憾的是，由于当时不利的现实条件，他未能完成原计划中的完整中国文学史著作。

鲁迅的学术创作深受两大观念影响：早期的进化论文学史观和中后期的马克思唯物论指导的文学史观。这两大观念共同支撑着他的学术探索，使他在文学史研究领域取得了卓越成就。

四、文化影响

鲁迅是五四新文化运动的重要推动者和中国现代文学的奠基人。他被誉为中华民族新文化的方向标，其贡献跨越了文学创作、批评、思想研究、文学史研究、翻译、美术理论引进以及基础科学介绍等多个领域。

鲁迅的作品深刻影响了五四运动后中国社会思想文化的发展，并在世界文坛上享有盛誉，特别是在韩国和日本，他的思想和文化地位尤为显著。他不仅是20世纪的文化巨匠，在小说、散文、杂文、木刻、现代诗、旧体诗、名著翻译、古籍校勘和现代学术等多个领域都留下了丰富的遗产。

作为中国现代文学的奠基者，鲁迅的小说创作为中国小说开创了新形式；他的散文则展现了文学革命的显著成果；他开创的杂文文体，以其现代性、自由性、批判性和战斗性，成为后世作家批判社会的重要武器，其内容涵盖了社会、政治、历史、法律、宗教、道德、哲学、文学、艺术乃至文化心理等多个方面。

此外，鲁迅还是一位杰出的翻译家，他大量翻译外国文学作品和科学自然作品，为引进先进科学文化思想、开启民智作出了巨大贡献。同时，作为美术爱好者，他积极引进西方木刻、版画作品，支持青年艺术家，推动了现代木刻、版画在中国的传播与发展。

在学术研究方面，鲁迅运用西方文学观念研究中国古典小说，撰写了《中国小说史略》，填补了"中国之小说自来无史"的空白，为中国文学史的研究开辟了新的道路。他的学术成就不仅丰富了中国文学的内涵，也为后世研究者提供了宝贵的资料和启示。鲁迅的学术贡献不仅体现在他创造了文学史著作的典范之作，为后来的学者提供了丰富的学术启示和方法，更在于他对古籍的精心整理与校对。郭沫若曾将鲁迅的学术成就与王国维的《宋元戏曲史》相提并论，认为它们共同构成了中国近代学术史上的璀璨双星。此外，鲁迅还致力于《古小说钩沉》《嵇康集》《汉画像集》《会稽郡故书杂集》等数十部古籍的整理、校对与勘正工作，为后世的古典文学研究留下了宝贵的财富。这些贡献不仅彰显了鲁迅深厚的学术功底，也为后人的研究提供了重要的参考和借鉴。

鲁迅被誉为现代中国的民族魂，其精神深远地影响了读者、研究者以及一代代的中国现代作家和知识分子。同时，他也是20世纪世界文化的重要代表之一。他创作的文学作品既与世界思潮同步，又保留了中国的民族特色，展现出独特的个人风格。与同时代的世界杰出思想家和文学家相似，鲁迅在关注本民族的同时，也致力于解决人类共同面临的问题，并为此作出了卓越的贡献。

伟人对鲁迅给予了高度评价：他的骨头最硬，毫无奴颜媚骨，是文化战线上的民族英雄；赞他不仅是伟大的文学家，还是伟大的思想家和革命家。韩国文学评论家金良守称他为20世纪东亚文化地图上占据最大领土的作家。苏联作家法捷耶夫认为鲁迅是真正的中国作家，他的作品具有独特的民族形式，语言富有民间特色，讽刺和幽默中透露出人类共同的性格和不可模仿的民族特点，并赞誉他为"中国的高尔基"。郭沫若则称赞鲁迅是革命的思想家、划时代的文艺作家、实事求是的历史学家、以身作则的教育家以及渴望人类解放的国际主义者。日本文学评论家竹内好更是将鲁迅誉为现代中国国民文化之母。

蔡元培故居

一、故居概况

　　蔡元培故居，坐落于风景如画的绍兴市区萧山街笔飞弄13号，仿佛一颗璀璨的明珠镶嵌在绍兴的历史长河中。这座建筑，以其独特的明清台门风格，展现了绍兴深厚的文化底蕴。更值得一提的是，这里是目前国内唯一一处专门展示蔡元培先生一生事迹的纪念馆，仿佛是一座时光之门，引领我们走进蔡元培先生的传奇人生。

　　蔡元培的家族历史源远流长，自明末时期从诸暨迁至山阴，便在这片土地上扎根生长。清道光年间，蔡元培的祖父在笔飞弄购置了一处房产，这里便成了蔡家三代人的温馨家园。1868年1月11日，蔡元培先生便诞生在这座房子的东次间，这里既是他的书房，也是他的卧室，见证了他年轻时的勤奋与才华。

故居的建筑风格古朴典雅，共有门厅、大厅、座楼三进，占地面积达1856平方米，建筑面积1080平方米。砖木结构的房屋，花格门窗，乌瓦粉墙，青石板地，每一处细节都透露出古朴典雅的气息。门厅坐西朝东，门楣上的匾额"蔡元培故居"四个大字，是艺术大师刘海粟的墨宝，笔力遒劲，气韵生动。

走进大厅，蔡元培先生的半身塑像映入眼帘。他目光和蔼睿智，一派长者风范，仿佛仍在向我们讲述着那些关于教育、关于革命的往事。大厅上方悬挂着"学界泰斗"的匾额，这是对蔡元培先生一生贡献的高度赞誉。沈定庵书写的挽联更是概括了蔡元培先生的光辉历程："从排满到抗日战争，先生之志在民族革命；从五四到人权同盟，先生之行在民主自由。"

如今，故居的大厅前厢房、座楼前西厢房等地方都被辟为"蔡元培生平史迹陈列室"。在这里，我们可以通过珍贵的文物、照片和文献资料，深入了解蔡元培先生的一生业绩。从他的求学经历到担任教育总长，从创办北京大学到推动新文化运动，每一个阶段都充满了传奇色彩。

蔡元培故居不仅是一处历史文化遗产，更是一座生动的历史课堂。它让我们更加深入地了解了蔡元培先生的伟大人格和卓越贡献，也激励着我们继续传承和发扬他的精神，为国家的繁荣和民族的复兴贡献自己的力量。

二、人物生平

蔡元培，字鹤卿，是近代中国杰出的民主革命家、教育家和科学家。他出生于1868年1月11日的浙江省绍兴府山阴县，自幼便展现出非凡的才华。四岁时，他便开始接受家塾教育，十二岁时因父亲早逝而寄居姨母家继续学业。十三岁时，他转至李姓塾师家学习，并在十七岁时成功考取秀才，开启了他的仕途之路。

蔡元培的学术生涯可谓一帆风顺。他在二十二岁时中举，同年迎娶了他的第一位夫人王昭。之后，他更是进京会试得中成为贡士，并在二十五岁时通过殿试成为进士，被点为翰林院庶吉士。他的殿试策论成绩优异，全国排名第三十七，显示出他深厚的学识和才华。

然而，蔡元培并未满足于传统的学术成就。在二十七岁时，他接触到了西学，开始同情维新思想。这种新的思想观念对他的影响深远，使他开始重新审视传统观念，并致力于推动中国的现代化进程。

在三十三岁时，蔡元培写出了《夫妻公约》，重新调整与妻子王昭的关系，这反映出他对于女权问题的深刻思考和对于新思想的接纳。之后，他更是积极投身教育事业，先后担任了多所学校的校长和教习，致力于培养新时代的人才。

蔡元培的一生充满了传奇色彩。他不仅在学术上取得了卓越的成就，更在推动中国现代化进程中发挥了重要作用。他的故事告诉我们，只有不断学习和接纳新思想，才能不断前进，为社会的进步贡献自己的力量。蔡元培在杭州与昔日学生黄仲玉女士举行了第二次婚礼。早在1902年,35岁的蔡元培便与蒋智由等人在上海共同创立了中国教育会，并担任会长一职。他积极创办爱国学社和爱国女学，并担任总理。然而，1903年爱国学社的活动引起了清政府的警觉，蔡元培因此辗转多地，一边学习德语准备赴德留学，一边继续投身于教育和革命事业。

同年，为抗议俄国对中国北方领土的觊觎，蔡元培与上海的反清革命志士共同创办了《俄事警闻》(后更名为《警钟日报》)。1904年，他在上海组织建立了光复会，致力于推翻清朝统治。1905年，同盟会成立，光复会并入其中，孙中山任命蔡元培为同盟会上海分会的负责人。

1907年，蔡元培在驻德公使孙宝琦的帮助下前往德国柏林，进入莱比锡大学学习心理学、美学和哲学等学科。在留学期间，他还教授了唐绍仪的四个侄子中文。这四年的海外生活，他编著了《中国伦理学史》等学术著作。

1911年辛亥革命爆发后，蔡元培应陈其美之邀，取道西伯利亚回国。1912年中华民国临时政府成立后，他担任了教育总长一职。在他的领导下，教育部向公众征求国歌，并最终颁布了由沈恩孚作词、沈彭年谱曲的《五旗共和歌》作为中华民国临时国歌。同年，他还颁布了《普通教育暂行办法》，并主持制定了《大学令》和《中学令》，这标志着中国首个大学和中学校令的诞生。蔡元培强调中学和大学应致力于培养健全的国民。他担任南京临时政府教育总长时，积极推行西方教育制度，废除传统的祀孔读经，推动男女同校等改革，奠定了中国资产阶级民主教育的基础。二次革命失利后，他前往法国，与李石曾等人共同创办留法勤工俭学会。

1912年，鲁迅受蔡元培之邀，加入教育部。同年七月，因不愿与袁世凯政府合作，蔡元培毅然辞职。1913年，他再次赴法深造，其间撰写了多部哲学美学著作。

1915年，蔡元培与李石曾、吴玉章等人共同发起华法教育会，在法国倡导勤工俭学，旨在帮助更多华人赴欧求学。1916年，随着《临时约法》的恢复，孙中山、黄兴等革命党人纷纷回国。同年，蔡元培与吴玉章一同从法国返回上海，并于年底接任北京大学校长。

在北大任职期间，蔡元培大力支持新文化运动，提倡学术研究自由，实行教授治校。他主张"思想自由，兼容并包"，鼓励学生独立思考。

同年，蔡元培聘请了《新青年》主编陈独秀担任北大文科学长，并引进李大钊、胡适、钱玄同等"新派"学者任教。他秉持"思想自由，兼容并包"的办学理念，推行"教授治校"制度，积极倡导学术民主，支持新文化运动。他还邀请了著名哲学家梁漱溟讲授印度哲学，并邀请徐悲鸿从日本回国担任画法研究会导师。

7月，胡适虽未获得哥伦比亚大学博士学位，但蔡元培仍力排众议，助其进入北大任教。然而，就在蔡元培发表热情洋溢的就职演说后不久，因抗议张勋复辟，他向黎元洪总统提出了辞职。

同年10月，蔡元培在主持教育部召开的北京各高等学校代表会议中，推动通过了北京大学文科提出的废年级制、采用选科制的议案。这一制度规定学生每周学习一课时，学完一年为一个单位，本科需修满80个单位（其中一半必修，一半选修），预科需修满40个单位（必修占四分之三，选修占四分之一），修满即可毕业，不受年限限制。

此外，选修科目还可以跨系选择。

1919年，蔡元培在北京大学进行了重大改革，废除了科制，设立了14个系，并任命系主任取代学长。同时，原有的文、理、法三科更名为第一、二、三院，仅作为地理标识。五四运动爆发后，蔡元培因抗议政府逮捕学生而辞职，并得到了其他校长的支持。他在辞职宣言中强调思想自由的重要性。然而，在北大师生的挽留下，他继续担任校长。

1920年，蔡元培与李石曾、吴敬恒合作，利用庚子赔款在北京创办了中法大学，并担任校长。同年，他开创性地允许女性旁听北大文科课程，并在秋季正式招收女生，成为中国公立大学招收女生的先例。此外，他还聘请了地质学家李四光、作家莎菲以及鲁迅等杰出人才加入北大。

1920年底，蔡元培被派往欧洲考察，其间与法国里昂市长及大学医学院院长合作设立了里昂中法大学协会。然而，由于不满北洋政府破坏法制的行为，他于1923年提出辞职并离京南下，后转赴欧洲从事研究和著述。

1924年，蔡元培在孙中山的提名下，当选为国民党候补中央监察委员。1926年，他回国参与苏浙皖三省联合会，配合北伐战争，策划三省自治运动。蔡元培的这些改革和贡献，不仅推动了北大的发展，也对中国现代教育产生了深远的影响。蔡元培先生曾遭遇孙传芳的通缉，但他并未因此退缩。自1927年起，他相继在南京国民政府担任大学院院长、司法部部长和监察院院长等职务，致力于国家建设。

1933年，蔡元培先生积极倡导并创建了国立中央博物院（即现今的南京博物院前身），并亲自担任第一届理事会理事长，为国家的文化事业作出了杰出贡献。同年6月，为加强中国与国际间的文化、教育合作，他与张静江等人联手，与世界文化组织合作，成功筹备并成立了世界文化合作中国协会。

抗战初期，蔡元培先生与上海文化界知名人士共同发起成立了上海文化界救亡协会，积极动员文化界人士和广大民众投身抗日救亡运动。他还联合全国各大高校校长、教授发表长篇声明，揭露日军破坏中国教育机关的暴行，并通过救亡协会的国际宣传委员会加强对外宣传，争取国际社会的支持。

然而，不幸的是，1940年3月5日，蔡元培先生在香港病逝。他的离世引起了国内各党派、团体及名流的深切哀悼，各方纷纷致电吊唁，表达对他的敬意和怀念之情。

三、人物事迹

蔡元培对中国近代与现代的教育事业及革命进程作出了卓越的贡献。他不仅是资产阶级教育思想体系和教育制度的奠基人，更是推动新文化运动和新民主主义革命的重要力量。

蔡元培提出的"思想自由，兼容并包"理念，为北京大学注入了新的活力，使其成为新文化运动的摇篮。这一理念不仅为北大吸引了众多思想先进、才华出众的学者，也为新民主主义革命的发生奠定了思想基础。

在教育理论方面，蔡元培的贡献同样卓越。他强调大学应重视科学研究工作，注重学生个性的发展，提倡文理沟通，并主张由既懂教育又有学问的专家实行民主治校。这些真知灼见不仅为近现代资产阶级大学教育理论的形成打下了坚实基础，也对后世产生了深远影响。

蔡元培的教育模式新颖独特，他认为教育是国家兴旺发达的根本，是国家富强的基石。他主张教育应灵活多样，兼容并蓄，不因学术争议而排斥异己，而是广泛吸收各家之长。他强调教育应注重学生，反对呆板僵化的教育方式，提倡美育、健康教育、人格教育等新的教育观念。

对于教育在社会中的功能，蔡元培有着深刻的认识。他认为教育具有引领和服务社会的两大基本功能。他主张教育应指导社会进步，而非盲目追随社会潮流；同时，教育也应为社会培养有用的人才，服务于社会的发展。

蔡元培的学术造诣也颇为深厚。他曾在殿试中详述西藏的地理特点，展现了对民族学的浓厚兴趣。在留学德国期间，他深入学习了哲学、文学、文明史和民族学等领域的知识，为后来的学术研究打下了坚实基础。

此外，蔡元培还积极参与国际学术交流活动。他曾在国际民族学会上发表演讲，与各国学者共同探讨民族学的发展问题，展现了中国学者的风采和学术水平。

蔡元培是一位杰出的教育家和学者，他的贡献不仅体现在对中国近代与现代教育的推动和发展上，也体现在对中华民族文化的传承和创新上。他的教育理念和学术思想将永远铭刻在中国教育史上，为后人提供宝贵的启示和借鉴。

蔡元培，这位杰出的教育家，于1924年11月至1926年2月期间，在德国汉堡大学深入钻研民族学。随后的1926年至1934年，他相继发表了《说民族学》《民族学与社会学》以及《民族学上之进化观》等一系列重要文章，为民族学领域贡献了自己的智慧。

1927年，中央研究院成立之际，蔡元培怀揣着成立民族学研究所的梦想，然而受限于当时的人力物力条件，这一愿望未能如愿以偿。然而，他并未因此放弃，1928年社会科学研究所成立时，他亲自在研究所中增设了民族学组，并担任组长兼研究员，继续推动民族学的研究与发展。

"教育独立"这一思潮，早在五四运动之前就已萌芽，至20世纪20年代更是发展兴盛。然而，当时的中国社会动荡不安，军阀混战，经济凋敝，北洋政府对教育的重视程度严重不足。例如，1920年前后，国家预算中教育经费的比例仅为1.2%左右，且这部分有限的经费还经常被侵占挪用，导致教育事业陷入困境。

蔡元培深知教育对于国家的重要性，他一贯视教育为救国的基本途径，并大力推崇思想、学术自由。作为北京大学校长，他深切感受到政府官僚对教育事业的掣肘和摧残，因此成为教育独立的积极倡导者和支持者。1922年3月，他在《新教育》杂志上发表了《教育独立议》一文，详细阐述了教育独立的基本观点和方法，为教育独立思潮的发展注入了新的活力。

蔡元培还是一位具有前瞻性的教育思想家。他提出了"军国民教育、实利主义教育、公民道德教育、世界观教育、美感教育皆近日之教育所不可偏废"的观点，主张五育并举，这一思想成为他教育思想的显著特点。为了推动教育改革，他多次赴德国和法国留学、考察，深入研究哲学、文学、美学、心理学和文化史等领域，为他致力于改革封建教育奠定了坚实的思想理论基础。

此外，蔡元培还非常重视劳动教育、平民教育和女子教育。他在北京大学创办了校役班和平民夜校，为劳动人民和平民提供了接受教育的机会。同时，他还在上海创办了爱国女校，为女子教育的发展作出了积极贡献。1928年，他更是创办了国立艺术院，这所学院后来发展成为中国美术学院，为培养艺术人才、推动艺术事业的发展作出了重要贡献。这所美术教育机构，堪称近代中国本科美术教育的先驱，同时也是中国美术类大学中唯一获得联合国教科文组织学历认证的高等学府。其办学宗旨鲜明而深远，旨在传承和弘扬民族文化，同时积极融合中西艺术精髓，致力于创造符合时代精神的杰出艺术作品。通过这一独特的办学理念，它为中国美术教育事业的发展注入了新的活力，培养了大批优秀的艺术人才。

四、文化影响

蔡元培被毛主席赞誉为"学界泰斗，人世楷模"，一生致力于科学与民主的事业，坚定不移地反对封建主义。在他72年的生命旅程中，历经了清政府、南京临时政府、北洋政府等多个时代，尽管风雨交加，但他始终坚守着爱国和民主的政治信念。

他对我国的教育制度有着深远影响。他致力于废除封建主义的教育体制，为我国的新式教育制度奠定了基础，为中国教育、文化和科学事业的发展作出了具有开创性的重大贡献。他通过推广贫儿院试验，试图以学前儿童公共教育替代传统的家庭教育，实现了学前儿童公育的崇高理想。这一举措在当时无疑具有前瞻性和进步性。

此外，他还是中国近现代美育的积极推动者。他主张从家庭教育、学校教育和社会教育三个方面全面实施美育，并设想通过胎教院、育婴院和幼稚园三级机构来实施学前儿童的美育。他认为，美育应该从胎儿时期就开始抓起，让婴儿及其母亲生活在充满自然美和艺术美的环境中。同时，他也强调了在幼稚园中如何通过专题美育活动和其他课程中蕴含的美育因素来进行美育教育。

他的卓越贡献和坚定信仰赢得了广泛的赞誉。蒋介石在日记中评价他："他在教育上与本党主义有着不可磨灭的贡献，但我只能看到他的过错，尤其是教育受到其乡愿式的影响更为恶劣。"而学者黄炎培则高度赞扬了他："他有所不为，律己严谨；无所不容，教人宽容。他一生追求自由与真实，无论执掌绍兴中学还是北京大学，都未曾改变初衷。晚年致力于科学研究，广纳百川，一贯斯道。这位伟大的导师，确实是我终身学习的榜样。"刘晓钢先生在实用文的研究中指出，蔡元培在《论国文之趋势》和《国文之将来》等著作中，明确将文章划分为实用文和美术文两大类别，并开创了独立的实用文理论体系。蔡元培的卓越贡献得到了广泛赞誉，在中共中央的唁电中他被赞誉为"老成硕望""勋劳卓著"，国民政府更是发布褒扬令，称他为"高年硕学""万流景仰"。

作为一位杰出的教育家，蔡元培提出了"学为学理，术为应用"

以及"学为基本，术为枝叶"的深刻观点，这些观点对于教育和学术领域产生了深远的影响。周恩来在挽联中高度概括了蔡元培的一生，从排满运动到抗日战争，他始终致力于民族革命；从五四运动到人权同盟，他坚定捍卫民主自由，展现了其光辉伟大的功绩。

蔡元培的学术贡献和人格魅力，使他成为学界泰斗和人世楷模，他的思想和精神将永远激励着我们前行。

徐志摩故居

一、故居概况

徐志摩故居，这处承载着徐志摩与陆小曼短暂而美好时光的地方，仿佛是一首凝固的诗篇。建于1926年的这栋房子，宛如一幅中西合璧的画卷，既有东方的典雅，又有西方的浪漫。占地600平方米的它，宛如一个微型的城堡，静静地诉说着过去的故事。

走进故居，首先映入眼帘的是那块挂在入口上方的匾额，上面题写着"诗人徐志摩故居"，这是诗人表弟金庸亲手书写的，每一个字都充满了对诗人的敬仰与怀念。穿过门廊，来到正厅，你会看到"安雅堂"的匾额悬挂于堂上，这是启功先生的补书作品，字迹潇洒飘逸，与故居的氛围相得益彰。

　　故居分为前后两部分，主楼高耸入云，三层的设计显得既庄重又大气。底层的正厅布置得典雅而庄重，中式风格的家具和装饰让人仿佛穿越到了那个年代。东西两厢则是徐志摩的生平展览馆，通过珍贵的照片、手稿和文物，展示了诗人的家世、生平以及他的思想和文学活动。

　　沿着楼梯拾级而上，来到楼上，东侧是徐志摩和陆小曼的新房以及他们的书房"眉轩"。书房内摆放着诗人的书桌和椅子，仿佛还能感受到他当年在这里挥毫泼墨的激情。而西侧则是徐志摩父母的卧室以及他前妻张幼仪的居室，这些房间都按照当时的布置进行了复原，让人仿佛能够穿越时空，回到那个充满爱与痛的年代。

　　走到后楼，一个露台映入眼帘。站在露台上，你可以俯瞰整个硖石的景色，东西两山在远处若隐若现，仿佛是大自然的馈赠，为这处故居增添了一份宁静与美好。在这里，你可以感受到诗人当年的心境，那份对美好生活的向往与追求。

　　徐志摩故居不仅是一处建筑，更是一段历史的见证，一个时代的缩影。它让我们更加深入地了解了这位伟大诗人的生平和思想，也让我们感受到了那份纯粹而美好的爱情。

二、人物生平

　　明正德年间，徐松亭定居硖石，开始经商，成为硖石徐氏的始祖。徐志摩，这位杰出的诗人，正是徐松亭的后裔。徐志摩的父亲徐申如，是清末民初的知名实业家，他继承了家族的经商传统，独自经营徐裕丰酱园。随着时间的推移，他在1897年与人合伙创办了硖石的第一家钱庄——裕通钱庄，之后又开设了人和绸布号，逐渐成了硖石的首富。

1897年1月15日，徐志摩出生在浙江省海宁县硖石镇。按照族谱，他原名徐章垿，但他在1918年去美国留学时，父亲徐申如为他取了"志摩"这个名字。徐志摩深受西方教育的影响，同时也受到了欧美浪漫主义和唯美派诗人的启发，这为他日后的浪漫主义诗风奠定了基础。

作为徐家的独子，徐志摩从小过着优裕的生活。他的表叔是沈钧儒，姑表弟是金庸，表外甥女是琼瑶，他与厉麟似、钱学森等人也有亲戚关系。1908年，他在家塾读书，后进入硖石开智学堂，师从张树森，古文功底深厚，成绩总是名列前茅。1910年，十四岁的徐志摩离开家乡，前往杭州，经表叔沈钧儒介绍，考入杭州府中学堂，与郁达夫、厉麟似等人成为同班同学。他热爱文学，曾在校刊《友声》上发表论文，认为小说有益于社会，应大力提倡。同时，他对科学也充满兴趣，发表了多篇科学相关的文章。

1915年夏天，徐志摩从浙江一中毕业，随后考入上海浸信会学院暨神学院（现为上海理工大学）。同年十月，他与张幼仪结婚，这是由家庭包办的婚姻。然而，生性活泼的徐志摩并没有安心在浸信会学院完成学业，他在1916年秋天离开了上海，开始了新的人生旅程。

徐志摩选择到天津的北洋大学（现天津大学）预科攻读法科。然而，一年后，北洋大学的法科并入北京大学，徐志摩也随之转入北大继续学业。在北方的大学时光里，他的生活和学习都发生了新的变化。他不仅在法学上钻研深入，还广泛涉猎日文、法文、政治学以及中外文学，这重新点燃了他对文学的热爱。这段时间，他结识了许多名流，包括经张君劢、张嘉璈介绍认识的梁启超，并拜其为师。尽管徐志摩与梁启超在思想上存在差异，但梁启超对他的影响仍然深远。

在北方上大学的日子里，徐志摩亲身经历了军阀混战，目睹了无辜生命的消逝，这使他深感厌恶，决定出国留学，寻找改变中国现状的方法。1918年，他离开北大，同年8月14日从上海出发前往美国学习银行学。在美国的克拉克大学，他选择了社会学、经济学和历史学等课程，希望将来能成为中国的"汉密尔顿"。仅用十个月，他就完成了学业，获得学士学位，并荣获一等荣誉奖。然而，他并未满足于此，当年就转入了纽约哥伦比亚大学的经济系研究院。

1919年，五四革命运动的浪潮传到了美国的中国留学生中。徐志摩怀着爱国之情，参加了当地的爱国活动，并经常阅读《新青年》《新潮》等杂志。在这个过程中，他的学习兴趣逐渐从政治转向文学，并最终获得了文学硕士学位。

1920年，徐志摩在美国度过了近两年时光。然而，他对美国资本主义社会的掠夺和贪婪感到厌倦，更倾心于英国哲学家罗素的思想。于是，他放弃了哥伦比亚大学的博士机会，横渡大西洋前往英国。尽管未能如愿跟随罗素学习，他在伦敦政治经济学院进修了半年。正当他感到迷茫时，结识了林长民及其女儿林徽因，还通过林长民认识了英国作家高尔斯华绥·狄更生。

1921年，在狄更生的推荐下，徐志摩以特别生的身份进入康桥大学（现剑桥大学）皇家学院，专攻政治经济学。在剑桥的两年里，他深受西方教育、欧美浪漫主义和唯美派诗人的影响，开始创作新诗。他广泛涉猎世界名家名作，接触各种思潮流派，逐渐孕育出自己的理想主义政治观念和社会理想。

　　在康桥，徐志摩不仅形成了自己的社会观和人生观，还激发了他的创作灵感。他开始翻译文学著作，包括英国作家曼斯菲尔德的短篇、德国福凯的小说《涡堤孩》、法国中古时的故事《吴嘉让与倪阿兰》、意大利作家丹农雪乌的《死城》和伏尔泰的《赣第德》。同时，他创作了许多诗歌，其中《康桥再会吧》中的"心灵革命的怒潮，尽冲泻在你妩媚河身的两岸"成为经典。

　　1922年，徐志摩回国后在报刊上发表了大量诗文。1923年春，他的人生迎来了新的篇章。

　　徐志摩在北京组织了一个俱乐部，他编排戏剧、举办年会和灯会，还常常吟诗作画。因为喜欢印度诗人泰戈尔的诗集《新月》，他就用"新月"作为俱乐部的名字。同年，他还加入了文学研究会。1924年，他和胡适、陈西滢等人一起创办了《现代诗评》周刊，并在北京大学任教。当印度大诗人泰戈尔访华时，徐志摩还担任了他的翻译。

　　在1925年之前，徐志摩除了写诗，还组织新月社的成员参与戏剧活动。10月，他开始接手《晨报副刊》，并继续在北京大学任教。之后，他前往欧洲，游历了苏、德、意、法等国。1926年4月1日，他在北京主编了《晨报》副刊《诗镌》。这时，闻一多也从美国回来，加入了《诗镌》的编辑工作。除了第三、四两期由闻一多和第五期由饶孟侃负责编辑外，其他各期都是徐志摩主编。他发表的《诗刊弁言》和《诗刊放假》也是自己写的。《诗镌》的撰稿人努力创作中国的新格律诗，并探讨诗艺，因此《晨报诗刊》的创办标志着新月诗派的形成。同年，徐志摩与陆小曼移居上海，并在光华大学、大夏大学和南京中央大学任教。他还创办了《新月》杂志。

1927年春，新月社的一些成员因为政治形势的变化和其他原因，都聚集到了上海。这时，徐志摩也与陆小曼结婚并搬到了上海。他在上海四处拜访朋友，与闻一多、胡适、邵洵美、梁实秋、余上沅、张禹九等人合作，在环龙路环龙别墅开办了新月书店。胡适担任董事长，余上沅担任经理，后来由张禹九接任。同年，徐志摩也出国游历了英、美、日、印等国。1928年3月，他在光华大学、东吴大学、大夏大学等校任教的同时，创办了《新月》月刊。同年11月6日，他创作了《再别康桥》。

徐志摩，才华横溢的诗人，于1928年12月10日在《新月》月刊第1卷第10号上发表了他的作品，这是他的文学之路的起点。《新月》这本杂志总共出版了四卷四十三期，见证了徐志摩等文学巨匠的辉煌。

1930年，徐志摩担任了中华文化基金委员会委员，并被选为英国诗社社员，这标志着他在文学领域的地位日益稳固。同年冬天，他前往北京大学与北京女子大学任教，为培养新一代文学人才贡献了自己的力量。

1931年1月20日，徐志摩与陈梦家、邵洵美、方玮德等人共同创办了《诗刊》季刊，并被推选为笔会中国分会理事。这本季刊共出版了四期，为中国诗歌的发展注入了新的活力。

然而，命运却在1931年11月19日给徐志摩带来了沉重的打击。当天早上8点，他搭乘中国航空公司的"济南号"邮政飞机从南京出发，准备参加当天晚上林徽因在北平协和小礼堂为外国使者举办的中国建筑艺术演讲会。然而，当飞机飞抵济南南部党家庄一带时，大雾弥漫，机师为了寻找准确航线不得不降低飞行高度。不幸的是，飞机撞上了开山（现济南市长清区崮云湖街道办事处境内），瞬间坠入山谷，机身起火，包括徐志摩在内的两位机组人员全部遇难。

关于徐志摩遇难的原因，除了直接原因大雾影响外，还与主机组王贯一前晚为女儿婚事忙碌至深夜，导致飞行时精神状态不佳有关。蔡元培为徐志摩写下了挽联："谈话是诗，举动是诗，毕生行径都是诗，诗的意味渗透了，随遇自有乐土；乘船可死，驱车可死，斗室生卧也可死，死于飞机事件偶然者，不必视为畏途。"这句挽联既是对徐志摩一生的赞美，也是对他离世的哀悼。

徐志摩的离世给中国文学界带来了巨大的震撼和悲痛。他的诗歌才华和独特魅力使他成为中国文学史上一位不可多得的杰出诗人。他的离世提醒我们珍惜生命、追求梦想，同时也让我们铭记他在中国文学史上留下的辉煌篇章。

三、人物事迹

（一）徐志摩与张幼仪

1915年，政界名人张君劢为胞妹张幼仪安排婚事，徐志摩迎娶了这位未曾谋面的新娘。关于他们之间的感情，除了半篇《离婚通告》和徐志摩那封夸大其词的信件外，鲜有确凿证据。无论是在离婚前后，乃至徐志摩逝世后的五十余载，张幼仪始终守口如瓶。1988年，张幼仪在纽约辞世，享年88岁。她的侄孙女张邦梅于1996年9月在美国出版了英文著作《小脚与西服：张幼仪与徐志摩的家变》，由道布里几出版社出版。这部著作终于揭示了两人关系的真相。张邦梅，作为张幼仪八弟张禹九的孙女，她透露张幼仪曾审阅过她的论文，因此其内容真实可信。从婚前到婚后，徐志摩一直对张幼仪持有鄙视态度。当他第一次看到张幼仪的照片时，嘴角下撇，轻蔑地称她为"乡下土包子"。婚后，徐志摩更是对张幼仪不理不睬，除了履行最基本的婚姻义务外，对她漠不关心。

1920年冬，张幼仪出国与丈夫团聚，之前都认为是徐志摩思念妻子，写了那封乞求父亲的信。这封其实是应张君劢之请而写的。在张幼仪怀次子两个月后，徐志摩对此置之不理，反倒要马上离婚，见张幼仪不答应，便一走了之，将其一人撇在沙士顿。1921年，张幼仪产期临近，无奈之际，她给二哥张君劢写信求救，她来到巴黎，后来又去了柏林，生下孩子。徐志摩明知张幼仪的去向，却不予理睬。直到1922年要办理离婚手续时，才找到柏林。产后，张幼仪很快从悲痛中振作起来，入裴斯塔洛齐学院，专攻幼儿教育。回国后办云裳公司，主政上海女子储蓄银行，均大获成功。难能可贵的是，她回国后仍照样服侍徐志摩的双亲（认作义女），精心抚育她和徐志摩的儿子。台湾版的《徐志摩全集》也是在她的策划下编纂的，为的是让后人知道徐志摩的著作。

她坦言:"你总追问我是否深爱徐志摩,我真的无法给出确切答案。这个问题让我很困惑。周围的人都认为,我为他做了那么多,必然深爱着他。但对我来说,爱这个词太过模糊。我从未对任何人说过'我爱你'。如果照顾徐志摩和他的家人算作爱的话,那我可能真的爱他吧。在他生命中遇到的女性中,我可能是最爱他的那一个。"

(二)徐志摩与林徽因

1920年,徐志摩结识了才华横溢的林徽因,两人关系迅速升温。两年后,徐志摩向妻子张幼仪提出离婚,他认为没有爱情和自由的婚姻生活难以为继。他渴望自由离婚,摆脱痛苦,追求理想人生,为此他为林徽因创作了许多诗歌,如《月夜听琴》《青年杂咏》《清风吹断春朝梦》等,这些诗歌表达了他对爱情和人生的向往。

徐志摩对在英国康桥的生活充满怀念,与林徽因的恋情激发了他的创作热情。他的长诗《草上的露珠儿》反映了他当时诗情汹涌的情景。然而,林徽因经过深思熟虑后,与父亲一起提前回国,与徐志摩不辞而别。徐志摩的《偶然》一诗,真挚地表达了他对林徽因的感情,展现了一种一见倾心却又理智分离的纯情。

之后,他们共同组织新月社活动,一起演戏,保持书信往来。1924年,泰戈尔访华期间,徐志摩和林徽因共同担任翻译。随后,徐志摩陪同泰戈尔前往日本,而林徽因和梁思成则前往宾夕法尼亚大学。四年后,徐志摩与林徽因再次相见,但此时林徽因已嫁给梁思成。1931年11月19日,准备参加林徽因演讲会的徐志摩不幸遭遇坠机事故离世。

多年后,林徽因对儿女坦言:"徐志摩当初爱的并非真正的我,而是他诗人浪漫情绪下的幻想。我并非他所想象的那般。"

（三）徐志摩与陆小曼

1922年，徐志摩留学归来，与好友王赓的妻子陆小曼相识并坠入爱河。热恋期间，他写下了充满深情的《爱眉小札》。尽管徐志摩的父母最初对陆小曼有所不满，但两人仍度过了浪漫的时光。然而，随着时间的推移，陆小曼因疾病、家庭压力和个人习惯的改变，逐渐失去了往日的灵性。为了维持家庭，徐志摩不得不在多所大学任教，并忙于写作赚取稿费。

1930年，徐志摩辞去上海和南京的职务，前往北京大学和北京女子师范大学任教，以支撑家庭开销。尽管他年收入颇高，但仍难以满足家庭支出。陆小曼的挥霍习惯源于她的名门出身和独生子女的娇生惯养。徐志摩去世后，陆小曼深居简出，默默忍受外界的非议。她怀念着徐志摩，致力于整理出版他的遗作，用数十年的时间完成了这一心愿。

徐志摩与陆小曼的婚姻，是自由与封建束缚的较量，其中的复杂情感难以言表。他们曾彼此伤害，但爱得深沉。梁启超的证婚词虽然广为人知，展现了他对学生的关心与爱护。然而，他的立场带有私心，对徐、陆二人并不公平。在婚礼上，梁启超对新人的批评不仅令他们尴尬，也引起了赵清阁的不满。他们原本希望借助梁启超的力量对抗封建势力，却没想到他也是一个封建权威的代表。这种表里不一的态度，让两位新人在喜悦之日感到困惑和无奈，只能默默承受批评。

四、文化影响

徐志摩是中国文坛上一位有影响力的作家。他的世界观独特，没有固定的主导思想，可以被称为一个超越阶级的诗人。他的思想和创作展现出了布尔乔亚诗人的特点，其变化和发展与当时的社会历史背景紧密相连。

徐志摩的诗歌风格清新脱俗，韵律和谐，比喻新奇，想象力丰富，意境优美，神思飘逸，变化多端。他追求艺术形式的完美和华丽，展现出了鲜明的艺术个性。同时，他的散文也独具特色，成就斐然，如《自剖》《想飞》《我所知道的康桥》《翡冷翠山居闲话》等作品都是传世之作。

徐志摩与新月派紧密相连，被认为是该派的代表作家和"盟主"。他参与了新月派的整个活动，其创作体现了新月流派的鲜明特征。从新月社的成立到新月派的形成和主要活动，徐志摩始终在其中发挥着重要作用。他对新诗的发展产生了影响，进行了各种试验和探索，展现出了独特的诗歌风格和艺术技巧。

然而，徐志摩和他的新月派在追求形式和格律上走得太远，最终走向了歧路。徐志摩后期的思想和创作也陷入了危机。尽管如此，他作为一个时代的名人，仍然做到了一个普通知识分子所能做的一切。他在追求个人幸福的同时，也对民族命运进行了深刻的思考。他的婚姻经历也充满了曲折和感慨，与张幼仪的婚姻是不幸的，与林徽因的情感令人惋惜，而与陆小曼的婚姻则热烈而深情，但也充满了坎坷。

章太炎故居

一、故居概况

    章太炎故居，这处坐落在杭州市余杭区仓前街道老街中心的古老宅院，占地约625平方米，仿佛一颗璀璨的明珠，镶嵌在历史的长河中。它由三间四进一弄巧妙组合而成，每一进都承载着不同的历史记忆。

    走进故居，首先映入眼帘的是第一进建筑，它紧邻繁华的街道，仿佛一位守望者，默默守护着这片古老的土地。穿过第一进，便来到了"扶雅堂"，这是第二进建筑，曾是章太炎接待宾客、研讨学术的地方。堂内布置典雅，书香四溢，仿佛还能听到当年章太炎与友人高谈阔论的声音。

    再往里走，便是第三进建筑——卧室。这里曾是章太炎青少年时期居住的地方，房间内陈设简单而温馨，让人仿佛能感受到他当年的生活气息。在这里，章太炎度过了他人生中最宝贵的22个春秋，为日后的成就奠定了坚实的基础。

而第四进建筑，如今已被改造成为陈列室。室内陈列着章太炎的生平事迹、著作以及珍贵的历史文物，让人在欣赏的同时，也能深刻感受到这位国学大师和革命家的非凡魅力。

除了主体建筑外，故居的东侧还分布着厨房和书斋。厨房内炊烟袅袅，仿佛还能闻到当年章太炎亲手烹饪的饭菜香；而书斋则是他静心研读、挥毫泼墨的圣地，这里的一桌一椅、一书一画都透露着浓厚的学术氛围。

章太炎，这位我国近代的国学大师和民族资产阶级的思想家、革命家，他的故居不仅是他出生的地方，更是他成长、奋斗和留下宝贵精神财富的圣地。在这里，他度过了人生中最美好的时光，也留下了无数感人至深的故事。

在投身革命后，章太炎曾多次回到这里探亲、避难。每一次归来，他都会在故居中漫步、沉思，与这片土地和这里的一草一木诉说着心中的喜怒哀乐。故居的每一个角落都留下了他的足迹和气息，成为他与后人心灵沟通的桥梁。

如今，这座故居已经成为一处重要的历史文化遗产和爱国主义教育基地。它见证了章太炎的一生，也见证了中华民族从屈辱走向复兴的历程。每一次参观故居，都能让人深刻感受到这位伟大人物的精神风貌和爱国情怀，激励着我们为中华民族的伟大复兴而努力奋斗。

二、人物生平

章太炎，原名炳麟，后改名绛，字枚叔，号太炎，浙江余杭人。他是清末民初时期的一位重要人物，不仅在民主革命中有所建树，还是一位杰出的思想家和学者。他的研究领域广泛，包括历史、哲学和政治等，为后世留下了丰富的学术遗产。

1897年，章太炎开始为《时务报》撰稿，因积极参与维新运动而遭到通缉，不得不流亡日本。1900年，他剪去辫子，决心投身革命。1903年，他因发表《驳康有为论革命书》并为邹容的《革命军》作序而激怒了清政府，被捕入狱。出狱后，他与蔡元培等人合作，于1904年发起了光复会。

1906年，章太炎出狱后受到孙中山的邀请，前往日本参加同盟会，并担任同盟会机关报《民报》的主编，与改良派进行了激烈的论战。1911年上海光复后，他回国并主编了《大共和日报》，同时担任孙中山总统府的枢密顾问。

然而，章太炎的革命道路并非一帆风顺。他曾加入张謇的统一党，并发表了"革命军兴，革命党消"的言论。1913年，宋教仁被刺后，他参加了讨袁运动，但被袁世凯禁锢，直到袁死后才被释放。

尽管历经挫折，章太炎并未放弃对民主和革命的追求。1917年，他脱离了孙中山改组的国民党，在苏州设立了章氏国学讲习会，以讲学为生。晚年时期，他对日本侵略中国深感愤慨，并赞助了抗日救亡运动。

总的来说，章太炎的一生充满了对民主、革命和学术的执着追求。

他的思想和行动对清末民初的中国社会产生了深远的影响，成为中国历史上一位杰出的民主革命家和思想家。

三、人物事迹

1900年，义和团与八国联军事件相继发生，慈禧等顽固派的卖国行为大白于天下。这让章太炎觉醒，不再迷信维新思想。同年7月，在上海的中国议会上，他坚决反对改良派的模糊口号，并明确表态，撰写《解辫发》一文表明自己的立场。1901年，章太炎在东京的《国民报》上发表《正仇满论》，尖锐批评梁启超的观点，认为梁启超虽然为革命感到悲痛，但提出以宪法取代革命的方案，实际上是为了维护其心目中的圣明君主。

1903年3月，康有为发表文章反对革命党攻击满族统治者，鼓吹光绪帝复辟。章太炎公开批驳，指出康有为所谓的"满汉不分，君民同治"实际上是"屈心忍志以处奴隶之地"，而光绪帝只是一个无知的小丑，他的变法只是为了保住自己的权位。章太炎高度赞扬革命，认为它是改变旧有不合理制度的有效手段。

1906年，章太炎前往日本，加入中国同盟会，并担任《民报》的主编。在东京留学生欢迎会上，他发表演说，强调宗教对于增强国民道德的重要性，以及弘扬国粹对于激发爱国热情的作用。他批评那些盲目崇拜西方、贬低中国的人，认为他们不了解中国的长处，因此失去了对国家的热爱。

章太炎在《民报》上发表多篇政论，宣扬同盟会的革命理念。

他在《民报一周年纪念会祝辞》中强调："扫除腥膻，建立民国。"他撰写的《讨满洲檄》更是明确指出："自盟而后，为扫除鞑虏，恢复中华，建立民国，平均地权。有谕此盟，四万万人共击之。"在民国十四年（1925年），五卅运动爆发，章太炎发出通电，认为如果不惩罚英国巡捕，将无法维护法律公正。即使处罚了英国巡捕，也不能保证类似事件不再发生。他坚信应由外交当局迅速收回租界市政，以消除未来的隐患。1932年，他北上与张学良会面；第二年，他与马相伯等人共同发表了"二老宣言"和"三老宣言"，呼吁全民族积极抗日，收复失地，消灭伪国。在1935年一二·九运动发生时，宋哲元进行了压制。章太炎致电宋哲元，认为学生请愿是出于公诚，不应加以压制。他深表同情于学生的爱国运动，并希望政府当局能妥善处理。当请愿学生经过苏州时，他还派代表慰劳，并提供食物。他对民族的前途一直充满关心，甚至在临终前的《答友人书》中，仍表达了对国家命运的担忧和对抗日斗争的坚定信念。

四、文化影响

胡适在《五十年来中国之文学》中明确指出，章炳麟堪称近五十年来古文学领域的杰出代表。尽管他的卓越成就为古文学历史画上了绚烂的句号，但这并未能阻止古文学逐渐走向衰落的命运。而在梁启超的《清代学术概论》中，章太炎被誉为清学正统派的"殿军"。

鲁迅在临终前对章太炎的评价极高，称赞他在总统府前敢于直言不讳地痛斥袁世凯的奸诈行径。即便七次被捕、三次入狱，他仍坚守革命信念，这种精神被鲁迅视为后人的楷模。汪炳认为他是一位兼具革命成就与深厚学问的学者。薛慧山则称他为推翻清朝的国学大师和革命领袖。谢俊美同样认为，章太炎是一位在革命和学术上都有卓越贡献的大师。

这些评价都展现了章炳麟（章太炎）在近代中国历史上的重要地位。他不仅是一位杰出的古文学家，更是一位坚定的革命者。他的学术成就和革命精神都为后人树立了榜样，激励着我们不断追求真理和进步。

徐锡麟故居

一、故居概况

徐锡麟故居，坐落于风景如画的绍兴市东浦镇孙家溇，占地面积约1100平方米，是一座承载着浓厚历史韵味的晚清建筑。1873年12月，伟大的革命者徐锡麟便是在这片土地上呱呱坠地，度过了他宝贵的童年与青少年时光。

这座故居不仅是徐锡麟的生活之所，更是他革命精神的摇篮。在这里，他策划了无数惊心动魄的革命活动，留下了无数珍贵的文物和史迹。故居坐北朝南，典型的江南清代民居风格，青砖黛瓦，古朴典雅。整体布局为三开间三进，由门屋、大厅、座楼、藏书楼和桐映书屋等建筑组成，形成了一个封闭而宁静的院落。

大厅是故居的核心区域，也是徐锡麟生前与革命志士会谈的重要场所。堂名"一经堂"，寓意着徐锡麟一生坚守的革命信仰。堂内悬挂着徐锡麟、陈伯平、马宗汉三烈士的巨幅油画像，以及孙中山为徐锡麟烈士题的悼词楹联，让人仿佛能感受到那个时代的风云激荡。

走进故居，首先映入眼帘的是长方形的门斗，两侧耳房曾是徐氏族人婚丧喜庆时帮工、鼓乐手的休息之地。穿过仪门，便是一个宽敞的天井，两侧廊檐下，西廊檐中间的石库门俗称"梅墅墙门"，仿佛诉说着徐家的往昔岁月。

进入石库门，又是一个南北长、东西窄的天井，这里的一砖一瓦、一木一石都仿佛在诉说着徐锡麟烈士的英勇事迹和革命精神。四周的展柜中陈列着徐烈士的生平事迹、手稿等珍贵文物，生动地再现了烈士的辉煌一生。

故居的东边三间房子与大厅、门斗连成一条轴线，其中第二间是堂前间，布置得与烈士生前几乎一样，仿佛时光倒流，徐锡麟仍在此地运筹帷幄。第三间则是徐锡麟母亲的卧室，简洁而温馨，让人感受到家的温暖。

在这座温馨的小屋里，地板铺得整整齐齐，徐锡麟的童年便是在这里悄然绽放。每当想要探索楼上的奥秘，他总会踏上西边第二间房子旁的小扶梯，仿佛踏上了一段时光之旅。穿过那曲折的走马楼，眼前便是藏书楼的宏伟身影。

楼上，每个房间原本都被精致的板壁隔开，小走廊蜿蜒其间，进出时无须穿越室内，保持了私密与宁静。如今，这里经过精心改造，成了复原陈列，让人们能够更直观地感受徐家的历史脉络。

藏书楼与桐映书屋并肩而立，位于大厅的西侧。楼上，是藏书楼，那里收藏着琳琅满目的书籍，仿佛是一座知识的宝库。而楼下，便是那间充满故事的"桐映书屋"。早年，这里是徐锡麟的祖父桐轩公的书房，充满了墨香与智慧的气息。

当徐锡麟六岁那年，他的父亲徐凤鸣先生决定将书屋改造成家庭学校，亲自为儿子授课。于是，书屋里的课桌、椅子、笔墨纸砚都按照当时徐氏家塾的格局摆放得整整齐齐。每当阳光透过窗户洒进书屋，那些古老的文具都仿佛被赋予了生命，诉说着过去的故事。

如今，当人们走进这间书屋，仿佛能够穿越时空，回到那个充满书香与童真的年代。课桌上的笔墨纸砚依旧摆放得井井有条，仿佛徐锡麟刚刚离开不久。在这里，人们可以感受到那个时代的氛围，领略到徐家的教育传统与家风。

徐锡麟故居不仅是一座建筑，更是一段历史的见证。它让我们更加深刻地理解了那个时代的风云变幻，以及徐锡麟烈士的英勇事迹和革命精神。每一次踏足这片土地，都能感受到那份沉甸甸的历史厚重感，激励着我们在新的时代继续前行。

二、人物生平

徐锡麟，1873年12月17日出生于浙江绍兴东浦的名门望族，家境殷实，享有当地士绅的声望。他的父亲徐凤鸣是秀才出身，曾任县吏。

1901年，徐锡麟开始在绍兴府学校担任算学讲师，因其卓越表现得到知府赏识，后晋升为副监督。

1903年，徐锡麟前往日本参观大阪博览会，其间在展览中目睹中国古钟，深感列强对中国的欺压。在日本，他结识了陶成章、钮永建等人，他们的思想使徐锡麟逐渐放弃了对清政府的希望，转而投身革命。

当时，《苏报》案引发留学生群体反对，徐锡麟也积极参与营救章炳麟的行动。1905年9月23日，徐锡麟与陶成章等光复会成员共同创办了绍兴大通学堂。大通学堂旨在培训革命骨干，以暗杀、暴动为革命手段。学堂分为特别班和普通班，特别班招收会党志士，普通班则包括会党成员和进步青年。课程丰富多样，包括体操、国语、英语、日语、教育学等。

学生毕业后，由清廷发给文凭，但背面则记有革命组织的暗号。学校大厅的对联："十年教训，君子成军，溯数千年祖雨宗风，再造英雄于越地；九世复仇，春秋之义，愿尔多士修鳞养爪，勿忘寇盗满中原。"彰显着徐锡麟和光复会成员们的革命决心和信念。他们通过大通学堂培养了一批批革命骨干，为推翻清朝统治、实现民族独立作出了重要贡献。

徐锡麟广泛结交各地会党，并邀请他们担任学校教练。他利用北上联络大盗冯麟阁的机会，游历了山海关、吉林、奉天等地，深入了解中国地形和列强在中国的争夺，这坚定了他为国效力的决心。为了实现反清目标，徐锡麟等人开始策划"以术倾清廷"的策略，计划通过捐官学习军事，打入清廷内部掌握军权。徐锡麟成功捐得一道员头衔，被分配到安徽候补。

1907年2月，徐锡麟与秋瑾约定在安徽和浙江同时发动反清武装起义。起义原定于7月19日举行，但一名会党成员在上海被捕并招供出革命党的信息，两江总督端方下令恩铭逮捕徐锡麟。徐锡麟发现自己的别号出现在名单上，决定提前在7月6日举行起义。然而，由于准备不充分和外援未至，起义失败了。

起义的局势十分严峻。1907年7月6日，光复会成员徐锡麟在安庆对安徽巡抚恩铭进行了刺杀，并领导学生军起义，成功占领了军械所。然而，经过四小时的激烈战斗，起义最终失败，徐锡麟被捕并英勇牺牲。在审讯过程中，他挥笔写下："我立志反满已十多年，今天终于实现了。我本来打算杀了恩铭后，再杀端方、铁良、良弼，为汉人复仇。"当晚，徐锡麟在安庆抚院门前被清朝政府残忍杀害。

三、人物事迹

在同治十二年（1873年），徐锡麟出生在浙江绍兴东浦的一个名门望族。其父亲徐凤鸣，出身于秀才，曾担任过县吏，家里拥有百余亩田地，在绍兴城里拥有两家商铺——天生绸庄和泰生油栈，他是当地颇有声望的士绅。

光绪二十七年（1901年），徐锡麟应邀出任绍兴府学校算学讲师，得到了知府的重用，后来还升为了副监督。在那个时候，徐锡麟接触到了更为先进的思想，对清政府逐渐失望，最终决定从改良转向革命。当时，《苏报》案事起，徐锡麟积极参与营救章炳麟，甚至慷慨解囊。

光绪三十一年（1905年），徐锡麟和陶成章等光复会成员创办了绍兴大通学堂。这所学校是所准备革命的特殊学校，旨在培训革命骨干。徐锡麟为监督，黄怡为校长，招收来自各地的会党成员，对他们进行短期的革命教育和军事训练。

徐锡麟广泛结交各地的会党，甚至邀请他们为学校提供教练。在这个过程中，他亲眼目睹了日俄在中国领土上的狂妄行为，心中的愤怒如同烈火燃烧。他渴望挥刀沙场，为国捐躯。为了革命，他们逐渐产生了"以术倾清廷"的想法，计划通过捐官的方式，让光复会的成员学习军事，进而打入清廷内部，掌握军权。

随后，徐锡麟等人通过捐官的方式，分别获得了安徽候补官员和安庆陆军小学的职位。然而，他们的计划在清廷驻日公使的阻挠下破灭。回国后，他们再次尝试通过各种关系进入官府，以实现反清的目标。经过努力，徐锡麟成功地得到了筹办安庆陆军小学的职位，并得到了安徽巡抚恩铭的重用。

在光绪三十三年（1907），徐锡麟与秋瑾约定在皖、浙同时举行反清武装起义。然而，由于一个会党人员的被捕和供认，这次起义的日期被迫提前。无奈之下，他们只能提前行动。然而，由于计划泄露和官府的提前准备，起义最终以失败告终。

徐锡麟在1907年7月6日慷慨就义于安庆抚院门前。他短暂但光辉的一生，为中国的革命事业留下了深刻的印记。

四、文化影响

　　孙中山在辛亥革命胜利后，亲自到杭州悼念徐锡麟，对其贡献给予了高度评价。他称赞徐锡麟在光复会中的英勇行为，特别是刺杀恩铭的行动，让天下人为之敬佩。孙中山还亲自撰写挽联，表达对徐锡麟的哀悼之情。

　　柳亚子则激昂地表示，徐锡麟的灭虏之志坚定不移，他毫不畏惧地走向刑场，献出了自己的生命。绍兴文史专家林文彪评价说，徐锡麟出身名门，资质卓越，原本可以过上锦衣玉食、前途光明的生活，但他为了民族大义，毅然投身革命，成了一名义无反顾的革命家。

　　章太炎指出，光复会在某种程度上与同盟会相似，虽然名字较为隐蔽，但徐锡麟在安庆的刺杀行动却对整个局势产生了深远影响。他的英勇行为激励了胆小的人，启发了起义军的斗志。徐锡麟以官员身份刺杀恩铭，让清政府倍感震惊。在那个时代，人人自危，清政府不断防范各种反对势力。然而，革命的力量已经越来越强大，胜利已经在望。

　　徐锡麟的英勇事迹和牺牲精神，不仅激励了当时的革命者，也为我们今天留下了宝贵的历史遗产。他的故事告诉我们，为了民族大义和人民幸福，我们应该勇于牺牲、坚定信念、不断奋斗。

郁达夫故居

一、故居概况

郁达夫曾在杭州市上城区小营街道大学路场官弄63号留下了一处独特的居所——"风雨茅庐"。这处故居，不仅是他生活的港湾，更是他灵魂的归宿。

1933年，郁达夫因积极参与进步文化活动，遭到了国民党当局的打压。为了寻求一片宁静的创作天地，他毅然离开了繁华的上海，选择了风景秀丽的杭州作为避难之所。在这里，他亲自选址、设计，建造了这座融合中西建筑风格的"风雨茅庐"。这座故居于1936年春竣工，青砖红瓦，清新典雅，展现出了独特的艺术魅力。

然而，郁达夫并未在这座故居中享受长久的安宁。全国抗战爆发后，他毅然离开了"风雨茅庐"，踏上了抗日救国的征程。他辗转于福州、武汉等城市，最终奔赴南洋，以笔为剑，主编多个文艺副刊，发表了400多篇抗日救国文章。他化名赵廉，掩护和支持华侨及印尼人民的抗日活动，为国家的独立和民族的解放贡献了自己的力量。

不幸的是，1945年8月29日，郁达夫在苏门答腊因身份暴露而被日本宪兵逮捕，后被秘密杀害，成为抗日战争中最后一位被害的文化战士。他的离世，让无数人为之痛惜，也让"风雨茅庐"这座故居更加充满了悲壮的色彩。

"风雨茅庐"这座故居，如今仍然保持着原状。客厅由当时著名的学者马君武题名，分为前后两部分，后院则建有书房与客房。院内假山点缀，林木参差，环境幽雅。走进这座故居，仿佛能够穿越时空，回到那个风雨飘摇的年代，感受到郁达夫当年的气息和情怀。

这座故居不仅是郁达夫生活和工作的地方，更是他精神的象征。在这里，他留下了自己的思考和创作，也留下了他对国家和人民的深深忧虑和关怀。他的坚定和勇敢，成了后人学习和传承的宝贵财富。如今，"风雨茅庐"已经成为杭州市文物保护单位，见证着郁达夫这位文化战士的辉煌与悲壮。

二、人物生平

郁达夫，这位中国现代文坛的璀璨明星，以他独特的小说、散文和诗歌作品，赢得了广大读者的喜爱。他不仅是一位才华横溢的作家，更是一位为抗日救国英勇献身的爱国志士。他的代表作如《沉沦》《故都的秋》《春风沉醉的晚上》《过去》和《迟桂花》等，都展现了他卓越的文学才华和深沉的爱国情怀。

郁达夫，原名郁文，字达夫，浙江富阳人，1911年起开始创作旧体诗，并向报刊投稿。1912年考入浙江大学预科，因参加学潮被校方开除。

不久后，他随长兄郁华赴日留学。在1914年7月进入东京第一高等学校预科后，他开始尝试小说创作。1919年，他进入东京帝国大学（现东京大学）经济学部学习。在1921年，他与郭沫若、成仿吾、张资平等人一同成立了新文学团体创造社，并发表了第一部短篇小说集《沉沦》，在当时社会上产生了很大的影响。《沉沦》作为他的初期代表作，深刻地表现了受压迫的留日学生的忧郁性格和变态心理，塑造了一个患有"时代病"的典型形象，有强烈的反旧礼教意义。

1922年3月从东京帝国大学毕业后，郁达夫归国并在5月主编了《创造季刊》创刊号。同年7月，他发表了小说《春风沉醉的晚上》，该作品描写了穷困的知识分子和烟厂女工的不幸命运，文笔圆熟，为现代文学史最早表现工人形象的优秀作品之一。在1923年至1926年间，他先后在北京大学、武昌师范大学、中山大学任教。当他在1926年底返回上海后，他主持了创造社的出版工作，并发表了大量文艺论著如《小说论》《戏剧论》等。然而，在1927年1月发表政论《广州事情》后，他因与鲁迅等人对革命形势的不同看法而退出创造社。此后，他连续发文反对蒋介石的四一二反革命政变，声援工农民众的革命斗争。

1928年，经介绍秘密加入太阳社后，郁达夫在鲁迅的支持下主编了《大众文艺》。在1930年，中国自由运动大同盟在上海成立后，他与鲁迅等人联名发表宣言。同年3月中国左翼作家联盟成立时，他也被列为发起人之一。在1932年2月，他与鲁迅、茅盾等人联名发表《上海文化界告世界书》，强烈谴责日本帝国主义发动侵华战争。而在1932年12月，他的小说《迟桂花》得以发表。

1933年4月移居杭州后，郁达夫写了大量的山水游记和诗词作品。在1936年他出任福建省府参议一职。

1938年，他积极投身于武汉的抗日宣传工作，成为军委会政治部第三厅的一员。在中华全国文艺界抗敌协会的成立大会上，他更是荣幸地当选为常务理事，为国家的抗战事业贡献了自己的力量。

在太平洋战争爆发后，郁达夫担任了"星洲华侨文化界战时工作团"的团长和"新加坡华侨抗敌动员总会"的执行委员，积极组织"星洲华侨义勇军"进行抗日活动。然而，随着星洲（现在的新加坡）的沦陷，他不得不前往苏门答腊避难。

1942年6月初，郁达夫在苏门答腊西部市镇巴亚公务市化名赵廉开展生活，利用当地华人的帮助开设酒厂谋生。由于他早年留学日本并精通日语，这一技能被附近地区的日本宪兵队得知，胁迫他当了7个月的翻译，其间他实际上利用职务之便，暗中救助和保护了大量文化界难友、爱国侨领和当地居民。

然而，1945年，郁达夫的真实身份被日军识破。日本投降后不久，他突然神秘失踪，9月17日，郁达夫被日本宪兵杀害于苏门答腊丛林。

三、文化影响

在文学创作上，郁达夫主张文学作品与作家自身经历密切相关，他常常将个人生活经历作为创作素材，通过作品毫无保留地展现自己的思想感情、个性和人生际遇。郁达夫的自传体小说代表作《沉沦》，在其中大胆描绘了性爱和性心理，同时也表达了对祖国现状的关切和期待。

郁达夫的小说的独特之处在于，他挑战了传统道德观念，创造了抒情浪漫的自传体小说形式，对当时及之后的青年作家产生了深远影响。他的作品引领了20世纪二三十年代中国文坛浪漫派的壮观潮流。

此外，郁达夫还是中国新文学史上第一位在世时就已出版日记的作家。他的作品不仅触动了许多文人的心灵，也为那些不敢与封建道德决裂的文人提供了批判的靶子。

除了反映下层知识分子失意、苦闷外，郁达夫的作品中还关注了社会底层民众的疾苦，表现出对劳苦大众的同情和关怀。他的《春风沉醉的晚上》《薄奠》等作品，都是通过知识分子的视角来反映社会现实，充满了对人性的深度探索和对生活的深刻洞察。

金维映故居

一、故居概况

金维映故居，静静地坐落在岱山县高亭镇清泰路后街弄14号，那里曾是金维映烈士生活过的地方。这座故居面朝东南，背倚西北，原先是占地62.4平方米的三间木质结构瓦房，中间还带有中堂，古朴而庄重。

时光流转，1988年9月，这座故居被赋予了新的意义，被列为县级文物保护单位，成为历史的见证。1990年12月，为了更好地保护和传承这份历史记忆，故居进行了翻修，恢复了它原有的风貌，并在室内进行了简易的布展，让更多的人能够了解金维映烈士的生平事迹。

1991年7月，在中国共产党成立70周年的重要时刻，金维映故居正式对外开放，吸引了众多游客前来参观。1994年6月，故居更是荣获了首批市级爱国主义教育基地的殊荣，成为学生们接受爱国主义教育的重要场所。

随着时间的推移，金维映故居的影响力不断扩大。1995年3月，当时的中央领导同志亲自为故居题写了"金维映故居"的匾额，这是对金维映烈士的崇高敬意。同年6月，故居举行了隆重的挂匾仪式。

进入新世纪，金维映故居继续发挥着重要作用。2000年，它被列为市级国防教育基地，为国防教育提供了宝贵的资源。2001年6月，故居更是荣获了省级爱国主义教育基地的荣誉，成为全省范围内的重要教育阵地。

为了更好地展示金维映烈士的生平和精神风貌，2004年4月至10月间，中共岱山县委、岱山县人民政府拨专款对故居进行了重新修缮和扩建。经过修缮后的故居焕然一新，由原来的三间瓦房扩建为五间砖木结构瓦房，占地面积达到了349平方米，建筑面积也增加到了158.54平方米。

在金维映烈士诞辰百年之际，故居内举办了一场盛大的展览。展览中展出了149幅照片和图片，以及40余件珍贵实物，生动地再现了金维映烈士从1926年至1941年的光辉岁月。展览分为舟山岁月、上海风云、苏区烽火、长征征途、延安岁月和永远的怀念等六个部分，通过约2.5万字的解释词，让参观者能够深入了解金维映烈士的生平和精神内涵。

此外，故居内还悬挂着著名书法家郭仲选题的"高风亮节"和画家卢小轩画的《竹涛》等艺术作品，为故居增添了浓厚的文化氛围。同时，还有25幅著名人士赠给金维映故居的题词和17幅国画作品，这些珍贵的艺术品不仅丰富了故居的收藏，也提升了故居的文化品位。

2005年4月，金维映故居再次获得殊荣，被列为市级红色旅游基地。这标志着故居在传承红色文化、弘扬爱国主义精神方面取得了显著成效，也为岱山县的红色旅游事业注入了新的活力。

如今的金维映故居已经成为一个集纪念、教育、旅游于一体的综合性场所。它不仅是人们缅怀金维映烈士、传承红色基因的重要场所，也是推动岱山县文化旅游事业发展的重要力量。

二、人物生平

金维映，原名金爱卿，后更名金志成，1904年出生于浙江舟山群岛岱山高亭镇的一个贫困家庭。她的父亲金荣贵是城市贫民，只识得一些文字，在一家客店担任小职员，一家人生活艰难。6岁时，因灾荒严重，她父亲的米行倒闭，金维映被送到镇海（现在的定海区，属舟山市）老家，与母亲、叔父、婶婶一起靠扎纸花、制锡箔为生。8岁时，她被父亲接回定海，为了上学，她甚至自己卖了家具，进入定海县立女子小学读书。

在女小读书期间，她受到了时任校长的沈毅（舟山著名爱国进步人士）的深刻影响，毕业后，沈毅校长送她到宁波师范学习幼稚教育。学成后，她回到女小工作，立志为教育事业而奋斗，并将名字改为金志成。

1919年，金维映参加了演讲队，上街宣传，声援北京五四爱国运动。毕业后，她留在女校任教员，并阅读进步书刊。1925年6月，她发动组织女校师生响应上海五卅运动，联络各校成立县学生会，带领学生联合工人、市民实行罢课、罢工、罢市。

1926年10月，金维映加入了中国共产党，随后深入工厂开办工人夜校，组织建立工会。1927年春，她被选为舟山总工会执行委员，带领工人举行总罢工要求增加工资获得胜利。同年3月，她参与组织盐民开展反土豪劣绅斗争，成立岱山盐民协会。然而，四一二反革命政变后，她被国民党当局逮捕，后经组织营救获释，转移至上海到中华全国总工会工作。在上海，她以当小学教员为掩护，从事秘密的工人运动。

1929年6月，金维映担任中共江苏省委妇女运动委员会书记，在白色恐怖条件下，领导开展妇女革命斗争。1930年7月，她任上海丝织业工会中共党团书记、上海工会联合行动委员会领导人，领导发动上海百余家丝厂工人罢工。她深受丝厂女工们的爱戴，被尊称为"阿金大姐"。

1931年，她踏上了中央革命根据地的征程，历任中共于都、胜利县委书记，中共中央局组织部组织科科长，为革命事业奉献青春。1933年冬，她担任中央革命军事委员会总动员武装部副部长，领导革命根据地的扩大红军和征粮工作，兼任瑞金扩红突击队总队长，动员群众超额完成任务，荣获中央和军委的赞誉。

1934年2月，她当选为中华苏维埃共和国中央执行委员，同年10

月，她随中央红军踏上二万五千里长征之路，担任中央纵队休养连政治指导员兼支部书记，为红军的坚韧不拔提供了强大的精神支持。

1935年10月，她抵达陕北，继续担任中共中央组织部组织科科长，为党的组织建设贡献力量。1937年初，她调任抗日红军大学女生大队大队长，为培养抗日力量倾注心血。抗日战争爆发后，她担任陕北公学生活指导委员会副主任，为青年学生的成长提供指导。

然而，长期的战斗让她积劳成疾。1938年，党派她前往苏联学习、治病。不幸的是，在德国法西斯侵略苏联的战火中，她英勇牺牲在异国他乡的战场上，为革命事业献出了宝贵的生命。

三、人物事迹

在1926年，金维映加入了中国共产党，并成为舟山地区首位女共产党员。她是中共定海独立支部的委员，积极领导和建立了定海县总工会和岱山盐民协会。在蒋介石发动"四一二"政变后，她到上海并在岳州路小学任教，同时也在中华全国总工会和江苏省妇委工作。由于她的出色表现和深受大家的喜爱，大家亲切地称她为"阿金"。

在民国十九年（1930）年初，党在上海闸北区开设了一所平民夜校，主要针对丝厂女工进行革命宣传和发展党员工作。金维映在该夜校授课并宣传革命道理，成功发展了许多女工入党。同年，她还担任了上海丝织业党团工会联合行动委员会书记，直接领导上海104家丝厂工人的斗争。

后来，金维映被调到江西中央苏区工作，先后担任于都、胜利两县的县委书记，负责领导两县的党政军民进行根据地经济建设和扩大红军、支援前线的工作。她和李坚真是当时中央苏区仅有的两位女县委书记。在长征期间，金维映随同红一方面军从瑞金出发，历经千辛万苦到达陕北，并担任了中央组织部组织科长。她与李维汉结为伴侣，共同为革命事业奋斗。此后，她还曾在抗日军政大学、陕北公学等地工作和学习。

然而，在1938年底，金维映因长期战斗积劳成疾，党组织考虑到她的健康状况，将她送到苏联学习、治疗。不幸的是，她在德国军队进攻苏联的炮火中牺牲，她的离世给党和人民带来了巨大的损失和悲痛。

四、文化影响

金维映，一位坚毅果敢的女性革命家，她的一生都在为中华民族的独立和解放，为新中国的诞生而奋斗。从一个海岛的女儿，她逐渐蜕变为一名共产主义战士，她的成长历程见证了中国共产党人优秀的品质和崇高的精神风貌。

在漫长而艰苦的革命斗争中，金维映始终坚守初心，勇往直前。她的足迹遍布大江南北，她的事迹激励着无数人民为国家的独立和人民的幸福而斗争。她是中国共产党领导中国人民推翻三座大山、建立中华人民共和国的艰辛历程的生动见证者。

金维映的一生，是对中国共产党领导中国人民走向伟大复兴的生动诠释。她的故事，激励着新时代的青年们继续为实现中华民族伟大复兴的中国梦而努力奋斗。让我们铭记金维映等革命先烈的英勇事迹，传承他们的革命精神，为建设一个更加繁荣昌盛的祖国而努力奋斗。

　　2004年，时任浙江省委副书记的乔传秀与会作书面发言："金维映烈士是忠诚的共产主义战士、中国共产党的优秀党员、浙江人民的好儿女。她的一生虽然短暂，却给我们留下了十分宝贵的精神财富。在她的身上集中体现了共产党人的优秀品质。金维映烈士的革命业绩和崇高精神，永远值得我们学习和弘扬。"

杨贤江故居

一、故居概况

杨贤江故居，这处承载着历史记忆的地方，静静地坐落在风景如画的长河镇贤江村。这里原名分江市村，但在1995年，为了纪念杨贤江100周年诞辰，村民们满怀敬意地将它更名为贤江村，以此表达对这位伟大人物的深深怀念。

走进故居，一座坐北朝南的砖木结构小平房映入眼帘。它采用五开间的设计，东西两侧各有两间侧房，整体布局呈凹字形，仿佛在低语着过去的岁月。尽管建筑造型简朴，但历经风雨，它依然屹立不倒，保存得相当完好，仿佛时间在这里凝固。

故居内部按照杨贤江早年在此生活的样式进行布置，充满了浓厚的历史气息。明间作为厅堂，宽敞明亮，右侧墙壁上挂着一块"人民功臣"的匾额，这是1951年余姚县人民政府赠送的，是对杨贤江卓越贡献的肯定和赞誉。两边的次间则是杨贤江和其父母的起居室，摆放着简单的家具和生活用品，让人仿佛能窥见他们当年的生活场景。

东西梢间是厨房和缝纫间，这里弥漫着烟火气和岁月的痕迹。你可以想象杨贤江的母亲在这里忙碌地准备饭菜，而杨贤江则在旁边帮忙，一家人其乐融融的画面。而东西侧房则用作书房和存放农具的杂物间，反映了杨贤江多方面的生活面貌，他不仅是一位伟大的革命家，也是一位勤劳的农民。

2004年，长河镇人民政府对杨贤江故居进行了大规模的维修，并在故居西北侧增建了"杨贤江纪念馆"。纪念馆内陈列着杨贤江的著作、稿件、日记、照片等珍贵遗物，生动展示了他的光辉一生和战斗历程。这些遗物不仅是对杨贤江个人的纪念，更是对那段峥嵘岁月的铭记。

为了满足新时期革命传统和爱国主义教育的需求，2019年，长河镇再次对故居进行了修缮。修缮后的故居不仅保留了原有的历史风貌，还增加了现代化的展示手段，使参观者能够更加直观地了解杨贤江的生平和事迹。同时，该镇还注重故居的软件升级，通过举办各种教育活动、讲座和展览，为参观者提供更加丰富的教育资源和更好的参观体验。

如今，杨贤江故居已经成为一个重要的历史文化遗产和爱国主义教育基地。每年都有大量的游客前来参观学习，他们在这里缅怀先烈、感悟历史、汲取力量。杨贤江故居不仅是一座建筑，更是一段历史的见证，一种精神的传承。

二、人物生平

杨贤江，1895年出生于余姚下垫桥（今属慈溪长河镇分江市村），别名英甫，笔名李浩吾、李膺扬等。1911年，他从泗门诚意学堂毕业，随后进入省立第一师范学校，1917年毕业后回到余姚担任暑期教育研究会讲师。同年秋，他成为南京高等师范学校职员，并开始旁听大学课程。

1919年，杨贤江加入少年中国学会，并担任南京分会书记。1922年5月，他加入了中国共产党。在1927年第三次武装起义胜利后，他担任了上海临时市政府教育局代理局长。然而，四一二政变后，他遭到通缉，秘密前往武汉，担任武汉北伐军总政治部《革命军日报》社长兼总编辑。

1927年7月15日，汪精卫叛变革命后，杨贤江东渡日本，担任留日学生中共党组织负责人，从事著译工作。1929年5月，他回国并担任中共中央文化工作委员会委员，发起组织社会科学家联盟。

1931年7月，杨贤江前往日本治病，但不幸在8月于长崎逝世。他的骨灰被迁葬到上海龙华革命烈士公墓。1958年，他被追认为革命烈士。他的一生充满了对革命事业的奉献和追求，为中国的进步和发展作出了重要贡献。

三、人物事迹

杨贤江，出身于一个普通的成衣匠家庭，却怀揣着非凡的梦想。1912年秋，他凭借自己的努力考入浙江省立第一师范学校，受到了经亨颐、李叔同、夏丏尊等杰出师长的熏陶，立志以教育拯救国家。

1921年，杨贤江受邀加入上海商务印书馆，负责编辑《学生杂志》。在接下来的6年里，他发表了190篇论文和130篇通讯，引导学生们积极投身于反帝反封建的斗争。同年，他加入了社会主义青年团，次年更是光荣地成为中国共产党的一员。

1923年，杨贤江当选为中共上海地方兼上海区执行委员会的候补委员，与恽代英共同肩负起学生工作的重任，协助团中央机关刊物《中国青年》的出版。

在1925年的五卅运动中，他与沈雁冰等人共同发起组织了上海教职员救国同志会，并担任上海市学生会会长，积极参与了上海工人三次武装起义的组织工作。

在1926至1927年间，杨贤江积极组织和参与了上海三次工人武装起义。然而，1927年大革命失败后，他被迫前往日本避难。在旅居京都期间，他负责中国共产党日本特支的工作，并翻译了《家庭、私有制及国家的起源》《世界史纲》和《今日之世界》等作品。同时，他还撰写了《教育史ABC》《新教育大纲》等教育理论著作。

1929年5月，杨贤江返回上海，担任中共中央文化工作委员会委员，继续深入研究教育理论，并发起组织了"社会科学家联盟"，为中国的教育事业和文化事业作出了卓越的贡献。

四、文化影响

杨贤江，一位在短暂生命中为革命奉献全部的英雄，留下了丰富的300万字遗产，对中国革命，特别是教育革命产生了深远影响。1958年，浙江省民政厅追认他为革命烈士，彰显了他的英勇与贡献。

杨贤江不仅是革命家，更是中国第一个用马克思主义观点深入剖析教育问题的理论家。他的教育思想主要体现在《教育史ABC》和《新教育大纲》这两部著作中。他还曾翻译恩格斯的《家庭、私有制和国家的起源》，为马克思主义在中国的传播作出了贡献。他的主要教育论著被收录在《杨贤江教育文集》中，为后人研究他的教育思想提供了宝贵的资料。

为了纪念这位伟大的教育家，1984年，北京成立了杨贤江教育思想研究会以及杨贤江教育基金会，旨在传承和发扬他的教育思想，激励更多的人为中国的教育事业贡献力量。

经亨颐故居

一、故居概况

经亨颐故居，这处承载着历史与文化底蕴的古老宅院，静静地坐落在浙江上虞驿亭镇新驿亭村新力自然村驿亭老街西首虞甬运河南岸。它曾有一个充满敬意的名字——"敬修堂"，如今则作为经亨颐先生的故居，成为后人缅怀这位杰出人物的重要场所。

故居朝南而建，昔日的主房、西厢和东跨院三部分如今仅余东跨院，仿佛时光的流转在这里留下了深深的烙印。整个故居占地约400平方米，宽15米，深26米，虽历经风雨，但依旧保持着古朴典雅的风貌。

主体建筑是一排平房，四开间一字排开，采用传统的砖木结构，抬梁穿斗混合构造，显得既坚固又美观。院落中，石板铺就的地面平整而光滑，仿佛在诉说着过往的岁月。

值得一提的是，经亨颐先生于1877年诞生于此，他的童年和少年时代都是在这个老宅中度过的。直到1895年，他离开家乡前往上海，开始了他的人生新篇章。故居不仅见证了经亨颐先生的成长历程，更承载了他的童年回忆和家乡情怀。

如今，当我们走进这座故居，仿佛能够穿越时空，感受到经亨颐先生当年的生活气息。这里的一砖一瓦、一草一木都充满了故事，让人不禁为之动容。

二、人物生平

经亨颐，我国近代知名教育家和书画家，于1902年赴日本留学，学成后积极投身于民主主义教育事业。他参与了浙江官立两级师范学堂的筹建工作，并在辛亥革命后担任校长，同时兼任浙江省教育会会长。在五四运动期间，他积极支持爱国民主斗争，倡导新文化运动，并勇于改革教育。然而，因受到守旧势力的排挤，他不得不离开原职位。

1920年1月，经亨颐在上虞创办了春晖中学，并担任首任校长。两年后，他兼任浙江省立第四中学校长，但不久后离任，由代理校长接管春晖中学的校务。在北伐战争期间，他曾代理广州中山大学校长，并曾担任北京高等师范学校教育长、浙江省教育会会长。1931年后，他成为全国教育委员会委员长。然而，1938年9月15日，他在上海逝世。

经亨颐的一生致力于教育事业，他的贡献和成就将永远铭记在中国教育史上。

三、人物事迹

（一）教育观点

经亨颐认为学校不是单纯的知识交易场所，而是塑造人的品格的重要场所。他强调学生应全面发展德、智、体、美四个方面。在教学方法上，他提倡自主、自由、自治、自律的学习方式，主张将教育的重心从教师转向学生，并鼓励学生自治。对于教师，他要求他们具备高尚的品格，反对那些将教育视为谋生手段、视学校为暂时栖身之地的消极态度。此外，他还强调要营造活跃的学术氛围，丰富学生的课余生活，以全面培养和陶冶学生的人格。

（二）篆刻艺术

经亨颐自幼喜爱篆刻艺术，他的篆刻作品取法汉印，同时融入《三公山碑》和《开母石阙》的艺术风格，展现出端庄清雅的特点。他的画作受到八大山人的影响，书法则宗法《爨宝子碑》，形成了自己独特的艺术风格。经亨颐一生秉持高尚情操，晚年定居上海颐和路，与何香凝、陈树人等志同道合的朋友创立"寒之友集社"，共同探讨诗书画印，弘扬民族正气，抒发爱国情感。他对自己的篆刻技艺非常自信，甚至认为自己在篆刻方面的成就超过了绘画、书法和诗文。经亨颐的篆刻作品虽然数量不多，但在艺术风格和创作技巧上，与同时代的篆刻名家相比毫不逊色。他的传世作品多为自用印，包括姓名、别号、鉴藏、斋跋及少量的词句印，每一枚都凝聚了他的心血和创新精神，展现出独特的艺术魅力。

四、文化影响

经亨颐在其30多年的教育生涯中，始终坚持"与时俱进"和"适应新潮流"的办学理念。他积极倡导"反对旧势力，建立新学风"

的教学主张，致力于推动教育领域的变革。在浙江省从事教育工作20余年，他广泛吸收并引进国内外先进的教育思想，特别重视人格教育的培养。

经亨颐所创办的春晖中学在国内外享有盛誉，被誉为"北有南开，南有春晖"。他的民主主义教育理念和"与时共进"的改革精神，使得浙江省立一师和春晖中学以师资雄厚、设备完善、教育民主和管理有方而著称于省内外。这些学校为国家培养了一批杰出的人才，包括宣中华、柔石、杨贤江、陈建功、丰子恺、潘天寿等。

（一）印章作品：

《白马湖叟》、《宝寒》、《北海一庐》、《长松百尺不自觉》、《长松山房》之二、《长松山房》之一、《长松主人》、《长松主人诗画》、《春霜草堂》、《大松堂》、《寒之友集社》、《亨颐》之二、《亨颐》之三、《亨颐》之一、《亨颐藏书》、《颐渊》、《颐渊》之二、《颐渊》之三、《颐渊》之一、《颐渊画印》、《颐渊居士》、《颐渊书画》、《颐渊晚学》、《颐渊无恙》、《颐者》之二、《颐者》之一、《颐尊者》、《周甲颐者》、《子渊》之二、《子渊》之三、《子渊》之一、《子渊印信》、《亨渊画印》、《老渊》之一、《晚节清风》之二、《亨颐之印》之二、《亨颐之印》之一、《黄山之友》之二、《黄山之友》之一、《经》、《经亨颐印》、《经亨颐之章》、《经颐公》、《老渊》之二、《临渊阁》、《培寒楼》、《山边一楼》、《山间居》、《山间石渊》、《山间颐者》、《松蟀楼》、《天下几人画古松》、《晚节清风》之一、《五十岁以后书》、《五十学画》之二、《五十学画》之一、《仰山楼》等。

（二）书画作品：

《风竹图》（轴，水墨纸本）、《隶书五言联》（对联，水墨纸本）、《松菊图》（中堂，设色纸本）、《墨荷》（立轴，水墨纸本）、《湖山华滋》（立轴，设色纸本）、《朱竹图》（扇面，设色洒金）、《双鸽图》（镜心，设色纸本，潘天寿绘，经亨颐题，1930年作）、《墨竹图》（立轴，水墨纸本）、《书法》〔扇片，水墨纸本，经亨颐、周承德、范耀处、丙寅（1916年）〕、《幽兰竹石图》（立轴，水墨纸本，1929）、《竹石图》（立轴，水墨纸本，黄宾虹、经亨颐）、《墨竹》（立轴，墨色纸本）、《拂云》（立轴，墨色纸本）、《以介眉寿》（立轴，设色纸本）、《竹》（立轴，水墨纸本）、《青山红林图》（镜心，水墨纸本）、《长寿图》（立轴，设色纸本）、《墨竹图》（轴，纸本水墨）、《大利图》（立轴，设色纸本）、《花卉》（镜心）、《岁寒三友》（立轴，设色纸本，1935）、《隶书五言对联》（对联，纸本，1935）、《竹菊图》（立轴，设色纸本，1935）、《石鼓文》（立轴，水墨纸本）等。

现代篇

丰子恺故居

一、故居概况

在石门镇大井弄1号，隐藏着一座充满故事的老宅——丰子恺故居。这座宅子见证了近现代中国的历史变迁，是丰子恺先生生活与创作的宝贵场所。

走进浙江省桐乡市石门镇，你会被一座特别的纪念馆所吸引——丰子恺纪念馆。这里不仅包含了丰子恺先生的故居"缘缘堂"，还有一座专门展示他漫画作品的场馆。

"缘缘堂"始建于1933年春，是丰子恺先生亲自操刀设计的杰作。它以黑瓦彩墙的江南民居风格为特色，显得古朴而典雅。不幸的是，在1937年，它曾遭到日军的炮火摧残，几乎化为废墟。但幸运的是，在1985年，人们根据历史资料将其恢复原貌，让后人得以一窥当年的风采。

一走进院子，你就会看到一座栩栩如生的丰子恺石雕像，仿佛在向来访者讲述着先生的故事。这个纪念馆是全国唯一一家专职展示丰子恺漫画的场馆，2012年更是被评为省级廉政文化教育基地，成为传播丰子恺精神与文化的重要场所。

在这里，你不仅可以感受到丰子恺先生的生活气息和创作灵感，还能通过他的漫画作品，领略到他对生活、对人性的深刻洞察和独特理解。这些生动的例子和细节，让丰子恺故居和纪念馆变得更加鲜活和有趣，吸引了无数学生和游客前来探访和体验。

二、人物生平

清光绪二十四年（1898）11月9日，丰子恺出生于浙江省崇德县（今桐乡市）。先祖在故乡开了一家染坊，父亲长于诗文，是及第的举人。丰子恺是长男，排行第七，有六个姐姐，一个妹妹和两个弟弟，但两个弟弟皆早夭。

光绪三十三年（1907），九岁的丰子恺进私塾读书。

宣统二年（1910），十二岁的丰子恺入石门湾西溪小学。丰润（丰子恺原名）进入新式小学读书后，其老师将"润"字改为"仁"字，说浙江官话中"仁"与"润"差不多，"仁"在字义上与"慈玉"的"慈"接近些。父母也没有反对，丰润于是改名丰仁。丰子恺从小喜欢绘画，尤爱临摹《芥子园画谱》。

丰子恺很早就结婚，娶了崇德县望族之女徐力民为妻。徐力民的父亲徐芮荪曾任督学，很多年前读到丰子恺参加小学会考的作文，一读倾心，十分赏识这位后生晚辈的才华。得知他是当地名人、晚清举人之子，便希望将女儿许配给他。丰子恺的寡母担心自家财力单薄，恐门第不当，但徐多次说亲，显示出十足的诚意。于是，丰子恺十六岁（1914）便与18岁的徐力民定了亲。早年求学之后，两人完婚。

民国三年（1914），丰子恺到杭州投考，考前母亲为他准备好糕和粽子（"高中"之意），后以第三名的成绩考入浙江第一师范学校（现杭州师范大学），从李叔同学音乐、绘画，从夏丏尊学国文。同年2月首度发表作品。在预科班二年级时，上李叔同教授画石膏像课，丰子恺沉迷其中，画艺进步很快。在李叔同的指点与鼓励下，丰子恺一方面努力写生，一方面观摩西洋名画，并学习绘画理论。也向李叔同学习音乐，苦练钢琴。李叔同对丰子恺说：士先器识而后文艺。

丰子恺的另一位老师是夏丏尊先生，他为丰子恺打下了坚实的文学基础与从事文学翻译的功力。夏丏尊当时在第一师范本任舍监一职，后改任为国文老师。

求学期间，丰子恺因善于写文章，国文常得第一名，很受老师单不庵的器重。单不庵觉得在"丰仁"这个单名之外应该有一个双名，因此给学生取号"子恺"。丰仁从此以号易名，并以此名传世。

民国六年（1917），丰子恺与同学组织桐荫画会，并加入研究金石篆刻的东石社。

民国七年（1918），丰子恺首度发表诗词。

民国八年（1919），丰子恺从浙江第一师范学校毕业后，只身前往上海，与同学数人发起组织"中华美育会"，编辑出版《美育》杂志，并创办了中国教育史上第一所包括图画、音乐、手工艺各科的艺术师范学校——上海艺术专科师范学校。同年，丰子恺与画会同仁举办第一次作品展。

民国十年（1921），丰子恺卖祖产，并向姐夫借了四百元钱，到东京展开他的留学生涯。他在东京做短期进修。4个月后，他拉完了三册提琴练习本和几个轻歌剧曲子。美术方面，丰子恺专攻炭笔画。某日，他在旧书摊上看到《梦二画集·春之卷》，其作者竹久梦二是日本一位自学成功的画家，专攻简笔漫画，自成一家。丰子恺认为，这些画作简直就是"无声的诗"。从竹久梦二的作品中，丰子恺找到了日后美术的途径。丰子恺在日本游学10个月，盘缠用尽后不得已返国。

民国十一年（1922），丰子恺开始漫画创作，为中国漫画艺术的先驱，漫画造形简约，画风朴实，饶富童趣，在众多画家中，独树一格。曾先后在香港、台湾及各地举办画展。

丰子恺平日在上海艺术专科师范学校教学之余，从事英、日文的翻译工作。丰子恺创作漫画的动机，先是因校务会议过于无趣之余，他便观察同事不同的姿态，回宿舍后画成图稿，颇觉有趣，便开始尝试其他内容。朱自清与俞平伯合办一份刊物《我们的七月》，他便向丰子恺要了张画，刊登在民国十三年（1924）的期刊上。那一幅图画题目为"人散后，一钩新月天如水"，引起在上海办《文学周报》的郑振铎的注意。

民国十四年（1925），《文学周报》开始连续刊载丰子恺的画作，郑振铎给这些画定了"子恺漫画"的标题。画作发表后，一举成名，俞平伯、朱自清、郑振铎、朱光潜等学者都对他推崇不已。其后，丰子恺在《文学周报》上陆续发表了《红了樱桃，绿了芭蕉》《翠拂行人首》等抒情意味浓厚的画作，并冠以"漫画"的题头，自此中国才开始有"漫画"这一名称。丰子恺也成了中国漫画创作的鼻祖。

民国十五年（1926），创办开明书店。民国十六年（1927），从弘一法师皈依佛门，法名婴行，于上海参加创办立达中学（后为立达学园）。

民国二十六年（1937）七月七日，卢沟桥事变爆发。十一月，丰子恺率全家逃难，从故乡出发，经江西，到达湖南长沙，后迁广西桂林。抗战期间，丰子恺画了很多描写苦难的战争主题的漫画，种种惨状令人不忍目睹，期盼着胜利的这一天。

民国二十八年至三十一年（1939到1942），丰子恺追随西迁中的浙江大学辗转迁移，先后执教于广西宜山和贵州遵义，为浙大师生讲授艺术教育和艺术欣赏等课程。民国三十年（1941），在遵义绘成《子恺漫画全集》。民国三十一年（1942）秋，丰子恺到达重庆，任教于国立艺术专科学校。一年后辞职，在家著述为生。

民国三十四年（1945），日本投降的消息传来，丰子恺激动不已，特意作了漫画《胜利之夜》，描绘了一家人欢乐的情景，喝下了久藏的两瓶茅台。抗战胜利以后，丰子恺回到杭州定居。

1949年，丰子恺到香港举行画展，后一直住在上海。

新中国成立以后，丰子恺主要从事翻译俄文与日文的文学作品，并历任上海市人民代表与政协委员、全国政协委员、中国美术家协会常务理事、上海市美术家协会主席、上海市作家协会副主席、上海市文学艺术家联合会副主席。

1953年，丰子恺与钱君匋、章锡琛、叶圣陶、黄鸣祥等集资在虎跑后山为弘一大师建造了一座舍利石塔，每年都来祭扫。

1960年，上海市中国画院成立，他担任首任院长。

1961年到1965年，他翻译日本古典名著长篇小说《源氏物语》，幼女丰一吟协助。

1973年早秋时节，丰子恺在弟子胡治均的陪伴下，最后一次来到杭州。同年，在秘密的情况下，丰子恺将《护生画集》第六集100幅画稿提早画完，在1979年由广洽法师出版。

1974年1月，丰子恺在家重译日本夏目漱石的短篇小说《旅宿》。

1975年8月，丰子恺癌症病发，9月诊断为右叶尖肺癌。后得知胞姐逝世噩耗令病情恶化，同年9月15日12时8分在上海华山医院急诊观察室逝世，享年77岁。

直到1978年6月5日，丰子恺才被平反，书面通知送交长子丰华瞻。1979年6月28日，在上海龙华公墓大厅举行了丰子恺骨灰安放仪式。中共上海市委宣读了为丰子恺彻底平反的决定。

三、人物事迹

丰子恺是"五四"新文化运动中的著名散文家。民国十四年（1925），丰子恺与匡互生、朱光潜等在上海创办了立达学园。这期间，他加入了文学研究会。文学研究会高举"五四"文学革命旗帜，提倡为人生而艺术，主张反映人生、关心人民疾苦的现实主义文学原则。从20世纪20年代至70年代，丰子恺写下了大量的随笔，出版过《缘缘堂随笔》《随笔二十篇》《车厢社会》《缘缘堂再笔》《甘美的回忆》《率真集》《缘缘堂续笔》等多本散文集，在现代文学史上自成一格。这些作品大多叙述他自己亲身经历的生活和日常接触的人事，行笔朴素自然，风格隽永疏朗，表达了对现实人生的思索，体现出浓厚的生活情趣。丰子恺的散文以一种特有的情调打动了无数读者。

丰子恺的漫画取法民初曾衍东（七道人），兼受日本画家竹久梦二影响，单线平涂，用笔流畅，线条简练，民间色彩浓。特别的是，丰子恺的作品大都不画出脸上五官的表情，而是让看画的人自己推想，引人思索，这成了丰子恺人物画的一大特色。丰早期漫画多暴露旧社会黑暗，针砭时弊，入木三分。后期常作古诗新画，既幽默，又富哲理。

中华人民共和国成立后，丰子恺既承认文艺的"二为"方针，同时也重视人的审美的独立性。1950年，上海美术界召开大会，解放区的同志介绍完解放区的美术情况后，主席米谷请丰子恺讲话，丰子恺说道："刚才各位同志对绘画的方向道路，为工农兵服务都谈到了，赞颂工农兵，这是必须的。但我认为，过去中国的梅兰竹菊，还是要搞的。因为一天工作很累，晚上回家要休息，梅兰竹菊也不可以抛弃，还有必要。为工农兵（服务）是大拳头，'四君子'有利于恢复疲劳。"丰子恺先生提倡真正的、高尚的、健全的美，反对虚伪的、卑俗的、病态的美。

1960年，丰子恺被任命为上海中国画院首任院长，以高尚的艺品人格和巨大影响力对画院的创建发挥了重要的影响。在20世纪五六十年代海派名家云涌的上海画坛，丰子恺像一面旗帜，把众多中国画名家团结到画院周围，并带领画院画师们贯彻"艺术为工农兵服务、为无产阶级服务、为劳动人民服务"的文艺方针，投入到火热的文化建设中。

　　丰子恺早年致力音乐教育，长期执教于中小学、师范学校和大学，足遍上海、浙江、桂林、遵义、重庆等地。他注重技艺与育人的结合，培养了一大批艺术人才，也为当时的音乐教育培养了师资。民国十四年（1925）12月，丰子恺出版了第一本音乐读物《音乐常识》，音乐教育中心逐渐转向更宽广的社会音乐教育。他笔耕于音乐启蒙与普及教育园地，编译《音乐入门》《生活与音乐》《音乐十课》等三十余种音乐理论书籍，对普及和提高新音乐教育作出了重要贡献。他结合自己的教学经验，以散文笔法讲解诸如乐理、和声、体裁、曲式、乐器、乐队、历史、美学等各方面的音乐知识，语言浅显形象，文字生动流畅，深受社会的普遍欢迎。

　　作为翻译家的丰子恺一生翻译的著作有三十多部，涉及文学、美术、音乐等领域，译自俄、英、日等语种，包括英国史蒂文生《自杀俱乐部》、俄国屠格涅夫《初恋》《猎人笔记》、日本厨川白村《苦闷的象征》、紫式部《源氏物语》等文学作品十四部，日本黑田鹏信《艺术概论》、森口多里《美术概论》、门马直卫《音乐概论》和苏联科茹霍夫《学校图画教学》等艺术理论二十三部，促进了艺术教育的普及，也推动了日本文学的译介。1958年，丰子恺撰写《漫谈翻译》，明确表达了翻译的要求。在他看来，翻译既忠实于原文，又不拘泥于原文，力求"信、达、雅"，语言自然流畅，为译语读者所接受。尤其是《源氏物语》是国内第一部全译本，填补了日本古代文学名著翻译的空白，译文文体达到了一个较高的水平。

丰子恺书法把六朝人的经体书法及北魏墓志书法写活了，在运笔中，渗入行书、小草，尤其是章草笔法的自然流露，使原本明显有楷化倾向的笔画少了生硬，多了映带，一如其漫画和行文，风格独特，富有创造性。丰子恺的书风初学欧阳询，考入浙江省立第一师范学校后，受老师李叔同的影响转学北魏，于《张猛龙碑》《张黑女碑》等用力甚勤。而后又参章草《月仪帖》之风，形成自家风貌。

丰子恺的艺术思想，其最终的精神指向，就是要在艺术的领域，构筑一个对抗现代科技文明的精神世界。这就是他提出的"绝缘说"，以及建立在"绝缘说"思想基础上的关于"艺术生活"的诸多论述。丰子恺说："所谓绝缘，就是对一种事物的时候，解除事物在世间的一切关系、因果，而孤零地观看。"在丰子恺，"艺术生活"是和"现实生活"相对的一个概念。关于现实世界，丰子恺认为这是一个"充满了顺从、屈服、消沉、悲哀，和诈伪、险恶、卑怯的状态"的世界，一个处处都在"原因结果"之网笼罩下的世界。在这个世界里，人们如欲求得自己精神上的解放，则唯有动用"绝缘"的方法，过一种"艺术的生活"，即"把创作艺术、鉴赏艺术的态度来应用在人生中"，从而使人"在日常生活中看出艺术的情味来"。

四、文化影响

丰子恺是从革命战争年代走出来，经历了战火和硝烟，并以满腔热情自觉投身到抗日战争、民族解放战争的新民主主义革命的浪潮中，同时，他从那个年代开始，用美术担负美术家的责任；1949年新中国成立后，他又走上了中华人民共和国美术事业的开拓、建设、发展和革新的道路，并为此奋斗和奉献了一生，创作了许多精品力作，形成了独有的艺术面貌，并与思想、情怀、技艺融为一体，不忘初心、永远前行，是现代中国美术事业的开辟者和奠基人，并深深地影响了至今的几代人。（新华网报道）

"虽然是疏朗的几道笔痕，我的情思却被他带到一个诗的仙境，我的心上感到一种说不出的美感。"（郑振铎评《人散后，一钩新月天如水》）

"他的画里有诗意，有谐趣，有悲天悯人的意味；它有时使你置身市尘，也有时使你啼笑皆非，肃然起敬……他的画极家常，造境着笔都不求奇特古怪，却于平实中寓深永之致。"（朱光潜评）

"丰先生的画，以古诗词为题材，人物打扮是现代人，这是他的创造。"（叶圣陶评）

"你（丰子恺）的画可名为人生漫画。"（林语堂评）

"我们都爱你的漫画有诗意；一幅幅的漫画，就如一首首的小诗。你将诗的世界东一鳞西一爪地揭露出来，我们就像吃橄榄似的，老觉着那味儿。"（朱自清序评）

"丰子恺漫画的影响广泛源于他深厚的绘画功底和一颗细腻而慈

爱的心，所以他的画虽简单但十分传神，直指人心底最柔软的那一部分，让人产生发自内心的认同和共鸣，说他为近现代佛教漫画的奠基人一点也不为过。"（中国社会科学网刘奉祯）

"人家只晓得他的漫画入神，殊不知他的散文，清幽玄妙，灵达处反远出在他的画笔之上。"（郁达夫 评）

"为了崇拜他，爱好他的画，不揣冒昧地写了封信给他，请他为拙作《从军日记》画一个封面，他回答一口答应了……丰子恺给我的第一个印象，仁慈、和蔼、谦恭有礼，丝毫没有大画家的架子，我们真是一见如故。"（谢冰莹 评）

"一个与世无争、无所不爱的人，一颗纯洁无垢的孩子的心。"（巴金 评）

"丰子恺的书法一如他的漫画和行文，风格独特，富有创造性。读者无须细查姓名，即能辨认出丰先生的'庐山真面目'来。"（沈定庵 评）

"近代中国慢慢也有一些描写儿童好的作品了。如丰子恺、老舍、张天翼、叶圣陶诸先生都曾在这上面努力过，努力最大而成绩也多的算是丰子恺先生。他为儿童写了不少有用的书，如《少年美术故事》之类，他的写法非常圆润自然。"（凌叔华 评）

"丰子恺先生的漫画作品，给人以无比的亲切感，以及感动的精神力量，它可观、可读、可品，不仅有画的隽美、诗的情韵，而且有文的节奏，像是在讲故事，不紧不慢、娓娓道来，令人沉醉、着迷。所以他的漫画作品，观之使人明目，读之使人畅怀，品之使人醒脑、舒心。我始终认为，先生的作品是迄今为止所见过的最为精彩、最为生动的一部美育教材，而且这部教材既对孩子的成长有益，也对成年人有着启发智慧、滋润心灵的重要意义和作用。"（王进玉 评）

中国现代文艺史上，有许多名家，丰子恺是其中十分特别的一位，如果少了他，中国现代文化的生态，将因此而大大失衡。这不仅因为他是一个通才，在文学、绘画、书法、音乐、翻译等领域均有很深造诣，为中国现代的美育事业立下汗马功劳，更因为，他是一个禀赋奇异、风骨高迈的传奇性人物，用日本著名汉学家吉川幸次郎的话说，他是现代中国"最像艺术家的艺术家"。（李兆忠 评）

"丰子恺先生是浙大西迁教师群体的一个代表。"（浙江大学副校长 罗卫东 评）

童第周故居

一、故居概况

宁波市鄞州区塘溪镇，有一个依山傍水的美丽小山村——童村，童村因多数村民姓童而得名，原名为"童家岙"。在村子的一角，弦溪的西侧，静静地矗立着一座历经沧桑的老屋——童第周故居。这座房子是清朝晚期的风格，用砖和木头精心构建的四合院。当你走进这座院子，首先映入眼帘的是坐北朝南的主楼，它是一座两层的楼房，宽度有五间房子加上两条走廊，主楼的前面是一个宽敞的前廊，单步梁的设计给人一种稳重的感觉。

再往前走，你会看到一排平屋，这是故居的前进部分，宽度有三间。平房的两侧，是东、西两间矮平房，它们宽度有四间。这些房子的四周屋檐都铺着长条阶沿石，而中间的天井则用鹅卵石精心铺设，上面还绘制着花卉、如意等图案，既美观又防滑。

　　整个故居的布局规整有序，使用的材料并不奢华，装饰朴素而耐用。这正是江南水乡四合院民居的典型代表。然而，随着时间的流逝，童第周故居也显得日渐陈旧。尽管如此，故居内仍然保留着童第周小时候的一些生活用品，如凉床、书写台和座椅等，这些都见证了他在这里度过的童年时光。

三、人物生平

　　1902年5月28日，童第周在浙江省鄞县东乡童家岙（今宁波市鄞州区塘溪镇童村）一个普通的农民家庭里诞生。他幼年便失去了父亲，家境贫寒，幸得兄辈的抚养。然而，生活的艰辛并未磨灭他求知的渴望。

　　1918年，童第周凭借自己的勤奋与才智，成功考入浙江省立第四师范学校，后又以优异的成绩转入宁波效实中学。然而，就在他即将毕业，有望直升上海圣约翰大学之际，家中大哥的病情却让他不得不放弃这一机会，选择回家照顾家人。

　　1923年，童第周虽然未能如愿考入北京大学和东南大学，但他并未放弃对知识的追求。他选择在上海复旦大学旁听，并最终成功考入该校哲学系。这段经历不仅锻炼了他的意志，也让他更加坚定了自己的学术追求。

　　1927年，童第周从复旦大学哲学系心理学专业毕业。在二哥的引荐下，他开始在浙江省桐庐县担任建设科科长。同年，他又在蔡堡教授的推荐下，成为南京中央大学（今南京大学）生物系的助教，正式踏入了生物学研究的领域。

1930年，童第周远赴比利时比京大学（今布鲁塞尔大学）留学。在异国他乡，他面临着语言、文化和生活上的诸多挑战。然而，他凭借着坚韧不拔的毅力和对生物学的热爱，克服了重重困难，在学术上取得了显著的进步。

在布鲁塞尔大学期间，童第周展现出了惊人的生物学天分。他的导师达克教授在进行青蛙卵子试验时遇到了难题，而童第周却巧妙地用针刺破了卵膜，成功解决了问题。这一成就让达克教授对他刮目相看，也让他在生物学界崭露头角。

1931年夏天，童第周跟随导师来到法国海滨实验室进行科研工作。在那里，他再次展现了自己的才华和实力，成功完成了对直径不到十分之一毫米的海鞘卵子的外膜剥离试验，赢得了国际同行的钦佩和赞誉。

然而，就在童第周在学术上取得突破之际，祖国却遭受了日本侵略军的侵略。出于对祖国的热爱和对抗日的自觉，童第周积极发动中国留学生组成中国学生总会，为祖国的抗日事业贡献自己的力量。他的爱国情怀和学术成就共同构成了他人生中最为闪耀的篇章。童第周因出色的表现被推选为负责人，他勇敢地带领众人前往日本驻布鲁塞尔使馆抗议，尽管因此受到比利时警方的威胁，甚至被判处两周徒刑缓期执行，但他始终坚守立场，毫不退缩。

1934年，童第周在布鲁塞尔大学获得哲学博士学位后，短暂访问了英国剑桥大学。然而，面对日本即将发动侵华战争的严峻形势，他毅然选择放弃国外的安逸生活，回到祖国，担任国立山东大学生物系教授。

随着抗日战争的爆发，童第周随校迁至四川万县，后又辗转至重庆，先后担任中央大学医学院教授、同济大学和复旦大学生物系教授。他始终坚守在教学岗位上，为培养更多优秀的生物学人才而努力。

1946年，国立山东大学在青岛复校，童第周担任动物学系教授和系主任，与夫人叶毓芬共同致力于教学和科研工作。1947年，他勇敢地站在抗议国民党反动统治的第一线，成为"反饥饿、反内战"示威游行和签名运动的积极分子。

1948年，童第周当选为中央研究院院士，并受邀前往美国耶鲁大学担任客座研究员。然而，在1949年中国即将解放之际，他毅然拒绝了耶鲁大学的高薪挽留，克服重重困难，回到国立山东大学。同年，他积极参与筹建新中国海洋科学研究机构的工作，为中国海洋科学事业的发展奠定了坚实基础。

1950年，童第周兼任中国科学院实验生物研究所副所长和水生生物研究所青岛海洋生物研究室主任，开始着手建设新中国第一个海洋科学研究机构。在他的带领下，该机构逐渐发展成为国内领先的海洋科学研究基地，为中国海洋科学事业的繁荣发展作出了重要贡献。童第周，这位杰出的学者，曾执掌山东大学副校长一职。在1952年8月30日，他正式成为中国民主同盟的一员，与众多志同道合之士并肩前行。1955年，他荣获中国科学院学部委员（现称院士）的殊荣，并担任生物地学部副主任，为我国的科学事业贡献着自己的智慧与力量。

1956年，童第周等海洋科学家共同参与了"中国海洋综合调查及开发方案"的制定工作。这一方案作为国家重点科学技术任务之一，被正式列入《1956～1967年国家科学技术发展远景规划》和《1963～1972年国家科技十年规划》，为我国海洋科学的发展指明了方向。

1957年，童第周担任中国科学院海洋生物研究所所长一职。随着科研工作的深入发展，该所于1959年扩建为中国科学院海洋研究所，他继续担任所长，引领着海洋科学研究的不断前行。

1960年，中国科学院生物地学部进行了一次重要的调整，分为生物学部和地学部。童第周担任生物学部主任，并兼任中国科学院动物研究所研究员，为生物学领域的研究注入了新的活力。

1977年，童第周出任中国科学院动物研究所细胞遗传学研究室主任、副所长、所长，致力于细胞遗传学的研究与探索。他的领导与贡献使得该研究室在细胞遗传学领域取得了显著的成果。

1978年，童第周荣任中国科学院副院长，同年在全国科学大会上被授予全国科学技术先进工作者称号，这是对他多年来为科学事业付出的辛勤努力的肯定与褒奖。

然而，命运却在这位杰出科学家的晚年给他带来了沉重的打击。1979年3月6日，在杭州浙江科学大会上，童第周为众多科技、教育和卫生领域的科研人员做报告时，因过度劳累导致心脏病发作，晕倒在讲台上。这一突如其来的变故让所有人都感到震惊与悲痛。同年3月30日，童第周在北京病逝。他的离世是我国科学界的一大损失，但他的精神与贡献将永远铭记在人们的心中。

三、人物事迹

童第周长期致力于发育生物学研究，其成果丰硕。早年，他在脊椎动物、鱼类和两栖动物的卵子发育能力方面取得独特发现。自20世纪50年代起，他专注于文昌鱼卵子发育规律的研究，为国际学术界提供了宝贵资料。晚年，他与美国坦普恩大学牛满江教授等合作，在生物性状遗传的细胞核与细胞质关系研究上取得创新成果，跻身世界前列。

此外，童第周在防治海洋有害生物、人工养殖经济水产动物及培育经济鱼类新品种等方面亦有显著贡献。新中国成立后，他既忙于组织教学工作，又坚持科研。他倡议并参与了中国科学院海洋研究所的创建，为青岛乃至全国海洋科学研究奠定了坚实基础。

1950年，新中国首个海洋机构——中国科学院水生生物研究所青岛海洋生物研究室成立，童第周担任主任。尽管成就斐然，他仍致力于教书育人，以毕生所学引导学生深入生物学研究领域。

1951年，童第周担任山东大学第一副校长，与华岗校长、陆侃如第二副校长共同引领学校发展。即便肩负行政和科研重任，他仍坚持为学生授课，不仅传授知识，更传承学术思想和务实作风。

四、文化影响

　　童第周是位杰出的生物学家，他一生致力于实验胚胎学、细胞生物学和发育生物学的研究。在比利时求学期间，他深入研究了棕蛙卵子的受精面与对称面的关系，发现对称面并非完全由受精面决定，而是受到卵子内部两侧对称结构的影响。同时，他在海鞘早期发育的研究中，证明了受精卵子中已存在器官形成物质，且分布特定，精子的进入对此并无决定性影响。此外，他还观察到内胚层和外胚层具有相当的等能性，并指出卵质对个体发育的重要性。这些开创性的研究成果使童第周成为中国实验胚胎学的奠基人之一。

　　文昌鱼作为脊椎动物的祖先，在生物进化中占据重要地位。童第周领导的研究小组在青岛成功解决了文昌鱼的饲养、产卵和人工授精技术，为深入研究文昌鱼的胚胎发育提供了坚实基础。他们利用显微技术，对文昌鱼胚胎发育机理进行了深入研究，并提出了重要的修正意见，这一成果在国际上备受关注。童第周的研究进一步证实了文昌鱼在无脊椎动物和脊椎动物之间的过渡地位，为其进化理论提供了有力支持。

　　在鱼类研究方面，童第周同样取得了卓越成就。他通过实验证明，金鱼卵子中植物性半球一侧含有一种对个体形成至关重要的物质。这种物质在发育早期从植物极性流向动物极性，是形成完整胚胎的关键。他的这一发现为鱼类实验胚胎学领域提供了重要的历史文献。

　　除了作为一位杰出的生物学家，童第周还是一位治学严谨、作风正派的教育家。他曾在国内多所知名大学任教，为培养生物学人才作出了重要贡献。他的严谨治学态度和正直品质，赢得了广泛的赞誉和尊重。童第周教授涉猎广泛，曾教授普通动物学、细胞学、比较解剖学、遗传学、胚胎学和实验胚胎学等多门课程，为中国生物科学界输送了大批杰出人才。

作为生物科学研究领域的杰出领导者，新中国成立后，童第周教授相继担任多个领导职务。在编制国家科学技术发展远景规划、科技十年规划以及基础学科长远规划的过程中，他积极参与并领导了生物学相关规划的制定工作。

此外，从1956年至60年代初，童第周教授还担任了中国、苏联、朝鲜、越南四国渔业委员会副主任委员一职，为国际间的科研合作与学术交流搭建桥梁，为推动各国科学家之间的友谊与合作发挥了重要作用。

黄宾虹故居

一、故居概况

　　黄宾虹纪念馆，就藏在杭州西湖边的栖霞岭31号，那里曾是这位传奇画家的温馨家园。走进纪念馆，你会先看到一个宁静的小院子，仿佛时间在这里都放慢了脚步。院子的中央，矗立着一尊黄宾虹的汉白玉雕像，他仿佛正在静静地凝望着这个世界，周围环绕着青松、翠竹和傲梅，构成了一幅充满生活气息的中国画。

　　纪念馆的门前，有一棵桐树，那是黄宾虹亲手种下的。每当风吹过，树叶沙沙作响，仿佛在诉说着过去的故事。四周的芭蕉叶随风摇曳，为这里增添了几分静谧和雅致。

走进纪念馆的二层楼房，你会被这里的展品深深吸引。楼下的画室里，摆放着黄宾虹生前用过的红木画桌、文房四宝和木质沙发，每一件物品都仿佛在诉说着画家的辛勤创作和独特审美。而楼上的作品陈列室，更是让人眼前一亮。这里展出的山水、花鸟画作，是黄宾虹代表性的作品，每一笔、每一画都透露出他的艺术精神和深厚的艺术功底。在遗物陈列室里，你可以看到黄宾虹的年谱、著作、手稿等珍贵文物，这些遗物见证了画家的辉煌成就和无私奉献。黄宾虹自1948年秋移居此处，直到1955年3月病逝。在他离世后生前的一万余件作品及收藏的文物全部捐献给国家。这份慷慨和无私，让人深感敬佩。

1959年9月，黄宾虹的旧居被辟为画家纪念馆，向游人开放。如今，这里已经成为一个让人们了解黄宾虹艺术成就和精神风貌的重要场所。每当有人来到这里，都会被这里的宁静和雅致所感染，仿佛能够穿越时空，与这位画家进行一场心灵的对话。

二、人物生平

黄宾虹是一位杰出的中国画家，他出生于1865年的浙江省金华，原籍安徽省歙县。他不仅擅长山水画，也精通花鸟画，同时涉猎绘画史论、篆刻教学，以及中国美术遗产的发掘、整理、编纂、出版等工作。早年，他曾担任贡生，担任过小官吏，但他后来选择弃官，投身于反清活动。新中国成立后，他成为中央美术学院华东分院的教授，并担任中国美术家协会华东分会副主席，以及全国政协第二届委员。

黄宾虹的一生充满了艺术家的坚忍和执着。在他90岁生日之际，夏衍同志代表华东行政委员会文化局授予他"中国人民优秀画家"荣誉称号，这无疑是对他一生艺术成就的极高赞誉。然而，在1955年3月25日，这位伟大的艺术家在杭州安静地离开了我们。

三、人物事迹

黄宾虹自幼便致力于诗文经史、书画及篆刻的学习，同时深入研究明代遗民黄生、刘献廷、顾炎武、黄宗羲等人的著作。在扬州，他跟随陈崇光学画花卉，在安庆则向郑珊学习山水画。

1904年，他前往芜湖安徽公学任教，次年又在歙县新安中学堂教书。1907年，他迁往上海。

1905年，他出版了《国粹学报》，并担任该刊的编辑。在接下来的几年里，他致力于搜集、整理、出版美术遗产，先后编辑了《神州国光集》《神州大观》《历代名家书画集》《中国名画集》等金石书画图册，并担任《时报》编辑、商务印书馆美术部主任等职务。

1925年，他的画史专著《古画微》刊行，之后又组织了金石书画艺观学会，并主编《艺观》双月刊。1928年，他的《烂漫画集》第1辑出版，同时完成《美术丛书》第4辑。他曾执教于昌明艺术专科学校、新华艺术专科学校、中国艺术专科学校，并任暨南大学中国画研究会导师。

1937年，应北平古物陈列所和北平艺术专科学校之聘，他前往北平鉴定书画和担任教授。此时他的山水画风格独特，日益鲜明。1948年离平赴杭，任国画教授。之后他任中央美术学院华东分院（今浙江美术学院）教授，并被授予人民艺术家称号。

他担任中央美术学院国画研究所（后改为民族美术研究所）所长，并在1955年当选为华东美术家协会副主席、中国人民政治协商会议第2届全国委员会委员。

四、文化影响

黄宾虹的作品不仅深受观众喜爱，也得到了专业人士的广泛认可。他的艺术成就不仅体现在他的画作上，也体现在他对中国美术遗产的发掘、整理、编纂、出版等工作的贡献上。他的生活和工作，充分展现了一位艺术家的责任和使命，以及对祖国美术事业的深深热爱。

在我国近现代绘画史上，有"南黄北齐"一说，其中"北齐"指的是北京的花鸟画巨匠齐白石，而"南黄"则是指浙江的山水画大师黄宾虹。黄宾虹的艺术造诣深厚，不仅擅长山水、花卉，且注重写生。虽然他成名相对较晚，但在50岁以后的画风逐渐趋于写实，并在80岁以后形成了独特的"黑、密、厚、重"画风。

黄宾虹晚年的山水画，所呈现的是层层深厚、气势磅礴的景象，令人叹为观止。这一特点将中国山水画提升至至高无上的境界。黄宾虹在美术史上的卓越贡献，使他在他90岁寿辰时，被国家授予"中国人民优秀的画家"称号。

　　总的来说，黄宾虹是一位备受推崇的山水画大师，他的艺术成就和贡献对中国绘画艺术的发展产生了深远影响。

张元济故居

一、故居概况

张元济故居，位于海盐县城西南的虎尾浜，建于清光绪五年，即1879年。当年，张元济向陈氏购买了十一亩多的宅基地，其中六亩六分用于建房，余下的地则留作日后的扩展。故居坐北朝南，布局清晰，分为前后三进。

当你走进故居，首先映入眼帘的是第一进——门厅，当地人称其为"墙门间"。穿过门厅，你会来到第二进，那里有一个宽敞的大厅。大厅的南边，有一个小巧而精致的花园。虽然面积不大，但设计巧妙，花园与大厅前天井之间以矮墙相隔，增添了几分神秘感。花园的东门内，隐藏着一个小池塘，池塘旁有假山、树木和花草，构成了一幅美丽的画卷。

再往后走，便是第三进的楼厅。楼厅与大厅之间，有一堵高大的墙相隔，但墙上有一个茶厅，当地人称其为"茶亭"，连接着前后两进，形成了过道。楼厅前有一个宽敞的天井，铺满了石板，显得整洁而庄重。大厅和楼厅的左右两侧，分别是厨房和其他辅助用房，整个故居共有三十三间房。

楼厅的后面，还有一大片空地，南面与大宅相连，其余三面则被围墙包围。这片空地，想必就是当年建房时留下的余地。

值得一提的是，20世纪50年代初，张元济先生为了支持家乡的教育事业，将这座故居无偿捐赠给了海盐县立初级中学，用作校舍。如今，这座故居已经成了海盐县的历史文化地标，见证着张元济先生对家乡教育事业的深厚情感。

二、人物生平

张元济是中国的一位杰出出版家，他出生于广东，原籍浙江海盐。他于1867年10月25日出生，并在1959年8月14日逝世于上海。他是一位进士，曾在总理各国事务衙门担任章京。在戊戌变法期间，他曾被光绪帝破格召见，但政变后被革职。

张元济在1896年和陈昭常等人创办了教授西学的通艺学堂，并在南洋公学担任重要职务。他以"辅助教育为己任"，投资商务印书馆，并主持该馆的编译工作。在商务印书馆，他担任了编译所长、经理和监理等重要职务，直到1926年退休。

张元济在商务印书馆的工作期间，他为中国的教育事业作出了巨大的贡献。他在商务印书馆主持了大量的出版工作，其中包括许多重要的学术著作和教科书。他的工作不仅推动了中国的教育事业的发展，也为中国的文化传承作出了重要贡献。

张元济在晚清和民国时期是一位备受尊敬的人物，他在政治、教育和出版等领域都有着重要的影响力。他在1949年被特邀参加中国人民政治协商会议，并被选为全国委员会委员。之后，他也被选为第一届全国人民代表大会代表。

三、人物事迹

在主持商务印书馆期间，张元济组织了大规模的编译所和涵芬楼的建设，奠定了私营出版社的专业编辑和图书资料体系，以此保证出版物的高质量。他所主导的《最新教科书》项目取得了巨大的成功，引发了业界的广泛效仿。

从1916年开始，他着手筹备并先后与50余家公私藏书合作，以影印的方式出版了《四部丛刊》《续古逸丛书》《百衲本二十四史》等大型丛书。他选书注重实用性，以善本为母本，组织了传真版石印，推动了古籍丛书翻刻、影印的新阶段。

1932年1月29日，日军对商务印书馆进行了针对性的轰炸，这次事件造成了这个几乎垄断了中国教育出版领域，占全国出版量52%的出版巨头损失1630万元，80%以上的资产被毁，其中还包括商务印书馆所属的东方图书馆珍藏的45万册图书，其中大部分是古籍善本和孤本。张元济深感痛心，他的毕生精力都投入到了中国文化、出版、藏书事业中。

涵芬楼是他的藏书处，经过不断收购，藏书量达到了10余万册之多。1924年，东方图书馆开放供公众参观。1926年，又增设了儿童图书馆。这些书籍的质量和规模在全国图书馆中名列前茅。然而，"一·二八"之役使这些珍贵的书籍全部被日寇炸毁，仅有500部精品得以留存。他唯恐此书散佚，对这些书进行了著录。在中华人民共和国成立后，得到了顾廷龙的帮助整理付印，名《涵芬楼烬余书录》，这批珍贵的书籍已捐赠给政府，现收藏于北京图书馆。

四、文化影响

张元济是一位卓越的文化先驱，他致力于引进西学、介绍新知，并精心选择、组织翻译出版了大量外国学术和文学名著，其中以严复翻译的《天演论》和林纾翻译的《茶花女》影响最为深远。在他的主导下，商务印书馆还编辑出版了一大批工具书，其中，中国第一部新式辞书《辞源》的问世，标志着中国现代工具书出版的新纪元。

此外，商务印书馆还编辑出版了十多种在民众中有广泛影响的杂志，如《东方杂志》《小说月报》《教育杂志》《妇女杂志》和《学生杂志》等。这些杂志不仅丰富了中国人的文化生活，也为各种知识领域的进步作出了重要贡献。

张元济精通版本目录之学，他严谨而细致地研究这些领域，并把他的研究成果体现在《涵芬楼烬余书录》《宝礼堂宋本书录》和《涉园序跋集录》等著作中。这些著作集近代目录体例之长，并进行了极其详尽的检录，已成为现代古籍鉴定的重要参考。

总的来说，张元济不仅是一位卓越的翻译者和出版家，更是一位对推动中国文化和知识进步作出杰出贡献的文化巨匠。他的贡献将永载史册，为后人所敬仰。

蒋梦麟故居

一、故居概况

蒋梦麟故居，坐落在浙江余姚黄家埠镇华家村蒋家自然村。这个故居占地800平方米，建筑面积238平方米，曾是蒋梦麟童年的温馨港湾。虽然现在的故居只剩下五间正屋，但每一块砖、每一片瓦都承载着蒋梦麟先生的回忆。

想象一下，小时候的蒋梦麟在这里追逐嬉戏，听父母讲述家族的故事，感受乡村的宁静与美好。这里的门厅、正屋、两侧厢房和后灶屋，都留下了他成长的足迹。

时光荏苒，2010年10月，余姚市开始了对蒋梦麟故居的全面修缮工作。经过近8个月的精心施工，故居焕发出新的生机。东西厢房和围墙得以重建，整个故居环境变得幽雅宁静。小桥流水、修竹河埠，处处透露出浓郁的江南水乡风情。

如今，故居的正屋被辟为蒋梦麟先生事迹陈列室。在这里，你可以通过文字资料、书法作品、摄影作品和纪念影像，了解蒋梦麟从蒋村走向世界的传奇经历。同时，已出版的蒋梦麟著作和反映姚西风情的文史资料和实物，也让你更加深入地了解他在中国现代教育制度的建立、乡村建设等方面的重大贡献。

值得一提的是，2015年年底，蒋梦麟故居被余姚市纪委列为首批"余姚市廉政文化教育基地"。这里不仅是一个历史的见证，更是一个传承和弘扬廉政文化的重要场所。

走进蒋梦麟故居，仿佛穿越了时空，回到了那个充满传奇色彩的年代。在这里，你可以感受到蒋梦麟先生的精神风貌和他对家乡、对国家的深厚情感。这个故居不仅是一个历史的见证，更是一个激励后人奋发向前的精神地标。

二、人物生平

蒋梦麟，生于1886年，逝于1964年，原名梦熊，字兆贤，号孟邻，祖籍浙江余姚。他早年求学于绍兴中西学堂，深受蔡元培先生的教诲与影响，师生情谊深厚。怀揣着对知识的渴望和对未来的憧憬，1908年，他自费远赴美国深造。

初抵美国，蒋梦麟先入加州大学农学院学习，但半年后，他发现自己对教育学的浓厚兴趣，于是毅然转入社会科学院，专攻教育学科。经过不懈地努力，他于1912年顺利毕业，获得了教育学士学位。

之后，他继续深造，进入哥伦比亚大学攻读教育，并于1917年6月荣获哲学博士学位。

学成归国的蒋梦麟，很快便在教育界崭露头角。1919年7月，他受蔡元培先生之托，北上代理北京大学校务。同年9月，蔡元培先生复任校长后，他担任了北大教育学教授、哲学系主任及总务长等重要职务。每当蔡元培先生因事离校时，他便肩负起代理北大校务的重任。

随着南京国民政府的成立，蒋梦麟的仕途也愈发宽广。他先后出任浙江省临时政治委员兼秘书长、国立第三中山大学（后更名为浙江大学）校长。1928年底，当大学院改制为教育部时，他更是被任命为教育部部长，肩负起国家教育事业的重任。

然而，蒋梦麟并未在教育部长的职位上久留。1930年，他辞去了教育部长的职务，转而出任北京大学校长，继续为中国的教育事业贡献自己的力量。直到1945年6月，他出任行政院秘书长一职，才辞去了北大校长的职务，暂时离开了他深爱的教育界。

蒋梦麟的一生，是不断追求知识、勇于担当、无私奉献的一生。他的学术成就和教育理念，至今仍对我国的教育事业产生着深远的影响。

三、人物事迹

1919年五四运动爆发后，众多学生被捕，北大校长蔡元培积极营救学生后，出人意料地宣布辞职并离开北京，留下"我倦矣！杀君马者道旁儿！"的感慨，暗示自己如同被路边观众喝彩所累的马匹，力竭而亡。当时的北大内部派系纷争，外部势力角逐，成为各方角力的焦点。蔡元培选择暂避风头，并指定蒋梦麟代理校务。

蒋梦麟临危受命，面对欠款、饥饿的教职员和惹祸的学生等重重困难，他并未退缩。在教授评议会上，他谦和低调地表明自己只是代表蔡元培个人，而非北大校长，赢得了教授们的尊重。在学生欢迎集会上，蒋梦麟巧妙平衡学生心理和个人主张，既赞扬学生的爱国精神，又表明救国之道非仅在于政治运动。

蒋梦麟以其谦和的态度和明智的决策，成功稳定了北大的局势，为学校的未来发展奠定了基础。

蒋梦麟致力于文化基础工作的推进，其立足点在于自身的深厚学识。他积极引导学生回归课堂、专注于学业，短短一周内便在北大这一复杂环境中展现出与其年龄不相称的卓越协调能力，使得校园氛围迅速恢复平静。此次考验中，蒋梦麟的表现堪称完美。

数月后，随着蔡元培的回归，蒋梦麟被任命为总务长。在接下来的十年里，每当蔡元培提出辞职时，均由蒋梦麟接任重要职务。1930年，蒋介石正式任命蒋梦麟为北大校长。当时北大教授生活困难，许多人在校外兼职，严重影响了本科教育质量。但蒋梦麟通过多方努力，成功引入了中华教育基金会的资金支持，迅速稳定了校内局势。从此直至抗战胜利，他在北大的行政领导地位始终稳固，成为北大历史上掌校时间最长的校长之一。

针对北大"大度包容，思想自由"的传统所带来的纪律松散问题，蒋梦麟提出了整饬纪律、发展群治的新思路，旨在弥补学校的不足之处。在他的引领下，北大的教学和科研水平在战乱年代仍得以稳步提升。蒋梦麟自豪地表示："自民国19年至26年的七年间，我始终引领着北大的发展方向……曾经的革命活动和学生运动中心逐渐转变为学术圣地。"其间，尽管政治风波不断，但北大却如稳舵扬帆之船，稳步前行。不仅图书馆的藏书数量大幅增加，实验设备也得到了显著改善。更值得一提的是，国际知名学者如杜威和罗素都受邀来校担任客座教授。

四、文化影响

在美期间，蒋梦麟有幸结识了伟大的革命家孙中山先生，他被赞誉为"他日必将成为中国教育界的泰斗"。回国后，他先是在商务印书馆担任编辑，同时兼任江苏教育会理事，并主办《新教育》杂志，积极传播新教育思想。

在五四运动后期，蒋梦麟受到蔡元培的重托，主要负责代理北京大学校长。1928年，他正式出任国民政府第一任教育部部长。然而，1930年底，他因与国民党元老发生冲突而辞职，随后又被任命为北京大学校长。

在北大校长任内，家国风雨飘摇，民族内外交困。如果没有蒋梦麟这样坚韧不拔、勇往直前的人坚守和突破重围，那么北京大学在那个历史关口可能会走向何方，真的无从得知。他就像未名湖畔的擎烛人，照亮了北大的前路，为学校带来了希望和光明。

当时北大的教育环境非常艰难，蒋梦麟却坚定地推行教育改革，他鼓励师生们积极探索新的教育方法和理念，激发他们的创新精神。同时，他也非常注重学生的个人发展和综合素质的培养，通过各种方式提高学生的学习热情和兴趣。这些改革措施不仅为北大带来了新的活力和生机，也为整个教育界树立了新的标杆。

因此，蒋梦麟不仅仅是一位教育家，更是一位具有象征意义的英雄人物。他的故事和精神，将永远激励着后来人不断追求进步和卓越。

马寅初故居

一、故居概况

马寅初，原名元善，字寅初，生于1882年，浙江嵊县（今嵊州）人。这位伟大的经济学家、人口学家和教育家，在浙江的嵊州和杭州留下了他的生活痕迹。

在嵊州，马寅初的故居位于浦口街道名人街74号。清光绪年间，马寅初的父亲马棣生在此购置了一幢临街的房屋，后来陆续买进周围的房子，最终建成了这座占地628平方米，建筑面积达1228平方米的江南传统民居。故居坐南朝北，共有三进，四周外墙用砖砌成，内墙则是板筑。门厅宽敞，三开间临街而建，条石门框，实榀门显得庄重而古朴。第二、三进各有五开间，都是五柱七桁的梁式架头结构，硬山顶，南单檐、北重檐。三进之间通过厢房相连，中间有两个天井，使得空气流通，光照充足。马寅初就是在这里，于1882年6月24日诞生。

而在杭州，马寅初的旧居位于下城区庆春路210号。这座建于清末民初的中西式砖木结构三层楼房，占地面积为461平方米，建筑面积486平方米。1936年，马寅初从马星竹大夫人那里购得了这座房子，并在此度过了多个重要的年份，包括1936年、1946年、1947年，以及1949年至1951年。

马寅初的故居和旧居，不仅是他生活过的地方，更是他学术思想形成和发展的重要场所。这些地方见证了他的成长，也见证了他为国家和人民作出的卓越贡献。如今，这些故居和旧居已经成为历史的见证，吸引了无数的人前来参观，缅怀这位伟大的学者。

马寅初故居如今已经恢复了原貌，一切都保持着旧时的模样。走进故居，你会看到厅堂与客厅之间摆放着精美的雕花镂空老式桌椅，桌上还摆放着古钟和帽筒，仿佛时光倒流，让人回到了那个年代。卧室里则摆放着轿式眠床和箱柜等家具，一切都显得那么古朴典雅。账房里陈列着账柜和文房四宝，而厨房则是老式灶台，让人感受到了旧时生活的气息。

而当你走上二楼，你会来到一个名为"风节园"的展区。这里以勤廉为民、刚正不阿、高风亮节为主线，通过溪边竹、池中莲、咏莲诗等借喻，生动地展示了马寅初的生平事迹。整个展区分为《马寅初大事记》《嵊州哺育了马寅初》《学界泰斗马首是瞻》《爱国爱民敢怒敢言》《与时俱进求实创新》《坚持真理舍生取义》《生命不止自强不息》《戒奢尚俭清廉淡泊》《乡情绵绵叶落归根》《后世楷模光耀人间》等十几个部分，每个部分都通过实物、照片、雕塑、创作画与多媒体等现代技术，生动地再现了马寅初的一生。

在这里，你可以看到180余幅（张）历史照片和图表，以及230余件实物，内容丰富、资料翔实。通过这些展品，你可以深刻感受到马寅初爱国为民、清廉淡泊、刚正不阿的高风亮节。比如，有一张照片展示的是马寅初年轻时在田间劳作的情景，他身穿粗布衣服，手持锄头，汗水浸湿了衣服，但脸上却洋溢着满足的微笑。这张照片让人感受到了马寅初对劳动人民的深厚感情和对国家的忠诚。

整个故居的陈列不仅展现了马寅初的生平事迹和高尚品质，更让人们深刻感受到了那个时代的风貌和精神。在这里，你可以穿越时空，与马寅初一起走过他的人生历程，感受他的爱国情怀和为民奉献的精神。

二、人物生平

马寅初，著名的经济学家、教育家、人口学家，出生于嵊县浦口小镇。他在1914年获得美国哥伦比亚大学哲学博士学位后，选择回国，拒绝了留校任教的邀请，来到北京大学担任经济学教授，坚定地走上了治学救国的道路。宋庆龄曾赞誉他为"中华民族难得的瑰宝"。

在1939年，马寅初在周恩来和王若飞的影响下，逐渐亲近共产党，倾向革命。他公开抨击国民党反动派，并拒绝了蒋介石的高官利诱。在新中国成立后，他担任了多个重要职务，包括中央人民政府委员、政务院财经委员会副主任委员、华东军政委员会副主席、浙江大学校长、北京大学校长等。

在1955年，他提出了控制人口的主张，并发表了著名的"新人口论"。此理论深入分析了人口增长与生产力发展之间的矛盾，阐明了我国人口问题的性质和表现形式，揭示了人口过快增长对经济社会发展的制约，并提出了解决我国人口问题的政策措施。

1982年5月10日，马寅初离开了我们。他的家人按照他生前的遗愿，将他的部分骨灰护送回了嵊县，安葬在了他的家乡。马寅初，不仅是一位杰出的学者，也是一位坚定的爱国者，他的贡献将永载史册。

三、人物事迹

在抗日战争期间，马寅初教授在重庆大学担任商学院院长，他虽然受到高校和政府的优职聘用，但因对社会黑暗的愤慨，他在抗战中的陪都重庆公开讲演，痛骂"四大家族"发国难财，挣的是"猪狗畜生钱"，并屡屡抨击国民党政府的内外政策，甚至在一次演讲中直斥蒋介石。他的这些言论在全国引起广泛关注，争取人民生存和基本的民主权利成为他的重要目标。

然而，面对软硬兼施的手段，蒋介石最终于1940年12月6日派兵，将马寅初先生秘密逮捕，开始了长期的关押和监禁。中央通讯社发布了虚假的消息，谎称马寅初奉命前往研究战区经济状况，以此欺骗群众。尽管重庆大学师生多方进行营救，但未能成功。马寅初被幽禁在贵州息烽军统集中营的山沟里，后来又被转移到其他地方继续关押。

在马老六十大寿时，重庆各界进步人士在重庆大学为他举行了一场奇特的祝寿会。尽管寿星在押，无法到场，大家还是聚集在一起，表达了对他的敬仰和祝福。周恩来、董必武、邓颖超同志联合送上了寿联，称赞他大义凛然、刚直不阿的高尚节操。新华日报社也送上一副对联，赞扬他的气节和勇气。

抗战胜利后，马寅初重获自由，他投身于中华工商专科职业学校的教学工作中，并积极参与爱国民主运动。中华人民共和国成立后，他担任了多项重要职务，包括中央人民政府委员、政务院财经委员会副主任委员，以及全国各大高校的校长等。他始终保持高尚的节操和勇气，为我国的建设和发展作出了重要贡献。

在20世纪50年代初，马寅初就敏锐地察觉到了中国人口快速增长的问题，并开始深入研究。他提出了以节制生育和提高人口质量为中心的"新人口论"，为我国的人口科学发展和解决人口问题作出了重要贡献。在"新人口论"中，他系统地阐述了我国的人口问题，强调了人口增长过快的问题，并预测了若不加以控制，三十年后的人口数字将与实际相差甚远。

马寅初从加速积累资金、提高科学技术、提高劳动生产率和人民的物质文化水平以及增加工业原料等方面，深入阐述了控制人口的重要性和迫切性。尽管他的观点曾一度受到"左"的错误的影响，被批判和污蔑，但他始终坚持真理，坚信自己的理论。历史和实践证明，马寅初的"新人口论"是正确的。

随着党的十一届三中全会的召开，马寅初得到了平反，并担任北京大学名誉校长，后又当选为中国人口学会名誉会长和中国经济学团体联合会第一届理事会顾问。

四、文化影响

马寅初先生的一生，跨越两个世纪、历经三个时代，为我们展示了以爱国主义为核心的民族精神，以改革创新为核心的时代精神和始终坚持真理的学者风范的生动图景。他的爱国情怀和坚定信念，犹如一座矗立在历史长河中的灯塔，照亮了我们前行的道路。

他始终坚守爱国立场，无论身处何种境地，都未曾动摇。在抗日战争期间，他积极投身于抗日救亡运动，为保卫祖国而战。他的坚定人格和爱国精神，不仅为我们树立了光辉典范，更为我们提供了强大的精神动力。

同时，马寅初先生也是一位改革创新者，他始终勇于挑战旧有的观念和体制，积极探索新的道路。例如，在学术领域，他勇于挑战传统观念，倡导新的研究方法，推动了学术研究的进步。他的改革创新精神，不仅为我们提供了新的思路和方法，更为我们展示了不断进取、开拓创新的勇气和决心。

马寅初先生还是一位始终坚持真理的学者。他始终坚持实事求是的研究态度，不断追求真理。在研究过程中，他始终坚持严谨的治学态度，对每一个数据、每一个观点都进行深入的分析和验证，确保结论的准确性和可靠性。他的坚持真理的风范，不仅为我们树立了学术道德的典范，更为我们展示了追求真理、坚守原则的勇气和决心。

　　总的来说，马寅初先生的一生，是一部充满激情、充满挑战、充满创新的历史篇章。他的爱国立场、坚定人格、改革创新精神和坚持真理的风范，为我们提供了强大的精神动力和智慧启迪。让我们以他为榜样，不断追求进步、开拓创新、追求真理，为中华民族的伟大复兴贡献自己的力量。

马一浮故居

一、故居概况

　　马一浮故居，这个充满历史韵味的地方，坐落在绍兴上虞长塘镇后庄村（现为长塘村）的中心地带。当地人亲切地称它为赵家台门，因为它最初是赵家的大宅院。这座大院始建于清朝嘉庆乙丑年十一月，即公元1805年，是由赵藕璋之子亲手建造的。

　　这座大院分为三个院落，前、中、后依次排列，每个院落都独具特色。大院四周，是一道坚固的石板围墙，这些围墙的青砖尺寸

297

统一为27厘米乘37厘米，显得既规整又庄重。走进大院，首先映入眼帘的是一片开阔的大院，绿意盎然，生机勃勃。而大院的后方，则有一条内河埠头，静静地流淌着岁月的痕迹。

马一浮先生曾经居住在中院的西侧，那里是赵家的座楼边的一、二、三间房间。座楼与中厅间的连房被用作灶间，青砖铺就的地面显得古朴而典雅。然而，历史的沧桑使得这座大院历经磨难。"长毛造反"等历史事件使得大院遭受了严重破坏。尽管如此，马一浮故居依然顽强地保存下来，现在仅存的卧室和书房，仍然散发着浓厚的历史气息。

尽管时光荏苒，物是人非，但马一浮故居就像一盏穿透黑夜的灯光，永远闪亮在长塘的上空。它见证了马一浮先生的生活与创作，也见证了长塘村的沧桑变迁。每当夜幕降临，那微弱而坚定的灯光仿佛在诉说着过去的故事，引领着我们去探寻那段尘封的历史。

例如，在卧室里，我们仿佛可以感受到马一浮先生当年沉思的身影，他的智慧和才情在这里得到了充分的体现。书房里，书架上摆放着各种古籍和文献，这些书籍见证了马一浮先生的学术成就和勤奋精神。在这里，我们可以感受到那种对知识的渴望和对学术的执着追求。

马一浮故居不仅仅是一个历史遗迹，更是一个生动的课堂。它让我们更加深入地了解了马一浮先生的生平和思想，也让我们对长塘村的历史和文化有了更加全面的认识。在这里，我们可以感受到历史的厚重和文化的瑰丽，也可以激发我们对未来的憧憬和追求。

因此，马一浮故居就像一座永恒的灯塔，照亮了我们前行的道路。

它让我们明白，无论时光如何流转，那些珍贵的历史和文化都应该得到传承和发扬。让我们一起走进马一浮故居，去感受那段充满智慧和才情的历史吧！

二、人物生平

马一浮先生，著作丰富，被誉为"儒释哲一代宗师"，"现代三圣"之一，是新儒家早期的代表人物之一。他不仅是浙江大学校歌的词作者，还是浙江大学的原教授。他对古代哲学、文学、佛学都有深入的研究，同时精于书法，其书法融合了章草和汉隶的特点，自成一家。

马一浮先生幼名福田，字一佛，后字一浮，号湛翁，别署蠲翁、蠲叟、蠲戏老人。他是浙江会稽（今绍兴）人，幼时就展现出过人的才华，过目能诵，被称为神童。他在1898年名列县试榜首，之后在上海创刊《二十世纪翻译世界》传播西方文化，被誉为"天下文章在马氏"。

他应邀赴北京大学任教，但拒绝了蒋介石的官职邀请。他历任浙江文史研究馆馆长、中央文史研究馆副馆长、全国政协委员，是一位备受尊敬的学者。周恩来总理曾称他为"中国当代理学大师"，是马克思《资本论》的中华第一人，也是诗人和书法家。

早年他赴上海学习外语，后又赴国外学习。回国后，他致力于学术研究，对古代哲学、文学、佛学都有深入的研究，同时精于书法。他创办了"复性书院"，是一位备受尊敬的教授和讲学者。在抗日战争期间，他应竺可桢的邀请，任浙江大学教授，后又前往江西、广西讲学。

中华人民共和国成立后，他担任浙江文史研究馆馆长，继续他的学术研究和对社会的贡献。

在1964年，他担任中央文史研究馆的副馆长，并且是第二、第三届全国政协委员会特邀代表。这些职务和荣誉体现了他在社会和政治领域的地位和影响力。他的贡献不仅限于他的职务，更在于他的个人品质和卓越的领导能力，这些都为他赢得了广泛的尊重和赞誉。

三、人物事迹

马一浮认为，心和思想是一切学术文化的根本，他强调，若不知反求诸己，终将无处入手。因此，他反复强调中国文化的精神在于发明自心的义理。马一浮认为，近代哲学开始将哲学分为本体论、认识论、经验论和方法论等，而中土先哲则是基于自身的体验来阐述观点，他们的学问内外本末都是一致的。

在他的观念中，全部的文化或哲学问题，以及全部的教育问题，都集中于一点，即发明和反求自心的义理。他的文化观和哲学思想是彻底的唯心主义，这无疑体现了他的独特视角和深度理解。

马一浮能够很好地融合程朱、陆王两派的思想和方法。他强调义理之学最忌讲宗派立门户，程朱陆王都是见性之学，并为百世之师，当取长补短，但教人之法亦需善会，实下功夫。他批评那些争论朱陆异同的人，认为他们只是瞎折腾，全无自己之用功，如何能知古人之造诣。

马一浮在二、三、四十年代是与梁漱溟、熊十力等人齐名的儒家学者。他对传统儒家文化，特别是宋明理学的深刻研究和体验，是时人所公认的。他默默潜心体究宋明理学，躬自践行中国传统文化的为人精神，从不标新立异，更不自构体系。

马一浮的理学思想主要从四个方面阐述，这便是他在《复性书院学规》中提出的"可以终身由之而不改，必适于道"的四点：主敬、穷理、博文、笃行。他强调"主敬为涵养之要"，并深入阐述了"穷理为致知之要"的重要性。

在谈论"理"的问题时，马一浮总是联系"气"和"事"来解释，强调"理气""理事"的"一源"和"无间"。他继承程朱的思想，认为"有气必有理"，"无此理则气亦不存"，理气同时具，本无先后。在此基础上，他进一步发挥道："太极未形以前，冲漠无朕，可说气在理中；太极既形以后，万象森然，可说理在气中。"

他结合"易"的三种含义来阐发理气的关系，认为全气是理，全理是气，即是简易。这种新的解释，他自己也承认是楷定之义，先儒释三义未曾如此说。之后，他又将"易"之三义与佛教所说的"体、相、用"三大贯通起来，使理气的体用关系得到了更为生动细致的说明。

此外，马一浮还深入探讨了"理"与"心"的关系问题。他主张"心外无理"，并解释朱熹的"格物致知说"为知此理也，知具于心，则理不在心外明矣。他还引用了佛教的理论来佐证自己的观点，强调"当知法界性一切唯心所造。心生法生，心灭法灭，万行不离一心，一心不违万行"。

至于"穷理"，马一浮认为这是立事之要。他主张事外无理，理事双融，强调在处理事务时既要明察秋毫又要融会贯通。

总的来说，马一浮的理学思想体系中，"理""气""心"三者相互关联、相互影响。他通过深入浅出的阐述和生动的比喻，使得原本深奥的哲学理论变得易于理解和接受。他的思想对于现代社会仍然具有深刻的启示意义。

对于学生来说，马一浮对于中国传统文化的研究和理论的阐述，从形式上来看是相当固守传统的。他的主要观点是认为全部中国文化都可以统摄于"六艺"之中，即所谓"国学者，六艺之学也"。这里的"六艺"是指《诗》《书》《礼》《乐》《易》《春秋》，也就是通常所说的"六经"。马一浮更喜欢用"六艺"这一名称，因为它不仅指六部经典，而是广义地指六个部门的文化学术或教化。

马一浮认为，孔子所创立的儒家学说具有强大的生命力，能够统摄全部中国文化。他特别强调"六艺"在其中的重要性，认为这是两千年来中国学术的源泉，其他学术都是"六艺"的支流。他认为"六艺"可以涵盖一切学术，而其他学术不能涵盖"六艺"。

在探讨文化的起源和发展时，马一浮站在了唯心史观的立场上。他认为文化的发展是由人的内心精神推动的，这种精神力量可以推动社会的发展和进步。这种观点与现代社会学和历史学的研究方法有所不同，但它强调了人的精神力量在社会发展中的重要性。

总的来说，马一浮的理学思想强调穷理致知，这是他思想的核心。

他的"义理名相论"是一种新的义理学说，通过分析名相来揭示"六艺"的义理内涵和中国学术的本原。他的研究方法和观点对于理解和研究中国传统文化具有重要的意义。同时，他对于文化起源和发展所持的唯心史观，也为我们提供了另一种思考社会发展的视角。

马一浮认为，文化与学术的根源完全在于精神。他反复强调，"六艺"之道统摄一切道术，而"六艺"之本质即人心之全体大用。他坚信，天下万事万物皆无法脱离"六艺"，而"六艺"之本源正是人心中的义理。因此，在文化、学术上，若不回归内心之义理，便无法找到入门的路径。他表示，这些道理虽然看似简单，却是他个人通过体验得出的。

基于这种文化观，马一浮对人类文化，特别是中华民族文化，抱有无以复加的信心。他坚信，只要天地长存，人心不灭，"六艺"之道就会永续传承。他认为，若想在光明的道路上拔除黑暗，除了"六艺"之道，别无他途。

抗战时期，国难激发了马一浮的爱国热情。他打破了"平生杜门""未尝聚讲"的守则，甚至在南下避难的旅途中，应浙江大学校长竺可桢之邀，首次公开讲学。他为浙江大学的学生开设了"国学讲座"，旨在让他们明确认识到祖国固有的学术，从而发扬天赋的知能，不受环境影响，对自己完成人格，对国家社会可以担当大事。他以宋代大哲学家张载的四句话为引，教导学生立下宏伟志向，培养刚大之资以应对蹇难。由此可见，他将抗战爱国教育贯穿于讲座之中。

1939年夏，马一浮在四川嘉定乌尤寺创立了"复性书院"，担任主讲，讲明义理，选刻古书，培养了一批研究中国传统文化的优秀人才。可以说，整个抗战时期是马一浮学术活动最活跃的时期，他的主要学术思想著作均在此期间发表。

马一浮的书法造诣颇深，各体皆备，碑帖兼取，自成一家。他尤其精于行草及隶书。

马一浮的书法风格独具魅力，行草运笔俊丽，章法清逸而气势雄强，给人以淡泊而精巧的印象。他的篆书直接取法李阳冰，隶书则以《石门颂》为宗，同时亦善治印，为西泠印社成员。早年以唐碑入手，尤喜爱欧阳询父子，二十岁后遍临魏晋南北朝书，后更深入研究王羲之的书法，尤其学《圣教序》。

马一浮一生最喜王羲之的《兰亭序》与《圣教序》，对其用力也最勤。他的篆书和隶书风格深受这两篇文章的影响，无论是点画、笔法，还是间架、结构，甚至是行距、章法，都体现出他对这两篇文章的深入理解和独特诠释。

马一浮的治学之道亦值得称道。他认为读书之道，有四门：一曰通而不局，二曰精而不杂，三曰密而不烦，四曰专而不固。这四种读书法，实则解决了博与专、义理与细节、简与繁、中心与边缘等问题。他主张"不局不杂，知类也；不烦不固，知要也"，这无疑是对读书方法的精辟总结。

至于读书之目的，马一浮以为，读书当求明理，更贵在养德。这与宋儒乃至先秦儒家所倡导的"学之为己"的理念相一致，旨在成就圣贤人格。

马一浮的书法艺术和学问人品得到了广泛的认可和赞誉，他的学生丰子恺更是服膺他的学问人品和书艺，称其为"中国书法界的泰斗"。总的来说，马一浮是一位博学多才的学者，他的书法艺术和读书之道都体现了他的深厚学识和人格魅力。

在过去的学术研究中，我们常常看到一种现象，即有些人以博学为炫耀的资本，以此换取某种实际的好处。然而，马一浮对此持有不同的观点，他认为学问如果不能提高自身的修养，那么读书再多也只是知识的堆积，无异于一个书柜。他强调，读书的终极目的在于修身，在于提高自身的修为。

马一浮坚信，学问的真正价值在于指导实践，只有将所学知识运用到实际生活中，才能称之为"真学"。他主张"唯有指归自己一路是真血脉"，这意味着在理解知识的基础上，我们需要身体力行，将理论转化为实践。他强调，"忠信笃敬"不仅是一种理念，更是一种行动，只有通过实践才能真正理解其内涵。

同时，通过读书所培养的道德品质（即"畜德"），反过来也能促进人们更好地明理。当我们在实践中具备了开放、谦虚、包容的品质时，我们能更好地吸收他人的有益成分，从而拓宽视野、开阔心胸。这样，我们就能更好地理解并掌握天下之理。因此，"读书—明理—修德—读书—明理"形成了一个良性循环，这正是儒家圣贤人格培养的一个缩影。

总的来说，马一浮认为读书的目的是明理修德，而明理的最终目标还是养德。这种观念被历代大儒所提倡，更是马一浮一生的实践。抗战胜利后，马一浮回到杭州，重新隐居林下，但他并未放弃学术研究，而是主持智林图书馆，继续选刻古书。在新中国成立后，他担任过多个职务，如浙江省文史馆馆长、全国政协委员等，但他始终遵循周总理的指示，在杭州家中安心著书立说，颐养天年。

值得一提的是，清光绪二十九年（1903年），美国圣路易斯举办第十二届世博会，中国首次以政府名义正式参加世博会。当时，年仅20岁的马一浮由于懂外文，被选中负责筹建中国展馆的工作。这一经历不仅展示了他的学识和才能，也反映出他对国家事务的积极参与。302天后，他毅然离开了熟悉的美国，回到了他的祖国。他自费带回了马克思的《资本论》，这是马克思的这部社会哲学巨著首次传入中国。回国后，他与国内的学者们共同投入了这部伟大作品的研读。他们一起探索着人类社会的奥秘，追寻着哲学的深度。

为了进一步深化对西方哲学的研究，他随后又远赴日本，学习日语和西班牙语。在那里，他结识了许多志同道合的人，包括鲁迅、秋瑾、章太炎等。他对辛亥革命表示赞同，认为这是历史发展的重要阶段。

回国后，他选择定居在美丽的杭州，这里各种学说汇聚，为他提供了丰富的学术环境。他深入研究各种学说，不断探索人类社会的真理，他的精神深深地影响了周围的人，也激励了一代又一代的学子。

四、文化影响

在那个抗战爆发的年代，倘若没有爆发这场战争，马一浮或许会一直深居简出，不涉足大学讲堂。然而，国家的危难激发了他的爱国热情，他认为教育是培养人才的关键，因此他决定打破他一贯的"平生杜门""未尝聚讲"的守则。在南下避难的旅途中，他接受了浙江大学校长竺可桢的邀请，决定再次出山讲学。

在浙大的讲台上，他不仅传授了"六艺论"和"义理名相论"等国学知识，还留下了《泰和会语》和《宜山会语》两部著作，为我们揭示了国学的真正内涵和价值。他的这些思想理论成果，在当时"新文化运动"的热潮中，无疑是被淹没的。

马一浮坚信中华传统文化具有永恒的真善美价值，他鼓励国人发挥自己的民族精神，并将这种文化精神推广至全世界。他的这种理念，在当时的时代背景下，无疑显得格外珍贵。

尽管如此，他的贡献并未被忽视。被誉为"现代儒家三圣"之一的梁漱溟先生，曾发去挽电，称马一浮为"千年国粹，一代儒宗"。这样的评价，足以见得他在学术界的地位和影响力。

马一浮的一生，是对国学传承的坚守，是对民族精神的弘扬，他的故事，值得我们每一个人去深思和学习。

陈望道故居

一、故居概况

陈望道故居，这处承载着历史与文化的宝地，坐落于义乌城西街道的分水塘村。它是陈望道父亲陈君元亲手打造的家园，占地约430.9平方米，每一寸土地都充满了岁月的痕迹。故居的整体布局保存得相当完整，精美的雕刻工艺更是让人赞叹不已，充分展现了浙中民居的独特魅力。

故居坐北朝南，采用前廊式天井院的砖木结构，由一座三合式院落与前花园、柴房等部分组成，构成了一幅和谐宁静的乡村画卷。1951年，陈家分家析产，陈望道慷慨地将自己名下的房产捐献给政府，这份无私与大爱令人动容。到了2010年，故居的其余部分也全部收归国有，得到了更好的保护与传承。

1920年，陈望道为了传播真理，勇敢地承担起翻译《共产党宣言》的重任，完成了首个中文全译本的翻译工作。这一壮举不仅为中国共产党的建立奠定了思想基础，也为马克思主义在中国的传播开辟了道路。他的贡献之大，足以让故居成为一处具有突出纪念意义和革命教育意义的圣地。

如今，陈望道故居已经成为中国共产党革命信仰教育的红色教育基地。这里不仅吸引了众多游客前来参观学习，更成为追求革命信仰故事的起源地。每一位来到这里的人，都能深刻感受到陈望道先生的伟大精神与崇高品格，从而更加坚定自己的信仰与追求。

作为义乌市爱国主义教育基地和重点文物保护单位，陈望道故居承载着丰富的历史内涵和深厚的文化底蕴。它不仅是义乌人民的骄傲，更是全国人民的宝贵财富。让我们共同珍惜这份宝贵的文化遗产，传承和发扬陈望道先生的革命精神，为实现中华民族伟大复兴的中国梦而努力奋斗！

二、人物生平

陈望道，浙江义乌分水塘村的农家子弟，1891年1月18日诞生。早年赴日本留学，就读于早稻田大学期间，结识了日本早期的社会主义者河上肇、山川均等人，并深入研读他们翻译的马克思主义著作。1919年，他学成归国，受聘于杭州第一师范学校担任语文教员。

1920年春，陈望道来到上海，参与编辑《新青年》杂志。同年5

月至 8 月间，他与陈独秀等人共同组织上海马克思主义研究会，并积极参与中国共产党的创建工作。同年 8 月，他翻译的首个中文全译本《共产党宣言》在上海问世，标志着马克思主义在中国的传播迈出了重要一步。

此后，陈望道在多个领域展现了他的才华和领导力。他先后在上海外国语学社、复旦大学等校任教，并担任中共上海地方委员会首任书记。尽管他后来于 1923 年脱党，但他对文化事业的贡献并未因此停止。

1922 年，陈望道加入文学研究会，开始涉足文学研究领域。1923 年至 1927 年间，他担任上海大学中文系主任、教务长等职务，积极推动学校的教学改革。1923 年，他还与柳亚子等人发起组织新南社，为文学艺术的繁荣贡献力量。

1929 年冬，陈望道出任中华艺术大学校长，进一步拓展了他的教育事业。1932 年，他出版了中国第一部系统的修辞学专著《修辞学发凡》，为汉语修辞学的发展奠定了坚实基础。

在 30 年代，陈望道积极投身左翼文化运动，参与组织推动上海思想文化战线的反文化"围剿"斗争。他与叶圣陶、胡愈之等人共同发起大众语运动，创办《太白》半月刊，为普及文化教育、推动社会进步作出了积极贡献。

抗日战争期间，陈望道辗转于上海和重庆之间，继续从事教育和文化事业。他不仅在复旦大学中文系任教，还担任新闻系主任长达 8 年之久。抗战胜利后，他回到上海，积极参与和支持大学教授和学生的爱国民主斗争。

1949年10月，他担任了复旦大学校委会副主任一职。两年后，他加入了中国民主同盟。1957年6月，经过中共中央的批准，他正式成为中共党员。自1952年9月开始，他担任复旦大学校长，肩负起领导学校的重任。

在1960年，他更是担任了《辞海》的总主编，为这部大型辞书的编纂付出了巨大努力。到了1972年，他又出任复旦大学革命委员会主任，继续为学校的发展贡献力量。

此外，他还兼任了多个重要职务，包括华东军政委员会文化教育委员会副主任兼文化部部长、华东行政委员会高教局局长、民盟中央副主席、上海市政协副主席、民盟上海市委主委以及上海市社联主席等。他还是中国科学院哲学社会科学学部委员、全国政协常委会委员和全国人大常委会委员，为国家和社会的发展作出了杰出贡献。

1977年10月29日，他在上海因病逝世，结束了他辉煌的一生。

三、人物事迹

1915年，当陈望道身处日本留学期间，他首次接触到了马克思主义学说与文章，从而初步接纳了这一思想。1919年，他学成归国，担任浙江第一师范的语文教师，积极推行国文教学改革，大力倡导白话文。到了1920年，陈望道完成了中国首个《共产党宣言》中文全译本的翻译并成功出版。同年4月底，他受陈独秀之邀，前往上海参与《新青年》杂志的编辑工作，并投身于共产党的创建事业。同年8月，中国首个"马克思主义研究会"在上海正式成立，陈独秀担任书记，陈望道、李汉俊、李达等人成为其重要成员。1921年7月23日，中国共产党第一次全国代表大会在上海隆重召开，陈望道荣幸地成为中国共产党最早的五名党员之一，并在会上被推选为上海地区出席一大的代表。他在马克思主义的传播和革命宣传方面，作出了不可磨灭的历史性贡献。

进入20世纪30年代，以上海为中心的左翼文化运动如火如荼。在这一时期，陈望道始终坚定地站在鲁迅一边，共同反对国民政府的文化"围剿"，两人之间建立了深厚的友谊。1926至1927年间，鲁迅多次接受陈望道的邀请，前往复旦大学为师生们作演讲。陈望道筹建的大江书铺正式开业，主要出版宣传马克思主义的著作和译作。其中，鲁迅的《毁灭》等译作也曾在此发行，使得大江书铺成为当时推动左翼文艺运动的重要阵地。

为了保卫五四运动提倡白话文的成果，陈望道与胡愈之、夏丏尊、叶绍钧等十多位知名人士共同发起了一个"比白话稍进一步的文学运动"，即大众语运动。这一运动得到了鲁迅的大力支持。与会者们轮流在《申报·自由谈》上发表文章，坚决反对提倡文言文，主张建立真正以群众语言为基础的"大众语文学"。陈望道还创办了《太白》半月刊，并先后发表了《关于大众语文学的建设》等多篇文章，使得主张文言复兴的论调在强大的舆论反击下逐渐销声匿迹。

抗日战争全面爆发后，在中共地下党组织的领导下，陈望道积极投身于抗日救国的伟大事业中，为国家的独立和民族的解放贡献了自己的力量。陈望道先生积极投身于上海文化界的抗日联谊会活动，并大力倡导拉丁化新文字运动。1939年7月，他成功创立了"上海新文字研究会"，致力于推动新文字的发展与应用。

在学术领域，陈望道先生一生勤勉治学，成果丰硕。他在语言学、美学、逻辑学等多个领域都取得了卓越的成就，成为一代宗师。特别是他的著作《修辞学发凡》，堪称我国修辞学科学体系的奠基之作，为白话文文章的语文规则建设提供了坚实的理论基础。为了驳斥中国语文无规则的谬论，陈望道先生倾注心血撰写了《修辞学发凡》。该书博采古今中外先进方法，运用科学的研究手段，既批判地继承了古代修辞学的精华，又批判地借鉴了外国的先进经验。陈望道先生从汉语修辞现象的实际出发，构建了一个全新的、科学的修辞学理论体系，为学术界所广泛赞誉，并产生了深远的影响。在短短六七年间，我国修辞学界掀起了前所未有的"修辞热"，众多学者纷纷投身修辞学研究，相继涌现出20余本修辞学著作，推动了修辞学研究的蓬勃发展。

此外，陈望道先生还长期从事高等教育的教学与领导工作，他言传身教，为国家培养了大批优秀人才。作为我国现代新闻教育事业的创始人和开拓者之一，他于1942年出任复旦大学新闻系主任，致力于新闻教育事业的发展。为了使有志于新闻事业的青年能够学以致用，他积极发起募捐活动，筹建新闻馆，为新闻教育提供了良好的实践平台。1952年，陈望道先生被任命为复旦大学校长，直至1977年10月逝世，他共担任校长25年之久，成为复旦大学任期最长的校长之一。在办学过程中，他根据我国教育实际，制定了一系列科学的教学制度。尽管工作繁忙，他仍坚持教学和科研工作，撰写了多部语言学专著，为学术界作出了重要贡献。同时，陈望道先生十分注重教授间的团结与中青年知识分子的培养。他认真做好思想工作，努力促进教授间的交流与合作。对于中青年知识分子，他更是倍加爱护，积极创造各种条件，帮助他们健康成长。在他的强烈要求下，被撤销的复旦大学语言研究室得以部分恢复，为语言学研究提供了重要的学术支撑。

四、文化影响

陈望道先生的一生，就像一部波澜壮阔的史诗，充满了革命与学术的激情与奋斗。他的一生，既是一部革命战士的坚韧不拔史，又是一部学术巨匠的辛勤耕耘录。

陈望道先生是新文化运动和传播马克思主义的先驱者之一，是《共产党宣言》第一个完整中译本的译者。他不仅是杰出的社会活动家、思想家、教育家，而且是一位对我国社会科学学术事业发展作出了巨大贡献的德高望重的学者。陈望道先生的学术研究涉及哲学、政治学、社会学、逻辑学、新闻学、美学、文艺学、语言学等人文社会科学的多个学术领域，特别是在语言学方面的学术成就尤为突出。他在学术研究上取得很多成果，撰写了一系列的学术论文，先后出版的重要学术著作有：《作文法讲义》（1922）、《美学概论》（1927）、《因明学概略》（1931）、《修辞学发凡》（1932）、《中国文法革新论丛》（1943）、《文法简论》（1978）等。这几种著作在当时都是具有开创性的，对当代仍具有重要的学术价值。

而在文化的田野里，陈望道先生同样是一位辛勤的耕耘者。他是一位卓越的社会活动家，用智慧和勇气引领着社会的进步；他是一位深邃的思想家，用独到的见解和理论，启迪着人们的思考；他是一位杰出的教育家，用无私的奉献和热情，培育着一代又一代的学子；他还是一位精通语言的大师和翻译家，用精准的笔触和流畅的译文，传承着中华文化的精髓。

　　陈望道先生的一生，就像一部厚重的书籍，每一页都充满了他的智慧和汗水。他的经历丰富多彩，他的著作等身，他的贡献巨大。他的一生，是对革命和学术的最好诠释，也是对人生价值的最好体现。

茅盾故居

一、故居概况

茅盾故居，这处位于乌镇观前街与新华路交会处的古朴建筑，是文学巨匠茅盾（沈雁冰）的儿时摇篮与成长之地。它见证了茅盾从童年到青年的岁月，也孕育了他日后成为文学大师的灵感与才情。

这所故居，是茅盾曾祖父沈焕在清光绪年间，于汉口经商时寄钱回家购置的。自沈焕起，四代沈家人都在这片土地上留下了生活的痕迹。故居朝南而建，典型的江南民居风格，青砖黛瓦，古朴典雅。主体建筑为二层楼房，四开间两进深，共16间房，总面积达414.25平方米。楼房后还有一个小巧的园子，三间平房静静伫立，总面积约100平方米。

有趣的是，这所楼房的东西两个单元因为购进时间不同，被分别称为"老屋"和"新屋"。虽然两单元外貌相似，但内部却各有特色。前后两进，楼上楼下都门、路相通，仿佛一个大家庭的缩影。前楼四间临街，底层自东至西，依次是宽敞的大门和通道、沈氏子弟求学的家塾，以及当年全家人欢聚一堂的饭堂。楼上则是茅盾祖父和父母的卧室，茅盾和他的弟弟沈泽民就是在这间充满爱的房间里诞生的。

穿过天井或楼上通道，便来到后进楼房。后楼底层是客堂、厨房、过道及起居室，楼上则是茅盾姑母、女仆丫头和曾祖父母的卧室。这些房舍至今仍保持着百年前的规制，仿佛时光在这里凝固，让人仿佛能穿越时空，回到那个充满书香与温情的年代。

在两进楼房后面，是一个约半亩地的园子。茅盾曾祖父曾在这里盖了三间平房，多年来堆积着各种杂物。这个园子虽然不大，但却承载着茅盾童年的欢乐与回忆。

茅盾故居建立后，曾设有7间陈列室，陈列着茅盾的150幅照片和反映他生平及业绩的实物。这些珍贵的展品让人们得以一窥茅盾的成长轨迹和文学成就。故居还珍藏了276件文物、400余件茅盾照片以及200余件当代名家的书画作品。这些珍贵的文化遗产近年来已移至立志书院展出，让更多的人有机会领略茅盾的文学魅力。

值得一提的是，茅盾的很多文学作品都取材于他的故乡乌镇。如《春蚕》《秋收》《残冬》等作品，都描绘了乌镇及其附近地区的农村生活。而长篇巨著《子夜》中的一些素材也来源于这里。可以说，乌镇这片土地孕育了茅盾的文学灵魂，也成就了他的文学传奇。

茅盾故居，这座承载着深厚文化历史底蕴的建筑，于1984年经历了一次精心的修复工程。经过匠人们的巧手修复，故居重现了昔日的风采，仿佛时光倒流，让人们得以一窥茅盾先生当年的生活场景。

1985年，这座修复一新的故居正式对外开放，吸引了无数游客和学者前来参观。他们在这里感受着茅盾先生的文学气息，探寻着他创作灵感的源泉。

而到了1988年，茅盾故居更是被确定为全国重点文物保护单位，这标志着它在中国文化历史中的重要地位得到了国家的认可和保护。这一荣誉不仅彰显了茅盾先生的文学成就，也体现了故居本身所承载的历史文化价值。

如今，茅盾故居已经成为一个重要的文化地标，吸引着越来越多的人前来参观学习。在这里，人们可以深入了解茅盾先生的生平事迹和文学成就，感受他那种坚韧不拔、追求真理的精神。同时，故居也成为传承和弘扬中华文化的重要场所，为后人留下了宝贵的精神财富。

二、人物生平

茅盾，原名沈德鸿，字雁冰，生于1896年7月4日，浙江桐乡县乌镇的鱼米之乡。他不仅是现代文学界的重要小说家、评论家，还是一位活跃的文化和社会活动家，更是五四新文化运动的先驱者之一，为我国革命文艺的发展奠定了坚实基础。

乌镇，这个位于太湖南部的富饶之地，不仅农业发达，而且毗邻现代化的上海，人文气息浓厚。这样的环境孕育了茅盾开放包容的文化心态，也塑造了他细腻入微的文学风格。

茅盾的父亲沈永锡，是一位清末秀才，精通中医，思想开明，对新学充满热情。他除了教授自然科学知识外，还热衷于传播进步的社会科学思想。茅盾的母亲陈爱珠则是一位文理兼通、性格坚强的女性，她在茅盾十岁丧父后，承担起教育孩子的重任，成为茅盾的启蒙老师。

茅盾的启蒙教育开始得很早，他在小学前便接受过家塾和私塾的教育。八岁时，他进入乌镇立志小学读书，后来转入植材高级小学，成为该校的第一批学生。在这里，他不仅学习了国文、修身和算术等基础课程，还对绘画产生了浓厚兴趣。

尽管在当时的守旧观念中，小说等文学作品被视为"闲书"，不被允许孩子们阅读，但茅盾却得到了开明父母的支持。他热爱阅读《西游记》《三国演义》《水浒传》《聊斋志异》和《儒林外史》等经典作品，这些阅读经历对他的文学素养和思想观念产生了深远影响。

1910年，茅盾考入浙江省立第三中学，也就是湖州府中学，1911年秋季又转入嘉兴中学读三年级。辛亥革命爆发时，茅盾积极投身革命，担任义务宣传员，与同学们一起抨击了学校中不得人心的学监。这些经历不仅锻炼了他的社会活动能力，也加深了他对国家和社会的关注与思考。

茅盾因故被学校除名后，转而踏入了杭州私立安定中学的大门，并在此完成了他的中学学业。在那段青涩的岁月里，尽管有几位师长给予了他深刻的教诲和积极的引导，但整个学校的学习氛围却显得颇为陈旧。他曾在回忆中提到，那时的学习内容多局限于秦汉以前的古籍，骈文被视为文章的正统，诗歌则推崇建安七子的风格，这种氛围让他感到压抑。

然而，正是在这样的环境下，茅盾却找到了属于自己的乐趣。他将大部分的课余时间都用在了阅读小说上，这些古典小说不仅启迪了他的文学思维，也在他的作文中留下了独特的印记。

1913年，茅盾顺利考入北京大学预科第一类，但预科毕业后，由于家庭经济状况不佳，他不得不提前踏入社会，开始工作谋生。1916年8月，他来到了上海商务印书馆编译所，开始了自己的职业生涯。起初，他在英文部负责修改英文函授生的课卷，后来又开始与人合作翻译书籍。这期间，他完成了自己的第一部翻译作品《衣食住》。

不久之后，茅盾又被调到了国文部，开始编写《中国寓言》并参与《学生杂志》的编辑工作。1920年初，正值"五四"文学革命深入开展之际，茅盾开始主持大型文学刊物《小说月报》的"小说新潮栏"编务工作。他连续撰写了多篇论述文章，如《小说新潮宣言》《新旧文学平议之平议》和《现在文学家的责任是什么？》等，表达了自己对文学革命的见解和主张。

同年11月，茅盾接编并全面革新了《小说月报》，使其成为当时文学革命的重要阵地。12月底，他与郑振铎、王统照、叶绍钧、周作人等文学同仁联系紧密，并于1921年1月共同发起成立了"文学研究会"，致力于推动中国文学的发展。

在文学研究会期间，茅盾主要从事文学理论的探讨、文学批评和外国文学的翻译工作。据统计，1921年度他发表的译著数量达到了惊人的130余篇。他以饱满的热情和充沛的精力，全身心地投入到文学革命活动中。

两年后，由于商务印书馆内部守旧派对《小说月报》的革新持反对态度，茅盾不得不辞去了主编职务，转而到国文部继续工作。尽管遭遇了挫折，但他并没有放弃对文学和社会革命的热爱与追求。他依然积极参与各种社会革命活动，用自己的笔杆为革命呐喊助威。

茅盾同志积极投身于革命浪潮，他加入了上海共产主义小组，并在中国共产党成立之初，便成为党的早期成员之一。自1922年起，他巧妙地以《小说月报》编务的身份为掩护，肩负起党中央联络员的重任。同时，他还曾在党所创办的平民女校和上海大学执教，为革命事业培养了一批批优秀的干部。

1925年，五卅运动如火如荼地展开，茅盾同志毫不犹豫地投身到这场群众革命运动中。同年6月，他与郑振铎等人共同创办了《公理日报》，尽管不久便因种种原因被迫停刊，但他们的革命精神却永载史册。8月，作为职工代表，茅盾积极参与了商务印书馆的罢工斗争，为工人阶级的权益发声。

随着国民党西山会议的召开，茅盾与恽代英遵照中共中央的指示，在上海组织起了国民党左派的上海市党部。年底，他们被选为左派国民党上海市党部代表，前往广州参加国民党第二次全国代表大会。会议结束后，茅盾留在广州工作，担任国民党中央宣传部秘书一职。

然而，革命的道路并非一帆风顺。1926年3月，"中山舰事件"发生后，茅盾返回上海。同年10月，北伐军占领武汉，国民政府成立。

茅盾随即赴武汉，先是在中央军事政治学校武汉分校担任教官，后于1927年春出任汉口《民国日报》主编，其间撰写了多篇社论和述评。

革命的形势瞬息万变。1927年7月，汪精卫公然叛变革命，组织"分共会议"。茅盾同志果断撤离武汉，准备参加南昌起义。然而，在抵达九江后因路途受阻，他只得经牯岭返回上海。不幸的是，此时他又遭到国民党反动派的通缉。面对困境，茅盾以笔为剑，开始以"茅盾"为笔名进行文学创作和其他文学活动。

1927年9月，茅盾发表了《幻灭》，随后又相继完成了《动摇》《追求》等作品，这三部作品共同构成了他的三部曲《蚀》。1928年7月，为了躲避迫害，他离开上海前往日本，先在东京居住，后迁至京都。在日本的这段时间里，他创作了长篇小说《虹》（未完）以及一系列短篇小说、散文诗作和学术著作。

1930年4月，茅盾从日本返回上海，继续为革命事业和文学创作贡献自己的力量。他的文学作品深刻反映了当时社会的矛盾和人民的苦难，为后人留下了宝贵的精神财富。

茅盾毅然加入了中国左翼作家联盟，并曾一度肩负起"左联"执行书记的重任。自此，他与鲁迅并肩作战，共同投身于革命文艺活动和社会斗争的洪流之中。

在1931年，为了抗议国民党反动派的血腥屠杀政策，鲁迅与茅盾等志士仁人共同发表了《为国民党屠杀大批革命作家宣言》，用文字的力量向黑暗势力发出正义的呐喊。

到了1932年2月，面对上海文艺界的重重困境，他们再次挺身而出，发表了《上海文艺界告世界书》和《为日军进攻上海屠杀民众宣言》，向世界揭露了日军的残暴行径，为受难的同胞们发出了声援的呼声。

1933年5月，当日本革命作家小林多喜二惨遭不幸的消息传来，鲁迅、茅盾等八位作家深感悲痛，他们迅速发起《为横死之小林遗族募捐启》，用实际行动支持小林多喜二的遗族，展现了文艺界团结互助的精神。

而在7月，当得知牛兰夫妇被南京政府监禁的消息后，他们再次挺身而出，致电南京政府要求释放这对无辜的夫妇，展现了坚定的正义立场和无畏的斗争精神。1934年9月，茅盾协助鲁迅创办《译文》杂志，为进步文学的翻译事业开拓了新路。1936年2月，当获悉红军长征胜利到达陕北的消息后，鲁迅与茅盾发出致中共中央贺电："在你们身上，寄托着人类和中国的将来。"同年10月，茅盾和许多文艺工作者发表了《文艺界同人为团结御侮与言论自由宣言》，号召建立文艺界的抗日民族统一战线。

1927至1937年，茅盾的创作进入成熟与丰收期。他完成了中篇小说《路》和《三人行》，以及长篇小说《子夜》。《子夜》作为一部深刻描绘中国社会面貌的巨著，其出版标志着左翼文学的显著成就，成为"五四"新文学发展的重要里程碑。瞿秋白曾高度评价其为"中国第一部写实主义成功的长篇小说"。

此外，茅盾还创作了短篇小说佳作如《林家铺子》《春蚕》《秋收》和《残冬》等，并翻译了丹钦科的《文凭》和吉洪诺夫的《战争》等作品。同时，他在《申报·自由谈》《太白》《文学》等刊物上发表了大量杂文、文艺短评和作家研究专论。

1937年抗战初期，茅盾积极参与《救亡日报》的工作，并主编《呐喊》（后改名《烽火》）。上海沦陷后，他辗转多地，最终在汉口参与成立中华全国文艺界抗敌协会并担任理事。随后，他在广州创办了《文艺阵地》，并为香港复刊的《立报》编辑副刊《言林》。在此期间，他完成了长篇小说《第一阶段的故事》（原名《你往那里跑？》）。

1939年，茅盾应邀前往新疆任教，并担任新疆文化协会委长。然而，随着新疆统治者盛世才的反动面目逐渐暴露，他于1940年被迫离开新疆，辗转至延安。在延安，他曾在鲁迅艺术文学院和陕甘宁边区文化协会讲学，并在多家报刊发表文章。

1941年，茅盾抵达重庆，担任文化工作委员会常委。面对国民党统治区日益严重的政治逆流，他依然坚持创作，完成了散文佳作《风景谈》和《白杨礼赞》等作品。

茅盾与众多进步文化人士离开重庆前往香港。同年5月，邹韬奋创办《大众生活》周刊，茅盾担任编委，并在此连载其长篇小说《腐蚀》，此作再次展现了茅盾的文学才华。9月，茅盾又主编了《笔谈》半月刊，共出版了7期。然而，同年12月，太平洋战争爆发，香港不久便沦陷于日军之手。在中共领导的东江游击队的协助下，茅盾等人成功撤离香港，辗转至桂林。

在桂林的9个月里，茅盾笔耕不辍，创作了长篇小说《霜叶红似二月花》以及《劫后拾遗》等作品。1942年底，他再次前往重庆。1943年8月开始，茅盾的长篇小说《走上岗位》开始陆续发表，但遗憾的是这部作品并未完成。

1945年，茅盾完成了他的第一个剧本《清明前后》，并于同年9

月在重庆上演，获得了广泛好评。同年6月，为纪念茅盾创作活动25周年，进步的文艺界举办了隆重的庆祝会，并发起了茅盾文艺奖金征文活动，以表彰和推动文艺创作的发展。

抗战胜利后，茅盾于1946年3月离开重庆，途经广州、香港，最终于5月抵达上海。在上海期间，他主编了《文联》杂志，并积极参与呼吁和平、争取民主的活动。在香港时，他发表了多篇演讲，包括《应走和平民主路线》和《认清国情》。同年6月，他与上海进步文化界共同呼吁和平，并发表了《上书蒋主席马歇尔及各党派》。7月，在得知李公朴、闻一多被国民党特务杀害后，茅盾等人致电国际人权保障会，揭露国民党罪行。10月，他与沈钧儒等人共同发表文章，要求政府切实保障言论自由。

同年，茅盾还翻译并出版了多部苏联小说集，包括《人民是不朽的》《团的儿子》和《苏联爱国战争短篇小说译丛》。年底，他应苏联对外文化协会邀请，离开上海前往苏联访问，并在访苏期间撰写了《游苏日记》。1947年4月，他从苏联返回上海，并著有《苏联见闻录》和《杂谈苏联》两部书籍。然而，随着国民党反动派发动内战并加强法西斯统治，茅盾于1947年末被迫再次前往香港。

1948年，茅盾在香港继续积极参与文化活动。5月，他与他人共同发表《致国内文化界同人书》。6月，他与香港各界爱国人士联名响应中共中央"五一"号召，呼吁海内外同胞团结起来，推动新政治协商会议的召开。同年7月，他参与了《小说》月刊的编委工作，并在9月主编了香港复刊的《文汇报·文艺周刊》。在此期间，他发表了长篇小说《锻炼》及多篇短篇小说，并完成了《脱险杂记》。

同年底，应中国共产党的邀请，茅盾夫妇离开香港，经过大连、沈阳，于1949年2月抵达和平解放后的北平。他们参与了中国人民政治协商会议的筹备工作，并在7月出席了中国文学艺术工作者代表大会。在会上，茅盾作了关于国统区文艺在反动派压迫下斗争和发展的报告，并当选为中国文学艺术界联合会副主席和中国文学工作者协会主席（后改为中国作家协会）。

　　新中国成立后，茅盾担任了中华人民共和国文化部部长，并主编了《人民文学》杂志。他连续当选为全国人民代表大会代表和政协全国委员会常务委员，并在第四届、五届全国委员会中担任副主席职务。面对文化领域的严峻考验，茅盾始终坚定地站在党和革命人民一边。在粉碎江青反革命集团后，他更是在中国文学艺术工作者第四次代表大会上被选为全国文联名誉主席和中国作家协会主席。

　　在共和国的岁月里，茅盾的著述颇丰，包括《鼓吹集》《夜读偶记》等作品，晚年时尽管饱受病痛折磨，他仍坚持撰写回忆录。他的著作广泛传播，由人民文学出版社及其他出版社印行的有《茅盾文集》《茅盾论创作》等多部作品。特别是1983年起，人民文学出版社陆续出版的40卷本《茅盾全集》，全面收录了他的文学成就。

　　1981年3月27日，茅盾在北京逝世。临终前，他表达了成为中国共产党党员的强烈愿望，认为这是他一生的最大荣耀。中共中央根据他的请求和他一生的表现，决定恢复他的党籍，并认定其党龄从1921年起算。此外，他还用自己的积蓄设立了文学奖金，后来定名为"茅盾文学奖"，以奖励优秀的长篇小说创作，为文学事业贡献了自己的最后一分力量。

三、人物事迹

茅盾，这位深入人心的文人，在担任文化部部长的岁月里，却很少有人知晓他的卓越贡献。沈雁冰，这位笔名茅盾的文学巨匠，自1949年至1965年，连续担任文化部部长一职。在这漫长的岁月里，他始终坚守党的文艺方针政策，为祖国的文化事业倾注了无尽的心血与智慧。

茅盾的一生，始终秉持着"绝不占公家一分钱便宜"的信条。即便身居高位，担任文化部部长、政协副主席、作协主席等重要职务，他依然保持着谦逊与自律。在乌镇茅盾故居的资料中，我们可以发现，他写给家乡单位和亲友的私人书信，从未使用过公家的信笺信封。这些信件所用的信笺，都是普通的打字纸，信封也是市面上随处可见的文具店出品。

茅盾不仅在个人行为上严于律己，对身边的工作人员也同样严格要求。有一次，他和夫人前往大连海边度假，因气候变化需要寄送衣物。警卫员收到信后，将衣物和回信一同寄出。然而，茅盾对此却十分不满，他批评警卫员不应该将信夹在邮包里寄出，认为这是占国家的便宜。

在对待亲友的求职请求时，茅盾更是坚守原则，绝不徇私。新中国成立初期，他刚担任文化部部长时，曾有家乡亲友找他推荐工作。他坚定地告诉亲友们，虽然新中国急需干部，但他不能私人介绍工作，这是组织原则。改革开放初期，他的堂弟也曾因亲戚报考大学而向他求助。然而，茅盾却回信表示，高级干部更应该以身作则，坚持原则，不开走后门之路。

生活中的茅盾，节俭朴素。他将大部分稿费存入银行，甚至在病重时，将这些积蓄捐给了国家。他的这种高尚品质，不仅体现在他的文学作品中，更贯穿于他的一生。

茅盾，这位伟大的文化部部长，用他的一生诠释了什么是真正的文人风骨。他的事迹，虽然鲜为人知，但却足以让我们为之敬仰与感动。

在文学的天空中，有一颗璀璨的星星，那便是茅盾文学奖。它的诞生，源于一个感人至深的故事。1981年，伟大的文学家茅盾先生离世，他留下了一个特别的遗愿——将他的25万元稿费，化作一颗文学的种子，播撒在华夏大地上。于是，茅盾文学奖应运而生，它成了中国文学界的一颗璀璨明珠，也是中国第一个以个人名字命名的文学奖。

这个奖项不仅是对文学创作的极高认可，更是对长篇小说这一文学体裁的崇高致敬。它像一座灯塔，照亮了中国长篇小说的创作之路，引领着一代又一代的作家们，在文学的海洋中探索、前行。

茅盾文学奖的设立，不仅激励了众多作家投身于长篇小说的创作，更推动了中国文学的繁荣与发展。它像一股清泉，滋润着中国文学的土壤，让文学的花朵在这片土地上绽放出更加绚丽的光彩。

例如，许多优秀的长篇小说作品，如《平凡的世界》《白鹿原》等，都曾在茅盾文学奖的舞台上闪耀光芒。这些作品不仅赢得了广大读者的喜爱和认可，更成为中国文学的经典之作，流传千古。

可以说，茅盾文学奖是中国文学的一座丰碑，它见证了中国长篇小说的辉煌历程，也预示着中国文学更加美好的未来。

四、文化影响

作为一位兼具社会科学家气质的作家，茅盾通过积极参与社会活动和深入研究文学理论，在文学创作中展现出深刻的思想内涵和广阔的历史视野。

茅盾小说的题材广泛，涵盖了20世纪中国上半叶的历史全貌，从政治、经济斗争到阶级矛盾，从军阀混战到经济危机，从工人罢工到农民暴动，都得以生动呈现。他塑造的艺术形象丰富多样，不仅展现了民族资本家、知识分子和农民等不同社会阶层的面貌，还深入挖掘了他们的内心世界和社会历史背景。

在人物刻画方面，茅盾注重心理剖析和社会历史剖析的有机结合，塑造出了一系列具有深刻思想内涵和典型性的形象。例如，《子夜》中的吴荪甫、《霜叶红似二月花》中的资本家形象，以及《蚀》三部曲中的时代女性形象等，都成了中国现代小说史上的经典形象。

此外，茅盾还以开放的现代意识和丰富的生活积累为基础，建立了较为完整的现代都市文学体系。他通过对都市生活的深入观察和细腻描绘，展现了都市人的生存状态和精神面貌，为现代都市文学的发展作出了重要贡献。

茅盾的小说创作在题材挖掘、人物塑造和文学体系建立等方面都展现出了独特的艺术魅力和深刻的思想内涵，为中国现代小说的发展作出了重要贡献。

茅盾的作品与上海这一中国最早且最大的商埠紧密相连，他在上海拥有错综复杂的社会关系，涵盖了各阶层的旧友故交。茅盾的小说全面展现了现代都市的多个面向，包括企业、金融、商业、公馆、舞厅、大饭店等，并着重描绘了以政治、经济为核心的不同阶级和阶层人物，如资本家、金融家、买办官僚、公务员、市民等之间的复杂人际纠葛。

茅盾特别关注中国曾经的半殖民地半封建的社会特性，以及现代都市在发展过程中所表现出的不健全性。他深入剖析了西方资本主义文明冲击下，都市急变和交杂的现代化进程。在他的小说中，我们可以看到迅速"风化"的遗老遗少、封建与现代交织的地主式资本家，以及洋房公馆背后与宗法社会农村紧密相连的复杂关系。

茅盾的都市文学作品为20世纪中国现代化的历史进程提供了生动的写照。他在现代长篇小说样式和结构方面的艺术探索，展现了现代小说文体意识的独立。茅盾的首部长篇小说《蚀》采用"三部曲"形式，既独立又连贯，结构灵活多变。他的后续作品也大量采用三部曲形式，将这一文体推向了新的高度，并拓展了现代中长篇小说的表现领域。

在小说结构方面，茅盾突破了传统的线性叙事，采用开放性和交叉性的时空交换构架。他关注时代变迁，深刻把握复杂社会现象，形成了宏大而严谨的布局，以及人物和情节交织的网状结构。此外，茅盾还致力于心理剖析，通过创新性地探索个体心灵世界，赋予作品深刻的社会性力量。

茅盾的作品以其独特的艺术风格和深刻的社会洞察，为中国现代文学的发展作出了重要贡献。

茅盾的成就与深远贡献体现在多个层面。他不仅是中国共产党早期的党员，为党的成长与壮大倾注了心血。在30年代，他积极参与组织中国左翼作家联盟，与党并肩作战，推动革命文艺的发展，壮大革命文艺队伍，有效反击了国民党的文化"围剿"。

抗战爆发后，茅盾在周恩来同志的领导下，广泛团结国民党统治区的进步文化人士，共同投身于抗日救亡的伟大事业。抗战胜利后，他更是勇敢地站在民主、和平的立场上，坚决反对内战，为人民解放战争提供了有力支持。

新中国成立后，茅盾担任中国作家协会首任主席和文化部首任部长，肩负起国家文化事业和文学艺术的组织领导重任，为我国文学与文化事业的蓬勃发展作出了巨大贡献。

值得一提的是，茅盾文学奖是根据他生前的遗愿设立的。他慷慨地将自己的25万元稿费捐献出来，旨在鼓励优秀长篇小说的创作，推动社会主义文学的发展。这一奖项不仅是我国文学界的最高荣誉之一，更是中国首个以个人名字命名的文学奖，由中国作家协会主办，自1981年起设立，至今仍在激励着一代又一代的文学创作者。

胡愈之故居

一、故居概况

　　胡愈之故居，人们亲切地称之为敕五堂，它静静地坐落在丰惠镇南门村百云自然村中心地带，面朝南方，沐浴着阳光。这座故居是一处典型的清代早期四合院式建筑，仿佛一颗历史的明珠，镶嵌在村庄的脉络之中。

　　故居的布局精巧而富有层次，前后三进，左右两跨院，宛如一部历史长卷，缓缓展开。第一进是门屋，古朴而庄重，仿佛在诉说着过往的辉煌。第二进是厅堂，可惜早已完全坍塌，只留下了历史的遗憾和无尽的遐想。第三进则是正屋，两层楼高，坚固而稳重，见证了岁月的沧桑。

故居的东西两侧，是内外对称的两进跨院，它们之间通过前后相通的过廊（二层）紧密相连，形成了独特的建筑格局。这种设计不仅增加了空间的流通性，也使得整个故居显得更加灵动和富有生气。当地群众形象地称之为"走马楼"，寓意着人们可以在这里自由穿梭，感受历史的厚重与文化的魅力。

2003年，胡愈之故居被公布为市级文物保护单位，得到了社会的广泛关注和保护。2007年，市建设局更是投资了300万元对其进行整体维修，力求恢复其旧时的风貌。经过精心修缮，胡愈之故居如今已经基本恢复了旧时的模样，每一处细节都透露出历史的韵味和文化的底蕴。

2011年，胡愈之故居更是被公布为省级文物保护单位，这标志着它在历史和文化上的重要地位得到了更广泛的认可。如今，这座故居已经成为一个重要的文化景点，吸引着无数游客前来参观，感受历史的厚重和文化的魅力。

二、人物生平

胡愈之先生是一位杰出的文字改革运动家、世界语运动活动家、出版家和社会活动家。他原名学愚，字子如，笔名包括胡芋之、化鲁、沙平、伏生、说难等，出生于浙江省上虞丰惠镇，于1896年诞生。胡愈之先生自幼聪慧，1910年他顺利毕业于县高等小学堂，随后以县试第一名的成绩考入绍兴府中学堂。之后，他进入杭州英语专科学校深造，并师从绍兴名宿薛朗轩学习古文。

1914年，胡愈之先生考入上海商务印书馆担任练习生，在工作之余，他坚持学习英语和日语，并自学世界语，开始发表自己的著译文章。次年，他担任了《东方杂志》的编辑，并发表多篇著评文章。1919年，他积极参与了上海声援五四运动的斗争。

1920年，胡愈之先生与郑振铎、沈雁冰等人共同发起成立了"文学研究会"。在五卅运动中，他编辑出版了《公理日报》，报道了运动的起因与发展过程。在四一二政变后，他起草了对国民党当局的抗议信，并邀请郑振铎等七人共同签名在《商报》上发表。之后，他被迫流亡法国，进入巴黎大学国际法学院学习。

1931年初，胡愈之先生在回国途中访问了莫斯科，并撰写了《莫斯科印象记》。在九一八事变后，他与邹韬奋共同主持《生活》周刊，并主编《东方杂志》等刊物。1933年，他加入了中国民权保障同盟，同年加入中国共产党。此后，他先后筹办了《世界知识》《妇女生活》等杂志。

1935年，胡愈之先生与沈钧儒等人共同发起成立了上海文化界救国会。在30年代初，他积极参与上海文化界的抗日救亡运动，并发起组织了"救国会"，致力于抗日救亡宣传活动。1936年，他协助邹韬奋在香港创办了《生活日报》。

抗日战争爆发后，胡愈之先生担任了上海文化界救亡协会国际宣传委员会主任，主持出版了《团结》《上海人报》《集纳》《译报》等报刊，积极宣传抗日救亡。在极端困难的条件下，他组织编译出版了E·斯诺的《西行漫记》，并首次编辑出版了《鲁迅全集》。

1938年，胡愈之在武汉主导抗日宣传工作。随着武汉失守，他转至桂林，创办《国民公论》半月刊，并成立国际新闻社和文化供应社。1940年，他远赴新加坡，协助陈嘉庚创办《南洋商报》，后流亡至苏门答腊。抗战胜利后，他在新加坡创立新南洋出版社，并推出《南侨日报》《风下》周刊及《新妇女》杂志。

新中国成立后，胡愈之担任了多项重要职务，包括中国人民外交学会副会长、中国文字改革委员会副主任、中华全国世界语协会理事长、全国人大常委会委员及副委员长、全国政协副主席、中国民主同盟中央委员会副主席及代主席、中国出版工作者协会名誉主席等。此外，他还担任全国人大常务委员会委员、政协全国常务委员会副主席、出版总署署长、《光明日报》总编辑、中国文化部副部长等职务，并积极参与中央推广普通话工作委员会及中国科学院词典计划委员会的工作，同时担任中华全国世界语协会会长。

胡愈之在语言文字学领域贡献卓越，积极倡导并投身于文字改革运动和世界语运动。他学识渊博，集记者、编辑、作家、翻译家、出版家于一身，是新闻出版界的杰出"全才"。他一生廉洁奉公，公德私德均为楷模。1986年1月16日，胡愈之在北京逝世，享年89岁。

三、人物事迹

1932年深秋，一个历史性的时刻悄然而至。享有盛誉的《东方杂志》，在历经近三十载的风雨洗礼后，决定以一场前所未有的征稿活动，唤起全国各界知名人士的共鸣。11月1日，主编胡愈之向四百多位社会名流发出了征稿信，信中言辞恳切，情感深沉。

正是这封信，点燃了"新年的梦想"这一征稿活动的火花。胡愈之希望借助这场活动，让人们在困境中看到希望，在黑暗中寻找光明。他相信，每一个梦想都是一束光，能够照亮前行的道路。

这场征稿活动迅速引发了热烈的反响。截至12月5日，杂志社收到了160多封回信，其中不乏《东方杂志》的忠实读者。这些回信中，既有对未来的美好憧憬，也有对现实的深刻反思，每一封都充满了真挚的情感和深刻的思考。

1933年元旦，当新年的第一缕阳光洒满大地时，《东方杂志》以总第三十卷第一号的全新面貌呈现在读者面前。其中，整整83页的篇幅被用来刊登142位作者的244个"梦想"。这些梦想者中，有柳亚子、徐悲鸿、郑振铎等文化巨匠，也有巴金、茅盾、郁达夫等文学大师。他们的梦想或宏大或细腻，或激昂或深沉，但都充满了对未来的期待和对国家的热爱。

值得一提的是，这场征稿活动的成功离不开胡愈之的智慧和勇气。他在接手《东方杂志》主编一职时，就提出了独立编辑、自主选稿的原则。他坚信，只有保持独立的思考和判断，才能为读者呈现出真正有价值的内容。正是这种坚持和执着，使得"新年的梦想"征稿活动成为一次具有历史意义的文化盛事。

此外，商务印书馆的总经理王云五也在这场活动中发挥了重要作用。他深知出版业的风险和挑战，但在面对国民党当局的高压时，他选择了支持胡愈之的决定。这种对文化自由的坚守和尊重，为"新年的梦想"征稿活动的成功举办提供了有力的保障。

如今，当我们回首这段历史时，不禁为那些敢于梦想、勇于追求的人们感到敬佩。他们的梦想或许已经实现，或许仍在路上，但无论如何，他们都为我们留下了一笔宝贵的精神财富。而《东方杂志》的这场征稿活动，也永远地镌刻在了中国文化的历史长河中，成了一段永不褪色的记忆。

从那次事件到1933年3月16日《东方杂志》第三十卷第四号出版，胡愈之总共主编了九期，短短五个月的时间，他便因坚守"梦想"而失去了这块颇具影响力的言论阵地。这几乎印证了社会学家陶孟和的预言："梦想是人类最危险的东西。"

事后，包括鲁迅在内的许多人都对他的决定表示了遗憾。他们认为，"其实不必那么冲动地取消合同，可以适当减少敏感文章的刊登，这样既能保持影响力，又不会给商务印书馆带来风险。毕竟，《东方杂志》是个有着广泛影响力的大杂志。"鲁迅更是直言不讳地指出："虽然有人梦想'大家有饭吃'，有人梦想'无产阶级社会'；有人梦想'大同世界'，但很少有人去梦想实现这些梦想之前所要经历的阶级斗争、白色恐怖、轰炸、虐杀等残酷现实。如果不正视这些，美好的社会就只是一个遥不可及的梦。"

虽然胡愈之离开了《东方杂志》，但他的"梦想"并未因此终结。在那个充满挑战和机遇的年代，他的梦想如同黑夜中的一盏明灯，指引着前行的方向。如果当时的知识分子们能够少一些空想的乌托邦之梦，多一些对法治和公民社会的追求与梦想，那么，在不久的将来，"梦"或许就不再只是一个遥不可及的幻想，而会成为触手可及的现实。

四、文化影响

胡愈之,这位集记者、编辑、作家、翻译家、出版家等多重身份于一身的杰出人物,以其深厚的学识和卓越的成就,在新闻出版界独树一帜,堪称"全才"。他的一生,不仅致力于文字的改革与推广,更在多个领域留下了深远的影响。

早在20世纪30年代,胡愈之便敏锐地洞察到文字拼音化的重要性,并在《关于大众语文》一文中阐述了他的观点。他强调,"大众语"应代表大众意识,接近口语,这一理念为后来的文字改革奠定了坚实的基础。

随着时代的推进,胡愈之在文字改革方面的探索愈发深入。他在《我们对于推行新文字的意见》宣言上签名,积极拥护拉丁化新文字,为文字改革注入了新的活力。同时,他在《"五四"与文字改革》一文中,对五四运动在文字改革方面的贡献给予了高度评价,并辩证地提出了汉字存废问题的看法,认为文字改革需要经历长期的逐渐改造过程。

胡愈之还关注到文字排版方式的革新。他在《中国文字横排横写是和人民的生活习惯相符合的》一文中,详细论证了横排横写的好处,包括科学、节省纸张、便于排版等,这一观点对于当时的出版业具有重要的指导意义。

在推广普通话方面,胡愈之同样不遗余力。他深刻认识到语言与社会生活的紧密联系,认为普通话是汉民族的共同语言,推广普通话对于加强民族统一和发展具有重要意义。他在《让文字改革工作向前大大跨一步》一文中,阐述了推广普通话的必要性和可能性,并号召全社会支持、宣传、提倡普通话。

值得一提的是，胡愈之还是世界语运动的中外闻名活动家和领导者。他积极投身于世界语的学习、传播和组织工作，为推动国际间的文化交流与合作作出了重要贡献。

综上所述，胡愈之一生致力于文字改革与推广事业，他的思想和行动对于新闻出版界和社会文化的发展产生了深远的影响。他的学识和成就不仅为后人树立了榜样，更为我们提供了宝贵的启示和借鉴。

胡愈之先生在其职业生涯中，致力于领导工作，并撰写了多篇学术论文，深入探讨了世界语与中国文字改革的关系。他在《语文》1937年第2卷第2期中发表了《世界语与中国文字的改革》一文，详细阐述了世界语对于推动中国文字改革的重要性。此外，他还在《东方杂志》上发表了《国际语的理想与现实》和《世界语四十年》等文章，分别探讨了国际语的理想追求以及世界语四十年的发展历程。在《新华日报》1938年12月29日的文章中，他深情纪念了国际语理论家柴门霍夫，对其为世界语事业作出的贡献表示敬意。

在这些论文中，胡愈之先生不仅热情宣传了世界语的理想与目的，还深入剖析了世界语结构的11种特征及其在语言学上的价值。他通过丰富的实例和深入的分析，展示了世界语作为一种国际辅助语言的独特魅力和优势。

此外，胡愈之先生的著作还包括《印度尼西亚语语法研究》等，这些作品进一步展现了他在语言学领域的深厚造诣和广泛研究。他的学术贡献不仅丰富了中国语言学的研究内容，也为推动国际语言交流和文化传播作出了重要贡献。

潘天寿故居

一、故居概况

在宁海县城关镇冠庄的深处，隐藏着一处特别的居所——潘天寿故居。这处故居位于东首的"大房"，正是艺术巨匠潘天寿的诞生之地。

1920年，潘天寿学成归来，在故乡的讲台上播撒知识的种子，并在此地迎来了人生的另一重要时刻——他的婚礼。然而，随着1923年他离家赴上海任教，再到1928年定居杭州，他回家的脚步变得愈发稀少。直到1962年，潘天寿以全国人大代表的身份重返宁海视察，他才有机会再度踏足这片熟悉的土地，与乡亲共叙旧情。

为了铭记这位享誉中外的艺术大师，1985年，宁海县人民政府决定对"潘天寿故居"进行修复。经过岁月的洗礼，这处故居在1992年被公布为县级文保单位，1998年更是晋升为省级爱国主义教育基地。

1997年，正值潘天寿先生100周年诞辰之际，宁海县政府特别拨款30多万元，并联合潘先生的亲属共同捐款，对故居进行了全面的修缮，使其恢复原貌，并正式对外开放。为了方便人们前来瞻仰，政府还特意修建了一条笔直宽阔的柏油路，命名为"天寿路"，直通冠庄。路旁的广场被命名为"潘天寿广场"，而与广场相邻的宁海城关镇城北中学也更名为"潘天寿中学"，以表达对这位艺术大师的深深敬意。

在故居内，设有专门的陈列室。陈列内容丰富多彩，分为三个部分。第一部分展示了潘天寿先生的水墨画拓印件40多幅，以及他的生平照片和用过的物品，让人们能够近距离感受他的艺术魅力和生活痕迹。第二部分则陈列了潘天寿后代和亲属的书画作品，展现了潘家艺术的传承与发扬。第三部分则汇集了潘天寿先生以及宁海籍书画名家的作品，让人们能够一览宁海书画艺术的瑰宝。

如今，潘天寿故居已成为人们景仰潘老人品、画品的胜地。它不仅见证了潘天寿先生的成长与辉煌，也承载着宁海人民对这位艺术大师的深深怀念与敬仰。同时，它也成了宁海的一大景观，吸引着无数游客前来参观，感受这位艺术大师的不朽魅力。

二、人物生平

潘天寿（1897-1971），原名天授，字大颐，号寿者等，晚年又署雷婆头峰寿者等别名。他出生于浙江宁海县冠庄村的一个农民家庭，虽未接受过专业的艺术训练，但凭借自身的努力和才华，最终成为杰出的艺术大师和教育家。

潘天寿在浙江第一师范的五年学习期间，深受教育家经亨颐、李叔同等人的影响，为他日后的艺术成就奠定了坚实基础。1923年，他前往上海，与吴昌硕先生结为忘年之交，并受到高度评价。

在上海美专任教期间，潘天寿不仅教授中国画，还开设了中国绘画史课程。他的课程内容丰富，充满民族自尊精神，深受学生喜爱。1926年，他的《中国绘画史》一书由商务印书馆出版，成为国内最早的中国绘画史教材之一，对后来的美术史研究产生了重要影响。

1928年，潘天寿受聘于杭州国立艺术院（后改名国立杭州艺专）担任国画主任教授，并在此定居。在抗日战争期间，他随学校内迁，历任国画系主任和校长等职务。新中国成立后，他继续致力于中国画的教学和创作，为培养新一代艺术人才作出了重要贡献。

潘天寿的一生充满了传奇色彩，他的艺术成就和教育贡献为后人树立了榜样。他的画作和著作不仅具有极高的艺术价值，还为我们了解和研究中国绘画史提供了宝贵的资料。

1957年，他担任中央美院华东分院副院长一职，次年荣获苏联艺术科学院名誉院士殊荣。1959年，他再次出任浙江美术学院院长，并于1960年兼任全国美协副主席及浙江美协主席。他连续三届担任全国人大代表，为中国艺术界的发展贡献良多。

在艺术创作上，他继吴昌硕、齐白石、黄宾虹之后，将中国画推向了新的高峰。他擅长意笔花鸟、山水，亦能指墨画，偶尔创作的人物画也颇具特色。此外，他对书法、诗词、篆刻、画论、画史等领域均有深入研究，并留下了丰富的著作。

然而，就在他艺术生涯如日中天之际，命运却无情地打断了他的攀登之路。1971年9月5日，他遭受迫害离世，临终前留下了一首五言诗："莫此笼絷狭，心如天地宽，是非在罗织，自古有沉冤。"直到1978年，他才得以平反昭雪，恢复名誉。

三、人物事迹

潘天寿，这位艺术巨匠，诞生于宁海县的沃土之中。年方七岁，他便随父亲踏入村中的私塾，开始了求知的旅程。在私塾的日子里，他对练字课程情有独钟，那份热情仿佛一团燃烧的火焰，照亮了他前行的道路。

他严于律己，对于私塾先生的练字要求，他从不马虎。他不仅认真模仿先生的字迹，更比别人多下一份功夫，每日坚持多练一张字。为了节省笔墨纸张，他别出心裁，先用清水在纸张上练习，待字迹干透后，再用淡墨书写第二遍，最后用浓墨描绘第三遍。如此反复，一张纸被他充分利用，字迹也越发遒劲有力。

潘天寿自幼便对绘画怀有浓厚兴趣。儿时，每当课堂间隙，他便放下课本，偷偷拿出草纸，沉浸在绘画的世界中。有时先生归来，他竟浑然不觉，为此还挨过先生的责罚。然而，这些挫折并未浇灭他对绘画的热爱，反而更加坚定了他追求艺术的决心。

成年后，潘天寿来到繁华的上海，经师友引荐，开始在民国女子工校教授绘画课程。凭借出色的绘画天赋和教学才能，他很快被上海美院专科学校聘为教师，讲授中国画技法与中国美术史。从此，他踏上了中国画教育的征程。

在杭州国立艺术院担任中国画主任教授期间，潘天寿面临着中国画的存亡危机。西方绘画的冲击使得学习中国画的学生日渐稀少，中国画的前途堪忧。然而，潘天寿并未因此气馁，他力排众议，积极争取教育部的支持，终于在1939年2月成立了西画组和国画组。他坚信中国画的独特魅力与价值，致力于发展中国画及其教学体系的独立性，使中国画得以完整、正统地传承下去。

在生活中，潘天寿朴素节俭，对物质需求极低。据说在浙江美院担任院长期间，他与门卫站在一起时，竟让人难以分辨谁是院长、谁是门卫。他一身墨香与书生之气，淡然处世，却怀揣着坚定的信念和执着的追求。他常说："我这一辈子是个教书匠，画画只是副业。"然而，正是这份对教育的热爱与执着，让他在中国画领域取得了卓越的成就，也为后人留下了宝贵的艺术财富。

他，以中国人坚守的"廉正"二字为火种，点燃了中国现代美术教育事业的熊熊烈火。这位大师，生活简朴，却心怀壮志，他将自己漫长的人生岁月，毫无保留地献给了中国现代美术教育事业。

他的一生，就像一部波澜壮阔的史诗，充满了奋斗与奉献。他坚守着"廉正"的原则，不为名利所动，只为心中的艺术理想而前行。

他深知，美术不仅仅是绘画和雕塑，更是一种文化、一种精神、一种传承。因此，他致力于培养一代又一代的美术人才，为中国现代美术事业的繁荣发展贡献了自己的力量。

他的付出并非一帆风顺，但他从未放弃。他用自己的行动诠释着"艰苦朴素"的真谛，无论是在教学一线还是在艺术创作中，他都保持着谦虚、勤奋和坚忍的品质。他的精神感染着每一个学生，激励着他们不断追求更高的艺术境界。

如今，当我们回顾中国现代美术教育事业的发展历程时，这位大师的名字总是会被提及。他用自己的生命诠释了"廉正"与"奉献"的真谛，成为中国现代美术教育事业的杰出代表。他的精神将永远激励着我们前行，为中国现代美术事业的繁荣发展继续努力奋斗。

四、文化影响

就像科学的殿堂一样，在艺术的殿堂里也居住着三类人：一类人为了面包而艺术，一般称他们的作品为工匠画；一类人为了心灵而艺术，这就是人们经常说的文人画；还有一类人是处在特殊的时代，特别是改朝换代、天崩地裂的时代，他们怀着一种抱负、一种情结，用艺术作为一种文化取向，这种艺术家非常特殊。中国美术学院资深教授范景中曾对艺术家潘天寿给予高度评价，认为他是一位独具匠心的艺术大家。早在20世纪20年代，潘天寿便提出了借鉴西方艺术的独到见解，但在这其中，他始终坚守着弘扬民族精神的立场。面对中西艺术交融、古今艺术碰撞的复杂局面，尤其是在西洋画流派风起云涌之际，中国画如何自处成了众多艺术家深感困惑的问题。

在这一问题上，潘天寿旗帜鲜明地表示："不做'洋奴隶'，不做'笨子孙'。"他所说的"洋奴隶"，是指那些在学习西画时一味模仿西方，毫无自身特色，不能为民族增光添彩的艺术家；而"笨子孙"则是指那些在学习中国画时只知道机械复制古人，缺乏创新精神，无法为家族带来荣耀的画家。

1965年，潘天寿进一步强调："中西绘画要拉开距离，个人风格要有独创性。"这一观点体现了他对艺术独立性和创新性的高度重视。潘天寿纪念馆馆长陈永怡在解读潘天寿的艺术思想时指出："潘老并不反对中西绘画的融合，但他认为这种融合必须建立在学术性和理性思考的基础之上。他面对的不仅是传统与现代的问题，更是东西方文化的碰撞与交融。他追求的艺术境界既不同于古人，也不同于西方，而是在继承传统笔墨审美要求的基础上，进一步推进和创新，将笔墨审美趣味提升到了一个新的高度，创造出了具有强大视觉冲击力的艺术风格。"

潘天寿之所以能在中国绘画领域独树一帜，正是因为他在深刻领悟传统精髓的基础上，以独特的视角和方式进行了创新和发展。他的艺术成就不仅体现在对传统笔墨技法的精湛掌握上，更体现在他对东西方艺术精髓的融会贯通和独特创新上。

广东省美术家协会主席李劲堃也对潘天寿的艺术成就给予了高度评价。他认为，在中西绘画的发展历程中，潘天寿的艺术实践具有不可替代的历史地位和意义。他的艺术探索不仅为后人提供了宝贵的参照和启示，更为中国画的现代化进程指明了方向。

整个20世纪是中国山水画经历深刻变革的时代，中国画面临着前所未有的文化价值挑战。然而，正是在这样的时代背景下，潘天寿以其卓越的艺术才华和坚定的艺术信念，为中国画的传承与发展注入了新的活力和动力。他的艺术成就不仅是他个人的荣耀，更是中国艺术宝库中的一笔宝贵财富。

潘天寿，一位情感深沉、性格鲜明的艺术家，他在绘画中追求的是将个人的情感与性格转化为文化自觉的表达。在近现代中国画的发展历程中，他以独特的"强其骨"和"一味霸悍"的风格，开辟了一条新的艺术道路。

在中国美术学院教授童中焘的眼中，潘天寿的作品、言论与志趣都呈现出一种真实而统一的气质。从笔墨的运用来看，他注重气骨与意韵的结合，尤其在山水画的创作中，他的笔墨特征不仅是他个人性格的流露，更是他作为艺术家对文化觉悟的深刻体现。

在画面的结构上，潘天寿敢于突破传统山水与花鸟画的界限，将实景融入画中。他借鉴了八大山人、吴昌硕等前辈的艺术经验，创造了独特的"一角式"山水构图。这种截景山水的魅力在于，它能够通过选取一个具体的场景，塑造出充满冲击力和压迫感的形象，从而引发观众内心深处的崇高感和亲近感。

潘天寿的这些创新并非刻意追求新奇，而是基于对山水画传统的深入理解和重新诠释。他在自然的呼应和形式的法则之间寻找到了符合时代精神的"一画之法"。

学者高居翰曾指出，潘天寿的实践旨在维护艺术的多样性，避免艺术的单一化。他在画面中巧妙地运用各种花草植物，构建出强悍的线性结构，同时保持了画面的奇特与独特。

　　童中焘进一步认为，潘天寿通过改变文人画的传统定位，将其提升为民族文化心灵与历史情感的载体，并将其作为一生的学术追求。这种对文化主体自觉的强调，成为他现代转型的重要路径和艺术贡献。

　　中国美术馆馆长吴为山则评价到，潘天寿创造性地融合了"奇美"与"壮美"两大审美范畴。他通过巧妙的章法布局、意象化的造型、沉雄的点苔以及强韧、强劲的线条运用，实现了道德人格的视觉化表达。这种表达不仅丰富了绘画的艺术形式，也深化了观众对道德人格的理解和感受。

　　在杭州南山路的中段，矗立着潘天寿纪念馆，这里见证了他的艺术生涯和教育贡献。每年，中国美术学院的新生都会在这里开启他们的艺术之旅。院长许江深情地回忆道："潘天寿先生不仅是我们的开创者，更是中国画教育和书法教育事业的奠基人。他两度担任院长，面对西方艺术的冲击，他坚守传统，以广阔的视野和坚定的信念，构建了中国传统艺术在现代教育体系中的传承体系，为当代中国艺术的自我更新奠定了坚实的基础。"

　　作为教育家的潘天寿，他致力于中国画和书法的现代教育。在西风东渐的时代背景下，他力挽狂澜，以宏博的视野和坚定的毅力，为中国传统艺术在现代艺术教育体系中找到了生存和发展的空间。他创办了中国第一个国画系，与同道、弟子们共同完善了中国画教学体系。他们的身影遍布海峡两岸甚至世界各地，历经大半个世纪的努力，如今桃李满天下，学术思想代代相传，教学传承井然有序。

卢炘回忆起潘天寿先生的教诲时，感慨万分。他说："潘先生总是耐心解答学生的问题，无论何时何地。他常常教导我们，要先做人，再学艺。他深知美术教育对于美术未来的重要性，因此他始终强调人品的培养。"这种以人为本的教育理念，深深地影响了潘天寿的学生们，也为我们今天的艺术教育提供了宝贵的启示。

潘天寿先生的一生，是对艺术和教育不懈追求的一生。他的大格局、大胸襟、大观照、大体悟和大境界，不仅体现在他的艺术作品中，更体现在他的教育理念和人格魅力中。他用自己的行动和教诲，为我们树立了一个崇高的榜样，也为我们今天的艺术教育提供了宝贵的经验和启示。

诗人所必备的核心素养，在潘天寿的诗作中得到了淋漓尽致的展现。他的诗篇中，美的境界与韵味被描绘得细腻入微，令人陶醉。潘公凯曾言："在20世纪这个中西文化、古今传统交织碰撞的时代，众多画家将艺术视作消遣，而潘天寿却独树一帜。他坚守教育阵地，深入研究，期望通过教育来拯救国家。如今，我们举办这场纪念潘天寿诞辰120周年的展览与研讨会，不仅是为了缅怀这位伟大的艺术家，更是为了回顾中华民族这百余年来的艰辛历程。"

作为一位传统知识分子，潘天寿在教育岗位上辛勤耕耘四十余载。他将西方启蒙思想与中国儒家道统相融合，形成了自己独特的人生追求，并始终以此作为自己坚定不移的价值信仰。在中国画的教学道路上，他步履坚定，不断探索。他那深厚的国学底蕴和一生致力于传统书画教育的实践，彰显出以潘天寿为代表的老一辈艺术大师们所承载的"民族之翰骨、文化之脊梁"的担当精神与文化自信。

潘天寿曾言："艺术是人类精神的滋养品，画作更是精神的食粮，为众人所共享。"在时代的剧烈变革中，潘天寿的艺术作品充满了鲜明的时代气息，无论是题材内容、精神风貌还是形式表现，都展现出了独特的魅力。洪惠镇认为，随着西方文化的涌入，国人的视觉审美习惯也发生了变化，但画家不能一味迎合大众口味。在这方面，潘天寿为我们树立了榜样。他将传统文人画从书斋带入更广阔的天地，始终坚守传统文人画的本色和对中国文化的信念，捍卫了中国画的本质特色，其意义深远。

原中国美术家协会主席刘大为对潘天寿给予了高度评价："潘天寿以'我不入地狱，谁入地狱'的勇气和献身精神，守护着自己的艺术理想与灵魂，同时也捍卫了民族文化的尊严。"今天，我们探讨潘天寿的艺术成就和教育思想，更重要的是要汲取他文化精神中的智慧与启示，为后人指明前行的方向。

上海美协副主席卢辅圣在其著作《文化史中的潘天寿》中深刻剖析了潘天寿的艺术追求与人生理念。他指出，尽管中国近现代时期社会变革剧烈，给文化人带来了极大的不安与不确定性，但潘天寿却坚守传统经典文化所赋予的个体人格力量。他深深热爱着中国艺术所独有的情韵、境界与格调，并致力于将其现代性价值与未来学价值推向世界文化之林，这成了他毕生追求的人生目标。

在当今这个后现代思想与全球化趋势盛行，世界日益同质化、碎片化的时代，如何从各民族传统资源中提炼出能够滋养人类生活和个体存在的精神力量，已成为人们关注的焦点。卢辅圣认为，潘天寿的艺术追求与人生理念为我们提供了宝贵的启示。

陈永怡进一步指出，潘天寿先生身上所展现出的强烈的使命感、不计较名利以及创造性，正是当代艺术家所缺失的。她强调，对潘天寿的研究应当从当下实际出发，将其艺术理念与人生追求与当代社会相结合，而不是将其神化得高不可攀。事实上，潘天寿当初所面对的挑战与困境，也正是当代艺术家们所需要面对和解决的。关键在于我们是否有足够的勇气和智慧去迎接这些挑战，从潘天寿的艺术与人生中汲取养分，为当代艺术的发展注入新的活力。

夏衍故居

一、故居概况

　　夏衍故居，这处承载着历史与文化底蕴的宝地，坐落于风景如画的杭州庆春门外严家弄50号。这座中式平房，虽建于清末民初，却仿佛时光凝固，诉说着夏衍先生曾经的岁月。如今，它已化身为陈列室，不仅是杭州市的文物保护单位，更是人们心中的爱国主义教育圣地。

　　故居原名八咏堂，是一座五开间七进深的院落，仿佛一个时光隧道，引领我们穿越回夏衍先生的青少年时代。经过扩建，现在的故居占地一千两百平方米，建筑面积六百平方米，既保留了江南民居的韵味，又融入了现代展陈的元素。

走进故居，仿佛置身于夏衍先生的生活世界。展厅内，夏衍先生的生平事迹被一一呈现，他的眼镜、衣物等遗物，以及名家字画等珍贵文物，都让人感受到他一生的传奇与辉煌。而八咏堂、蚕房、私塾等展室，更是生动地再现了夏衍先生童年及青少年时期的生活场景。

特别值得一提的是，故居内还设有一楼展厅和二楼放映室。一楼展厅详细介绍了夏衍先生的生平和他在电影、新闻、外交等领域的卓越贡献，让人深感敬佩。而二楼放映室则可为参观者放映夏衍先生编剧的电影，让人在光影中感受他的艺术魅力。

作为浙江省及杭州市的党史教育基地，夏衍故居不仅承载着夏衍先生的历史记忆，更是传承红色文化、弘扬爱国主义精神的重要场所。这里，吸引了无数学生和社会各界人士前来参观学习，共同缅怀这位伟大的文化名人。

此外，故居内还珍藏了赵朴初、楚图南、黄胄、华君武等著名书画家及文化名人捐赠的墨宝及物品，这些珍贵的艺术品不仅增添了故居的文化底蕴，更让人们感受到夏衍先生与这些文化巨匠之间的深厚情谊。

总之，夏衍故居是一座充满历史与文化底蕴的宝地，它见证了夏衍先生的一生传奇，也承载着红色文化和爱国主义精神的传承。在这里，我们不仅可以深入了解夏衍先生的生平事迹和卓越贡献，更能感受到他那种坚韧不拔、追求真理的精神力量。

二、人物生平

夏衍，原名沈乃熙，字端轩，祖籍河南开封，生于浙江杭州，曾用笔名包括沈端先、沈宰白、徐佩韦、黄子布、余伯约、司马牛等。他早年家境贫寒，曾在染坊店当学徒，后于1914年毕业于德清县立高小，次年进入杭州浙江公立甲种工业学校，1920年毕业。之后，他赴日本明治专门学校电机科深造。

1924年，沈乃熙加入国民党，并积极参与政治活动，担任国民党左派驻日总支部的常委兼组织部部长。然而，1927年四一二事变后，他被国民党开除党籍。同年5月，他回到上海，不久便加入中国共产党，投身于闸北区的工人运动，并大量翻译文艺作品。

1929年，沈乃熙开始使用笔名夏衍，并积极参与筹备中国左翼作家联盟，后被推举为执行委员。同年，他翻译了高尔基的名著《母亲》。此外，他还与郑伯奇等人组织上海艺术剧院，致力于推动文艺事业的发展。

1932年，夏衍进入明星电影公司担任编剧顾问，开始涉足电影领域。1933年，他担任党的电影小组组长，全力投入电影事业，并主编左翼戏剧刊物《艺术》《沙仑》。

在文学创作方面，夏衍于1935年发表短篇小说《泡》，这是他首次以夏衍的笔名在《文学》杂志上发表作品。此后，他陆续创作了一系列具有社会意义的作品，如报告文学《包身工》，多幕话剧《赛金花》《自由魂》以及剧本《上海屋檐下》等。这些作品深刻反映了当时社会的各种问题，引起了广泛的关注和讨论。

1937年，夏衍担任《救亡日报》总编辑，积极投身抗日救亡运动。在抗日战争期间，他辗转多地从事新闻工作，同时继续创作话剧作品，如《愁城记》《心防》等，为抗战宣传作出了重要贡献。

《法西斯细菌》等作品是夏衍的代表作，他还成功地将托尔斯泰的《复活》改编为话剧。1945年，他创作了剧本《芳草天涯》，生动描绘了抗战时期知识分子的爱情生活，一度在文艺界引发广泛讨论。夏衍的剧作擅长从小人物的生活中折射时代变迁，其艺术风格质朴而凝练。抗战期间，他还创作了大量杂文和随笔。

1949年5月，夏衍随军进驻上海，先后担任文教接管委员会副主任、上海市委常委兼宣传部部长以及上海文化局局长。1954年，他升任文化部副部长。在此期间，他创作了《祝福》《林家铺子》《革命家庭》《在烈火中永生》等由文学名著改编的电影剧本，成功保留了原著的神韵和风采。

然而，1965年夏衍被免职，前往山西介休参加"四清"运动，并度过了长达八年零七个月的"监护"生活，期间留下了无法治愈的残疾。粉碎"四人帮"后，他当选为全国影协主席、文联副主席，并出版了《劫后影谈》《懒寻旧梦录》等作品。

三、人物事迹

1941年春节前夕，桂林的《救亡日报》在历经两年多的运营后，被国民党当局查封。这份在中国共产党领导下的报纸，自1937年8月4日在上海创刊起，便始终坚守抗日民族统一战线的方针，为全民族的抗日救亡运动提供了强大的宣传支持。当时，郭沫若担任社长兼发行人，夏衍则担任总编辑。

随着上海沦陷，《救亡日报》历经波折，于1938年迁至广州复刊，但不久又面临日军围攻，不得不再次转移。在通信中断的困境中，夏衍决定前往桂林寻找李克农商议对策。他辗转找到郭沫若和周恩来，但恰逢长沙大火，周恩来虽无暇详谈，却指示夏衍回桂林与李克农商议自筹经费，尽快恢复报纸出版。

夏衍随即前往桂林与李克农商量，并赴香港筹款。郭沫若随后也来到桂林，周恩来更是专程从长沙赶来，为《救亡日报》的复刊指明方向。在驻港廖承志的支持下，夏衍成功筹得1500港币作为办报经费。

1939年1月10日，《救亡日报》终于在桂林成功复刊。夏衍作为总编辑，以严谨的态度主持报纸工作，亲自撰写社论和时评，坚定宣传抗战精神，反对投降分裂，揭露汪精卫叛国投敌和国民党消极抗日、积极反共的丑行。这份报纸在桂林的两年间，为抗日救亡运动注入了强大的精神力量。

《救亡日报》在抗日战争的宣传工作中，不仅吸引了广大民众的眼球，也引来了反动派的敌意。那起震惊中外的"皖南事变"，最终导致了《救亡日报》在桂林的停刊。1941年1月，蒋介石以国民党军事委员会的名义发布命令，声称新四军"叛变"，并撤销了其番号。同时，他要求全国各报纸必须刊登颠倒黑白的"中央社"电讯稿和"军委命令"，意图掩盖真相。然而，夏衍坚决拒绝刊登这份诬蔑新四军的电稿。

不到三个月后，即1941年3月1日，桂林的国民党新闻检查所遵循蒋介石重庆当局的秘密指令，查封了《救亡日报》。

四、文化影响

夏衍，这位30年代左翼戏剧运动的领军人物，以其独特的艺术视角和深邃的政治洞见，为中国现代话剧的发展注入了新的活力。他不仅继承了"五四"以来中国话剧的优秀传统，更在此基础上进行了诸多创新性的探索，从而开创了一片崭新的艺术天地。

夏衍的作品，如同一幅幅生动的社会画卷，展现了大时代里普通知识分子和市民阶层的悲欢离合。他巧妙地将自己的政治态度融入普通人的日常生活与内心冲突中，使得那些看似平凡的小人物，实则成了激荡时代的缩影。读者和观众在品味这些故事时，仿佛能听到时代前进的脚步声，感受到波澜壮阔的时代气息。

夏衍的创作个性鲜明，他善于以近乎平庸的写实精神反衬出时代的波澜壮阔。他并未简单地用艺术图解政治，而是通过对政治与艺术关系的深刻理解，将政治意识、政治热情与艺术创作巧妙地结合在一起。这使得他的作品既具有深刻的思想内涵，又充满了艺术感染力。

正是夏衍这种敏感多思、善于冷静观察和剖析的艺术气质，使得他能够将作品的政治倾向性与艺术性完美地结合在一起。他的戏剧艺术风格独特而富有个性，使得他在同时代的剧作家中脱颖而出，赢得了广泛的赞誉和尊重。

可以说，夏衍以其卓越的才华和坚定的信仰，为中国现代话剧事业的发展作出了不可磨灭的贡献。他的作品不仅丰富了我们的精神世界，更为我们提供了一个观察和思考社会政治问题的独特视角。

严济慈故居

一、故居概况

　　严济慈，这位中国现代物理学的奠基人，他的故居静静地坐落在东阳市横店镇，仿佛时光的见证者，诉说着他传奇的一生。这处故居并非只是冷冰冰的建筑，而是充满了生活的温度与情感的痕迹。

　　走进横店镇下湖严小区，你会看到两幢古朴的宅院，它们静静地伫立在那里，见证了严济慈的成长与辉煌。其中一幢是他的祖居，也是他出生的地方，承载着家族的记忆与传承。而另一幢，则是他与妻子张宗英为母亲精心打造的康养居所，被誉为当时全村最美的房子，展现了严济慈对家人的深深爱意。

1901年1月23日，严济慈诞生在那幢小小的三合院内。这座三合院由他的曾祖父在清朝同治年间建造，占地206平方米，西南朝向，青砖黛瓦，古朴典雅。院墙上的水墨画和题字，无不透露出家族对教育的重视和对和谐生活的向往。

　　随着时光的流逝，家族人口的增多，祖居变得拥挤起来。为了让劳苦了大半辈子的母亲能够住得更加宽敞舒适，严济慈不惜将自己攒下的稿费和工资寄回东阳，让胞弟严济火负责建造一幢新的四合院。这座四合院采用了东阳传统民居的"十三间头"设计，前后两进，二楼四面连通，形成了典型的"走马楼"格局。正门上方的石刻"客星照耀"四字，不仅寓意着严家远祖严子陵的非凡才华，更象征着严济慈这位科学巨星的璀璨光芒。

　　走进四合院，你会感受到一股清新的书香气息扑面而来。无论是左右边门门楣上所书的"枕史""菲经"，还是格扇门上雕刻的"礼、乐、射、御、书、数""格心""文经武纬"花板，都彰显出严济慈对家族教育的重视和期望。这里不仅是他的家，更是他精神的寄托和情感的归宿。

　　严济慈的故居，不仅是他个人成就的见证，更是他家族历史与文化的传承。在这里，我们仿佛能够穿越时空，感受到他那至情至性的生活态度和对科学的执着追求。

　　在祖居与故居之间，屹立着一棵挺拔的柏树，它见证了严济慈先生1996年落叶归根的深情。自1950年至1996年，严济慈先生曾十次踏上故乡的土地，但自1958年起，因种种缘由，他长达28年未能再回故乡。

1982年，一封满载思乡之情的信件从远方飞来，严济慈先生向故乡的东阳县领导和母校东阳中学表达了他对故乡的深深眷恋，那份情感如同梦魂般萦绕心头。

　　时光流转，岁月如歌。2011年，严济慈先生的故居被赋予了新的荣誉，被列为浙江省文物保护单位。这是对一位现代物理学巨擘的崇高致敬。而在次年，一颗新发现的小行星更是以"严济慈星"命名，永远闪耀在宇宙的浩瀚之中，纪念着这位伟大的科学家。

　　然而，正如那些曾经风靡一时的法兰西情书逐渐被时光遗忘，严济慈先生的故居这处位于东阳乡间的传统民居，也渐渐陷入了沉寂。它静静地矗立在那里，努力抵抗着岁月的侵蚀，默默诉说着过往的辉煌与荣耀。

　　值得一提的是，2011年1月7日，严济慈故居迎来了新的里程碑，它被正式公布为第六批浙江省文物保护单位。这一荣誉不仅是对严济慈先生贡献的认可，更是对故乡文化的一种传承与保护。

二、人物生平

　　严济慈（1901-1996），杰出的物理学家，浙江东阳人。他自幼聪慧，12岁便步行至县城求学，后连续以优异成绩考入并毕业于东阳县中学和南京高等师范学校数理化部。1923年，他更是以第一名的成绩从南京高等师范学校毕业，其间还担任了《数理化》杂志主编，并编写了影响深远的《初中算术》和《几何正题法》两书。

　　凭借出色的学术表现，严济慈得到了众多教授的资助，赴法国深造。在巴黎大学理学院，他仅用一年时间便获得了数理科学硕士学位，这一成就在巴黎大学校史上堪称空前。

这位来自中国的留学生，虽衣着朴素、沉默寡言，却在一夜之间成了巴黎大学的焦点。他并未止步，而是坚定地迈向博士学位。

63岁的法国著名物理学家厦里·法布里教授接纳了这位名叫严济慈的青年，作为他的导师，引领他进入科学的殿堂。严济慈选择了"晶体压电效应的反现象"作为他的研究课题，这是一个居里兄弟曾尝试却未能解决的难题。

仅用一年时间，严济慈便以坚韧不拔的毅力和严谨求实的态度，攻克了这一科学难题。他利用单色光作为测量工具，精确测定了石英压电定律的"反现象"，成为世界上首位在此领域取得突破的科学家。

当厦里·法布里教授在法国科学院的例会上宣读严济慈的论文《石英在电场下的形变和光学特性变化的实验研究》时，会场爆发出热烈的掌声和赞誉之声。这是法国科学院历史上首次宣读中国人的论文，严济慈的成就轰动了整个巴黎。

不久后，严济慈顺利完成了博士论文，成为首位获得法国国家科学博士学位的中国人。1927年，他学成归国，与等待他四年的张宗英小姐喜结连理，并担任多所大学的数学和物理学教授。

次年冬天，严济慈再度赴法深造，在巴黎大学光学研究所和法国科学院大电磁铁实验室进行了两年的研究工作。他还协助居里夫人实验室安装调试显微光度计，并进行了有关干涉现象的测试。

1930年底，严济慈经苏联返回北平，继续他的科学之旅。他的故事传颂至今，激励着无数青年学子追求科学真理、勇攀学术高峰。

严济慈被国立北平研究院聘任为物理所专职研究员及所长，一年后兼任镭学研究所所长。1932年，他与北平物理学界同仁共同创立了中国物理学会。30年代是严济慈科研生涯的巅峰时期，他与团队发表了53篇论文，其中51篇发表于国际权威期刊。他在物理学多个领域取得开创性成果，1935年被法国物理学会选为理事。

在此期间，严济慈还培育了一批杰出的科学人才，如陆学善、钱三强等。他亲自带领钱三强赴法国，推荐给居里夫人实验室进行研究。1937年，他赴法国、瑞士参加多个国际会议，展现了中国科学家的风采。

1945年，严济慈受邀赴美讲学一年。1948年，他当选为中央研究院院士，并担任中国物理学会理事等职务。1949年，郭沫若院长邀请他出任中国科学院办公厅主任，开启了他科学事业的新篇章。

此后，严济慈历任多个重要职务，积极推动我国科技事业的发展和国际交流。1988年，他荣获法国荣誉军团军官勋章。同时，他也是一位杰出的社会活动家，曾任全国人大常委会副委员长，为我国的社会进步和科学事业作出了卓越贡献。

中国科学院主席团执行主席、中国科协名誉主席、九三学社中央副主席及名誉主席严济慈，是我国现代物理研究领域的先驱之一。在新中国科技发展的历史长河中，他倾注了无数心血，铸就了不朽的功勋。数十载春秋，他致力于科学管理工作，而"重返实验室，继续科研探索"则成为他未竟之志。

1980年初春，八十高龄的严济慈光荣加入中国共产党，实现了他的人生新追求。1996年严冬，这位享年96岁的科学巨匠在鲜花与翠柏的簇拥下安详辞世，永远地闭上了眼睛。

三、人物事迹

严济慈不仅是中国现代物理学研究的先驱，更是我国科学技术事业的奠基人。他的学术生涯充满了传奇色彩，每一步都闪耀着智慧的光芒。

早年，严济慈便师从著名物理学家法布里教授，在学术的殿堂里精耕细作。他的博士论文，在国际物理学界引起了巨大的轰动。他首次精确测定了居里压电效应的"反现象"，并发现了光双折射的新效应，这一成果不仅震惊了法国科学院，更让严济慈的名字在学术界熠熠生辉。旅法美术家徐悲鸿先生甚至亲自为他素描头像，赞誉他为"科学之光"。

在法期间，严济慈与居里夫人结下了深厚的友谊。1930年底，居里夫人亲自赠送他一些放射性氯化铅，以支持他回国后开展放射学研究工作。这份深厚的情谊和信任，不仅体现了居里夫人对严济慈学术能力的认可，更彰显了两国科学家之间的深厚友谊。

然而，严济慈的心中始终牵挂着祖国。1930年，他毅然放弃了在法国的高薪教职，回到祖国，致力于"让科学研究在中国土地上生根"的事业。他主持北平研究院物理研究所和镭学研究所近20年，带领一批青年学子在多个科学领域取得了重要成果。

在压电晶体学领域，严济慈系统研究了石英圆柱体施加扭力起电的现象，发现了石英扭电定律，为这一领域的研究开辟了新的道路。在光谱学领域，他深入研究了碱金属蒸气等的光谱，发现了轴向对称的分子有效截面数值与费米—莱因斯伯格方程不符，为原子物理学中的斯塔克效应等提供了实验证明。在应用光学领域，他精确测定了大气中臭氧在全部紫外区的吸收系数，并发现若干新光带，这一成果被世界各国气象学家用来测定高空臭氧层厚度的变化长达30年之久。

抗战期间，严济慈在昆明黑龙潭领导北平研究院物理研究所全体人员，全力从事应用光学的研制工作。他们克服重重困难，先后制造了1000多个无线电收发报机稳定波频用的石英振荡器，以及300多套步兵用五角测距镜和望远镜，为抗战胜利作出了重要贡献。

严济慈的学术成就不仅在国内享有盛誉，更在国际学术界产生了深远影响。他的研究成果发表在《法国科学院周刊》上，成为我国科学家在该刊物上发表研究成果的第一人。他的学术贡献不仅丰富和发展了原子、分子光谱学等领域的知识体系，更为我国科学技术事业的建立和发展奠定了坚实基础。

在抗日战争的烽火岁月中，500架具备1500倍放大能力的显微镜，犹如战场上的锐利之眼，为科学家们揭示微观世界的奥秘提供了重要工具。这些显微镜在疾病诊断、药物研发等领域发挥了关键作用，为抗战胜利贡献了不可或缺的科技力量。因此，在1946年，国民政府特别颁发景星勋章，以表彰这些显微镜在抗战中的卓越贡献。

新中国成立前夕，这位杰出的科学家积极响应国家的召唤，投身于中国科学院的创建工作。在郭沫若的诚挚邀请下，他毅然离开熟悉的实验室，出任中国科学院办公厅的首任主任。此后，他又肩负起中科院第一分院东北分院院长的重任，领导创建了一批骨干科研机构，为新中国的科技事业奠定了坚实基础。

在中科院学部成立后，他更是全身心投入到国家科学技术发展规划的制定中。他组织实施了发展新技术的"四大紧急措施"，为国家的科技进步注入了强大动力。同时，他还努力加强中科院的学术领导和学部工作，推动科研事业的蓬勃发展。

此外，他还积极致力于拓展我国科技与国际间的合作与交流。在他的努力下，我国科技界与国际同行建立了广泛的联系，共同推动科技进步。因此，在1988年，他荣获密特朗总统授予的法国荣誉军团军官勋章，这是对他卓越贡献的充分肯定。

四、文化影响

严济慈在科研领域取得了显著成就，他精确测定了居里压电效应的反现象，并发现了光双折射效应。他系统研究了水晶圆柱体在扭力作用下的起电现象，并总结出水晶扭电定律。此外，他还深入研究了碱金属蒸气的光谱特性，发现其分子有效截面数值与费米-莱因斯伯格方程存在不符之处，为原子物理学中的斯塔克效应等提供了宝贵的实验证据。在大气物理学领域，他精确测定了臭氧的紫外吸收系数。同时，他还研究了压力对照相乳胶感光性能的影响，发现压力会减弱乳胶的感光性能。

从1927年至1938年，严济慈单独或与合作者共发表了53篇学术论文，其中前11篇是在法国工作期间的研究成果，后42篇则是在北平研究院物理所的工作成果。这些论文涵盖了法、英、德等多种语言，并发表在多个国际知名学术刊物上，如《法国科学院周刊》《自然》《物理评论》等。1986年，科学出版社还汇集出版了《严济慈科学论文集》。

除了科研成就，严济慈还积极投身于中国的教育事业。作为中国科技大学筹备委员会的重要成员，他参与了学校的创建工作，并提出并实施了一系列改革开放办学的新举措。他致力于完善教育体系，调整学科结构，增设新兴技术系科和专业，并创建了国家同步辐射实验室和少年大学生班，为中国培养了大批优秀人才。

在领导物理学研究所的同时，严济慈还创建了北平研究院镭学研究所，致力于培养青年人才并推动中国的放射化学研究。他积极倡导和支持相关研究，并推荐学生到国外深造，为中国放射化学领域的发展作出了重要贡献。

多名杰出的学者，包括陆学善、钟盛标、钱临照、翁文波、吴学蔺、钱三强、方声恒、陈尚义、吕大元、杨承宗等十余人，都曾前往美国等国的知名实验室进行深造。

吴晗故居

一、故居概况

吴晗故居，这处承载着厚重历史与文化底蕴的宅院，静静地坐落在义乌市上溪镇苦竹塘村。这座建筑，不仅是已故著名历史学家吴晗曾经的家，更是一段时代的记忆，历史的见证。

这座建筑，是吴晗的父亲吴瑸珏于1924年亲手打造的。它采用前廊式天井院砖木结构，占地面积达463平方米，坐北朝南，面阔五间，通面阔20.72米，通进深11.4米，建筑面积440平方米。整体建筑呈"凹"字形，上下两层，布局精巧，正堂、边房、两厢及花园错落有致，相得益彰。

走进故居，你会被其独特的建筑风格所吸引。它既有中国传统建筑的古朴典雅，又融入了西洋建筑的装饰元素，呈现出一种中西合璧的美感。南立面山墙采用了西洋式建筑的装饰风格，显得别具一格。而山墙外的花园，更是别有一番风味。青石甬道穿园而过，四周围墙环绕，漏砖墙的设计使得整个花园既通透又富有层次感。

在故居内，你可以感受到吴晗生前的生活气息。正堂内悬挂着吴晗的遗像，两侧是廖沫沙为悼念诤友而题的词。一楼次间陈列着吴晗生前使用过的书柜、床、书桌及壁橱等实物，仿佛时光倒流，让人置身于那个年代。厢房内则陈列着反映吴晗生平事迹的图片，让人对他的一生有了更直观的了解。二楼则主要陈列吴晗各个历史阶段的生平事迹资料、主要著作、往来书信和手迹复制件等，让人能够更深入地了解这位历史学家的学术成就和人生轨迹。

此外，故居内院墙上还嵌有彭真委员长为《吴晗传》题词的青石碑，这是对吴晗学术贡献的肯定和赞誉。而吴晗的衣冠冢则位于他的故乡上溪镇苦竹塘村苦山，采用下沉式设计，上方立有一块黑色大理石质墓碑，字迹清晰可辨。墓后则是其父吴闻斋和其弟吴春曦的鹅卵石纪念墓，三人的墓地紧密相连，象征着家族的延续和传承。

吴晗故居经过两次修缮，如今已焕然一新。它不仅被公布为浙江省级文物保护单位，更是义乌市爱国主义教育基地。这里不仅吸引了众多游客前来参观，更成为学生们了解历史、学习文化的重要场所。每一次走进吴晗故居，都是一次与历史的对话，一次对文化的传承和弘扬。

二、人物生平

吴晗，1909年8月11日出生于浙江义乌，原名吴春晗，字伯辰。他的家庭经济状况时常在温饱和小康之间波动。他的父亲吴滨珏，是一位秀才出身的人，对家庭的教育非常严格。吴晗在少年时期就展现出了聪明才智，对历史，特别是明史产生了浓厚的兴趣。

吴晗不仅早慧，而且早熟。他在12岁时到金华读中学，广泛阅读，一方面吸收了梁启超的变革维新思想，一方面也学会了打麻将、抽烟，甚至逃学旷课。总的来说，他不是一个"乖孩子"。1925年，吴晗中学毕业，由于家道衰落，他选择在本村小学教书，以此赚取一些工资贴补家用。

1927年秋季，吴晗考入杭州之江大学，但他并未止步于此。一年后，他毅然离家，再次考入之江大学预科。然而，学校停办使他转赴上海，并成功进入中国公学，由此与该校校长胡适结缘。

进入公学后，吴晗成为胡适的门生，并受到其悉心指导。他勤奋好学，不久便撰写了《西汉的经济状况》一文，获得胡适的高度认可。1930年，吴晗写信向胡适请教学术问题，表达了对胡适的敬仰与信任。即便胡适事务繁忙，吴晗仍视其为解决学术难题的最佳人选。

胡适离开中国公学后，吴晗追随其北上，并在顾颉刚的推荐下，进入燕京大学图书馆担任馆员。在此期间，他完成了《胡应麟年谱》，开启了对明史的研究。胡适对吴晗的作品大加赞赏，并邀请他面谈，从此吴晗正式成为胡适的弟子。

1931年，吴晗因《胡应麟年谱》受到胡适赏识，被推荐至清华大学史学系担任工读生，专攻明史。在大学期间，他发表了四十余篇论文，其中《胡惟庸党案考》《〈金瓶梅〉的著作时代及其社会背景》《明代之农民》等作品备受史界瞩目。

毕业后，吴晗留校任教，讲授明史课程。20世纪30年代的中国动荡不安，吴晗虽未直接参与学生请愿活动，但他始终保持着爱国热情，关注国家命运。作为一位热血青年，他用自己的方式支持着国家的进步与发展。在1932年1月30日，某人在给胡适的信中愤怒地指责当时的政府，认为其卑鄙无耻、丧心病狂，并希望胡适能提供解决方案和指引一条明路。然而，胡适并未直接回应他的请求。相反，他在同年6月27日发表了《赠与今年的大学毕业生》一文，坚持"科学救国"的理念，并鼓励学生们保持信心。由于胡适的关照，吴晗在清华获得了良好的学习条件。

当吴晗毕业时，他将胡适的名言："大胆的假设，小心的求证。少说些空话，多读些好书。"作为自己的座右铭，并在毕业照上题写。这句话对他影响深远，塑造了他的学术态度。

1937年抗日战争爆发后，吴晗应聘至云南大学任教，后又转至西南联大。在此期间，他对当时的社会现状感到日益不满，并逐渐投入到抗日民主运动中。此时，由北大、清华、南开等组成的西南联大也迁至南方建立了新的教育基地。

1940年，在云南大学工作近三年的吴晗返回母校，他的思想开始全面左转。当时，国民政府官员的腐败传闻广泛流传，而中共组织则利用龙云与蒋介石的矛盾在西南联大积极活动，鼓励师生反蒋，并与吴晗有了更多的接触。这些复杂的因素加剧了吴晗对当局的不满和仇恨。

1943年7月，吴晗加入了民盟，并开始彻底放弃胡适的"读书救国"论。从此之后，他从一个历史学家转变为社会活动家。在中共组织的支持下，他积极投身于各种反蒋活动中，态度越来越鲜明激烈，对国民政府的批判也日益尖锐。遗憾的是，自此以后他再未创作出杰出的史学作品。

抗战结束后，1946年5月西南联大解散，吴晗前往上海发展。然而在上海期间，他见证了李公朴、闻一多等人的被暗杀事件，这无疑加深了他对社会现实的失望和对当局的不满。吴晗对独裁、专制和暗杀行为深感愤慨，他通过一系列文章强烈谴责这些罪恶行径。在《论暗杀政治》一文中，他明确指出，独裁与专制会导致人民遭受各种形式的迫害，包括失踪、殴打、造谣中伤，甚至遭受枪击、手榴弹、机关枪等武器的攻击。吴晗认为这种暗杀政治是极端反民主、反人类的，它使独裁者自绝于人民、自绝于国际社会。

1946年8月，吴晗返回北平，继续在清华大学执教，并担任北平民盟的主任委员。同年，他与中共的关系日益紧密。回到清华后，吴晗不仅积极履行民盟北平市支部主委的职责，还大力宣传中共的政治主张。他的影响力逐渐扩大，许多知名教授都受到了他的启发和影响。其中，原本对政治持中立态度的朱自清教授，也在吴晗的影响下，积极参与了反蒋反美的通电、签名等活动。此时，吴晗已成为中共信赖的朋友。他承担起部分中共地下工作，地下党也在经费上给予一定的支持。他偷偷收听解放区的新闻广播，记录后传抄、油印、散发，扩大中共的影响。由于他活动频繁，引起了国民党当局的注意，并被列入抓捕名单。经中共地下党安排，他于1948年11月来到河北西柏坡中共中央所在地。初到解放区的吴晗对"专政""万岁"这些铺天盖地的标语口号并不习惯，但渐渐被周边气氛感染，不久就心悦诚服地接受了。

北平解放后，吴晗以卓越的领导力和深厚的历史知识，以副军代表身份接管了北京大学和清华大学，并承担了清华大学校务委员会副主任和历史系主任的重要职务。他的智慧和领导力，使得这两所顶尖学府在新的社会制度下得以顺利发展。

1949年后，吴晗的职业生涯更为辉煌。他先后担任北京市副市长、中国科学院哲学社会科学部委员、北京市历史学会会长等职务。他不仅在专业领域有着深厚的造诣，而且对历史有着独到的见解。他主持了改绘杨守敬的《历代舆地图》，以及标点《资治通鉴》的工作，为历史研究提供了新的视角和工具。此外，他还主持了明十三陵中定陵的发掘，展现了他在考古学领域的卓越才能。

吴晗十分重视历史知识的普及工作，他深知历史不仅是学者研究的对象，更应该是广大人民了解和掌握的常识。因此，他亲自主编了《中国历史小丛书》和《外国历史小丛书》，为普及历史知识作出了重要贡献。

1957年3月，吴晗加入中国共产党，这标志着他将个人的理想追求与党和人民的事业紧密结合。1959年9月，他发表《论海瑞》《海瑞骂皇帝》等文章，提倡敢讲真话的精神，用他的勇气和智慧为人们树立了良好的榜样。

在"文化大革命"开始后，吴晗遭受了精神上和肉体上的摧残。

尽管他在1960年写成了新编历史剧《海瑞罢官》，但他的生活已经陷入了困境。1965年，他的代表作《朱元璋传》第四次修改稿出版，这部作品在运用历史唯物主义观点研究历史方面达到了新的高度，具有极高的学术价值。

吴晗的一生充满了奋斗和牺牲，他对历史研究和普及工作的贡献不可磨灭。他的故事提醒我们，无论面对多大的困难和压力，都要坚持真理、坚守信仰、勇于担当。1979年7月，北京市委为"三家村反党集团"冤案平反，为吴晗恢复党籍，恢复名誉。

三、人物事迹

吴晗自幼便展现出卓越的诗歌才华，对读书有着极度的热爱，尤其是历史和古典文学。他因此被戏称为"蛀书虫"。1931年，22岁的吴晗以文史和英文满分的成绩、数学零分的独特方式考入了清华大学历史系，这一事迹被人们传为佳话。然而，此时吴晗的家庭经济状况已经无法支持他的学费。幸运的是，在胡适的帮助下，他获得了一个工读生的机会，这解决了他的经济困境。

在清华园中，吴晗迅速崭露头角，成为史学界的新星。在短短三年内，他发表了四十多篇文章。毕业后，他选择留校任教，并在此期间发表了《胡惟庸党案考》《后金之兴起》等多篇重要论文。他的卓越成就和勤奋精神赢得了师生们的广泛赞誉。他甚至从《朝鲜李朝实录》中摘录了高达357万字的史料，这使他被誉为"太史公"。

尽管吴晗在学习和研究上取得了巨大的成功，他也因此获得了两个不太雅致的绰号。由于他总是全神贯注于学习、研究，对周围漂亮的女生从不关心，同学们给他起了一个"腐儒"的绰号。然而，这并没有影响到他的生活和事业。更为有趣的是，虽然他有些迂腐，但清华大学的才女袁震却深深地爱上了他。

袁震也是清华历史系的学生，比吴晗高两年级也大两岁。她出生在湖北的一个知识分子家庭。在文学和史学方面都有很深的研究，并发表过《武则天》《中国地名考》等文章。然而，不幸的是，她患有严重的骨结核，长期卧病在床。

开始时，吴晗只是受同学梁方仲所托去照看她。然而，经过一段时间的相处，两人发现彼此在历史问题和学术问题上有着相同的兴趣和观点，他们开始建立起深厚的感情。经常是袁震在病床上躺着，吴晗就站在旁边与她讨论历史问题和学术问题，彼此非常投机。

当时，吴晗明明知道袁震不能生育，但他仍然决定娶她。这一决定不仅受到家人的反对，也遭到好友们的劝阻。然而，吴晗坚决地向袁震表达了他的爱意。袁震因为担心拖累吴晗而拒绝了他的求婚。然而，吴晗并未放弃。经过数年的坚持和努力，1939年，吴晗的深情终于化解了袁震的担忧，他们最终喜结连理。

在抗战时期，物价飞涨，民不聊生。袁震与吴晗这对患难情侣在生活困苦的情况下，依然坚守着对彼此的承诺。吴晗在自传中描述了他们的艰难生活，即使在这样的困境中，他们的伉俪之情依然不减。吴晗甚至多了一个爱好，去附近湖里钓鱼，想尽办法给妻子补充营养。

吴晗母亲去世时，弟弟吴春曦回老家料理丧事，得了冰疮病毒，侄子吴昆得了斑疹伤寒病毒，在上海无法治愈。然而，幸运的是，通过留学德国的医生朋友的帮助，他们得知国际上有新药可以治疗这些疾病。吴晗得知后，毫不犹豫地将出版《朱元璋传》的稿费全部寄回老家购买进口药。这不仅挽救了侄子吴昆的生命，也让弟弟吴春曦摆脱了疾病的困扰。这充分展现了吴晗对家人无私奉献的精神和对生命的尊重。

在西南联大期间，吴晗经历了巨大的转变。他深刻认识到国难深重，国民党政府却仍然对外屈辱、对内高压。这样的现实刺激着他思考如何更好地为国家和社会作出贡献。袁震的引荐也为他的学术生涯带来了新的机遇和挑战。

国立西南联合大学的旧址位于云南师范大学一二一西南联大校区校园内。在抗战时期，西南联大正如它的校训"刚毅坚卓"一般，哺育了一批钢筋铁骨的卓越人才。吴晗在这里教书育人，也在这里发生了巨大的转变。他不仅注重学术研究，还积极参与社会活动和抗日救亡运动。这种多元化的学术环境也为他日后的学术生涯奠定了坚实的基础。

1943年7月，吴晗加入了中国民主同盟，并介绍好友闻一多加入民盟。他们起草了许多文件、宣言、声明，并发表了具有影响力的演讲。闻一多因此被称为"怒狮"，吴晗则被称为"猛虎"，他们一个是时代的鼓手，一个是民主的炮手。

国民党派人去拉拢吴晗，许诺他可以当一个部长；拉拢不成，又百般威胁。吴晗回答："在中国历史上，每个朝代亡国时，总有些殉国的志士，今天中国到这种局面，也该有殉难的人了，我早就准备好了，有什么关系！"

1945年，"一二·一"惨案发生。吴晗与闻一多更加勇猛地投入到战斗当中，让国民党特务非常恼恨，将他们列入暗杀的黑名单。不久，闻一多殉难，吴晗悲痛万分。他在《谈骨气》中谈道：民主战士闻一多是在1946年7月15日被国民党枪杀的。在这之前，朋友们得到要暗杀他的消息，劝告他暂时隐蔽，他毫不在乎，照常工作，而且更加努力。明知敌人要杀他，在被害前几分钟还大声疾呼，痛斥国民党特务，指出他们的日子不会很长久了，人民民主一定得到胜利。在《司徒雷登》一文中提到，许多曾经是自由主义者或民主个人主义者的人们，在美国帝国主义者及其走狗国民党反动派面前站起来了。闻一多拍案而起，坚决对抗国民党的手枪，宁愿倒下也不愿屈服，展现了我们民族的英雄气概。闻一多之子闻立雕对此深感感慨。

清华园旧西院12号，曾经是吴晗和袁震的住所。1946年8月，回到北平的吴晗、袁震夫妇更加积极地投身于斗争，他们的住所也成了中共党员和进步人士的聚会场所。

回到清华后，吴晗一边教学，一边主持民盟北平市的工作，很快与一批著名教授建立了联系。在反饥饿反内战、抗议美军强奸中国学生的运动中，北平教授发出的通电、声明大多由吴晗起草并签名。他还利用自己的教授身份，协助一批已经暴露身份的地下党员和进步学生秘密前往解放区。

1948年，中共北平地下党探知吴晗已经上了逮捕人员的黑名单，便立即安排他前往西柏坡。此后，他开始致力于创作历史著作《朱元璋传》，这是他最重要的著作之一，他花了20多年时间撰写与修改。

1949年11月，吴晗当选为北京市副市长，生活有了保障。虽然行政工作繁忙，吴晗仍然对中国历史与科学的建设倾注了大量心血，不仅筹建了北京天文馆，主持了"新中国史学三大工程"，还主编了《中国历史小丛书》和《外国历史小丛书》等图书，对普及中外历史知识起了重要作用。

四、文化影响

吴晗，这位卓越的学者，以其非凡的智慧和勤奋，在清华求学期间便已展现出他在史学领域的深厚造诣。他撰写了《胡惟庸党案考》《明代靖难之役与国都北迁》以及《明代之农民》等一系列具有深远影响力的文章，这些文章不仅见解独到，而且在史学界产生了广泛的影响。

1934年，吴晗从清华毕业后留校任教，他的课堂涵盖了明史和明代社会等重要课题，其影响力之广，足以与陈寅恪、张荫麟等史学大师相提并论。

吴晗年轻时的另一重要史学成就是关于"建州史"的研究。建州，作为女真族的发源地，在努尔哈赤入关并建立清王朝后，极力否认建州曾在明朝管辖之下，并在清修《明史》中对历史进行了篡改、伪造和歪曲。

如鲁迅所指出，清朝纂修的《四库全书》实际上对中国的历史进行了篡改和歪曲。然而，通过吴晗的深入研究，考据结果表明，早在明朝就设有"建州卫"，女真族长期隶属明政府，是中华民族中的一员。

这一发现使吴晗的史学观念发生了深刻变化。他在主编《益世报》史学专刊时表达了这样的观点：首先，我们应该只论是非，不论异同；其次，我们应该追求真理；再者，我们应该重视那些通常被忽视的正史以外的历史记载；最后，史学是属于社会的、民众的。

这表明吴晗对官修历史产生了严重的质疑。他在《史学》一周年的致辞中写道："我们认为帝王英雄的传记时代已经过去了，理想中的新史应该是社会的、民众的。"

吴晗的卓越贡献和深刻洞见不仅在于他的学术成就，更在于他坚定的信仰和对真理的不懈追求。他的思想和行动都充分体现了作为一名史学家的良知和责任。他的工作不仅改变了我们对历史的看法，也提醒我们历史的真相需要我们去发掘、去维护、去传承。

因剧本《海瑞罢官》，吴晗被卷入残酷的政治斗争当中，遭受了最严重的迫害，直至1969年10月含冤去世。粉碎"四人帮"后，吴晗和袁震被彻底平反，吴晗的人性光芒和史学贡献重新散发出无穷的魅力。

在义乌和北京各有一座"晗亭"，虽相隔万里，却一脉相承。清华大学校园里的"晗亭"，由邓小平亲笔题名，是1984年8月为纪念吴晗诞辰75周年而建。义乌的"晗亭"屹立于虎山脚下，建于2004年。墓地和小广场中部伫立着一块黑花岗石墓碑，正中写着：吴晗袁震之墓。由朱镕基题字，墓碑顶部雕刻着一本翻开的花岗石"大书"。

义乌还有吴晗故居、吴晗史学馆，有一条大道叫春晗路，有一座教学楼叫春晗楼，有一个班级叫春晗班……当地人民用这样的方式，世世代代缅怀着这位有骨气的民主斗士、史学先辈。

袁牧之故居

一、故居概况

袁牧之故居，隐匿于宁波海曙区南郊杨家桥巷1号的静谧之地，于2003年荣登宁波市人民政府的市级文物保护名录。这座宅邸，宛如一位历经风霜却依旧风姿绰约的老者，诉说着往昔的辉煌。

故居的主体建筑，坐西朝东，宛如一位守望者，默默凝视着岁月的流转。南北两面，高耸的五级马头墙巍然屹立，仿佛守护着这片古老的土地，彰显着其威严与庄重。底部，坚实的长方形青石铺就了稳固的基础，而青石门框的门楣上，左右对称的雕饰更是锦上添花，为这座古宅增添了几分精致与典雅。

步入其中，一座宽1.6米、进深2米多的门拱映入眼帘。门拱两侧，精美的雕饰仿佛在诉说着历史的沧桑。穿过门拱，一座晚清风格的"五间两弄硬山式"建筑展现在眼前。尽管岁月已在木柱上留下了斑驳的漆痕，老墙上也布满了苍苔，但依旧难以掩盖其构造的精细与雕塑的雅致。高低有序、错落适宜的宅第建筑艺术风格，让人不禁为之赞叹。

更令人称奇的是，故居的梁柱上融入了文学、绘画、书法、雕刻等多种艺术元素。这些木雕工艺饰品，不仅技艺精湛，更蕴含着深厚的文化底蕴。它们或描绘山水风光，或展现人物故事，或书写诗词歌赋，将艺术与生活完美地结合在一起，让人在欣赏之余，也能感受到传统文化的魅力。

这座袁牧之故居，不仅是一座历史悠久的建筑，更是一座充满艺术气息的文化瑰宝。它见证了袁牧之先生的辉煌成就，也承载了宁波人民对传统文化的热爱与传承。每一次踏足其中，都能让人感受到那份深厚的文化底蕴和艺术气息，仿佛穿越时空，与古人共赏这片美丽的土地。

二、人物生平

袁牧之，1909年3月3日出生于浙江宁波，13岁就读上海澄衷中学。他早在14岁时就加入了洪深组织的戏剧协社，成为唯一的小演员。18岁时，他在一些话剧中的出色表演开始引起戏剧界的关注。随后，他进入东吴大学，并在《万尼亚舅舅》等剧中演出。

在1930年，袁牧之受到左翼戏剧运动的影响，接受了进步思想。1934年，他加入电通影片公司，并主演了他的第一部电影《桃李劫》，该片获得了进步舆论的一致赞扬。同年8月至1935年4月，他曾编辑《中华日报》的《戏》周刊36期。

袁牧之在实践中非常重视艺术总结，并著有《牧之随笔》《戏剧化装术》《两个角色的戏》和《演剧漫谈》等书。他主张演员在表演时应"脱了自己而变成剧中的角色"，提倡通过外形技术来模拟角色精神生活，并尝试过许多钻研角色和体现角色的方法，为当时的表演艺术开辟了一条新路。

1935年，袁牧之在影片《风云儿女》中扮演了主人公辛白华，这是一个由沉沦到觉醒，最后走上抗战前线的青年。同年10月，他又成功地编导了中国第一部音乐喜剧片《都市风光》。这部影片是一部暴露当时社会不景气、大都市生活尔虞我诈以及小市民愚昧无知的影片。袁牧之把舞台技巧移到银幕上来，为中国影坛创造了喜剧片的典型。

1936年，袁牧之转入明星影片公司，主演了影片《生死同心》。他不仅是一位杰出的电影导演，还是一位具有深刻社会洞察力的文化人。他的作品深入人心，展现了人性的真实面貌和社会历史的变迁。

袁牧之在电影创作中，以独特的视角和细腻的情感描绘，塑造了众多鲜活的人物形象。他擅长将悲剧和喜剧元素巧妙地融合在一起，使影片风格独特、内涵丰富。他编导的电影《马路天使》通过真实的社会背景和人物的命运，深刻揭示了半殖民地半封建社会的黑暗，引起了广大观众的共鸣和思考。

在抗日战争期间，袁牧之积极参与抗日宣传活动，组织了"上海救亡演剧队"并亲身参与话剧《保卫卢沟桥》的演出。他以坚定的信念和不屈的精神，为民族独立和人民解放作出了积极的贡献。

袁牧之还致力于电影事业的发展，他在解放区拍摄了多部纪录片，并编导了大型历史纪录片《延安与八路军》，为后人留下了珍贵的历史影像。他还在苏联学习期间与苏联著名电影大师合作，积累了宝贵的电影经验。

回国后，袁牧之积极投身于新中国的电影事业建设，他担任东北电影制片厂厂长，并生产了新中国第一部故事片《桥》。他还参与了全国电影领导机构的组建工作，为新中国电影事业的发展作出了重要贡献。

尽管在病中，袁牧之仍然坚持创作活动，他的才华和毅力令人敬佩。他的作品不仅具有艺术价值，更具有深刻的社会意义和历史价值。

袁牧之是一位杰出的电影艺术家和文化人，他的作品和贡献将永远铭刻在中国电影和文化史上。1978年6月30日，袁牧之先生在北京安详离世，享年六十九岁。

三、人物事迹

在1938年的7月，袁牧之与吴印咸毅然离开武汉，踏上了前往延安的旅程。抵达延安后，他们立即着手组建延安电影团，该电影团直接隶属于八路军总政治部，并由总政治部副主任谭政兼任团长，袁牧之则担任总编导。

袁牧之开始着手电影团的首部影片——大型纪录片《延安与八路军》的拍摄。在1939年1月，电影团准备跨越黄河，深入敌后，捕捉八路军在各个根据地坚定抗日、英勇抗敌的壮丽画面。在临行前，领导对他们寄予厚望，希望他们拍摄的电影能够鼓舞全国人民的抗战士气。

随后，电影团进入了晋察冀根据地，受到了边区司令员聂荣臻的热情接待。聂荣臻特别希望电影团能够关注加拿大国际主义战士白求恩的事迹。袁牧之便将白求恩的拍摄工作列为重点。

在1939年的冬天，日军发动了大规模的扫荡。在摩天岭战斗中，为了使战场的伤员能够及时得到救治，白求恩将手术台设在了距战场中心仅3.5公里的黄土岭孙家庄路旁的一座小庙里。就是在这样子弹横飞、炮声隆隆的恶劣环境中，袁牧之和电影团的成员们捕捉到了白求恩为伤员进行手术的珍贵画面。

然而，不幸的是，在这次战斗中，白求恩在进行手术时不幸划破手指，导致伤口感染，最终在1939年11月12日献出了宝贵的生命。几天后，白求恩的追悼会于家寨举行，电影团及时赶到现场，为中国电影纪录片留下了这珍贵而感人的一幕。

四、文化影响

袁牧之，这位杰出的人民电影事业的开拓者和奠基人，为新中国电影事业的发展贡献了不可磨灭的力量。他的贡献不仅局限于中国，更是对世界电影史产生了深远影响。袁牧之被尊为中国电影史乃至世界电影史上的杰出电影大师，他的威望和地位无人能及。

袁牧之的贡献不仅在于他的电影作品，更在于他对中国老一辈电影艺术家的优秀品格和高尚情操的传承和弘扬。他的电影作品中所体现出的精神内涵和高尚品质，成了一代又一代中国电影人的精神支柱和道德典范。他的影响力不仅局限于中国电影界，更是对全社会产生了积极的影响。袁牧之不仅是一位杰出的编导和演员，更是一位卓越的电影事业管理者。他用自己的心血和汗水浇灌培育了中国电影事业，为后人树立了榜样。

他的作品，那些富有教育意义、为广大观众喜闻乐见的影片，至今仍然是电影史上的经典之作。这些作品不仅展示了他的艺术才华和卓越的电影观念，更是为中国电影事业的发展奠定了坚实的基础。

袁牧之的电影观念与电影语言的创见，不仅为当时的中国电影发展带来了重要的影响，更为今后中国电影的发展指明了方向。他的贡献具有开拓意义和里程碑性质，为中国电影事业的繁荣和发展作出了不可磨灭的贡献。

艾青纪念馆

一、故居概况

艾青纪念馆，这座坐落在金华市婺江东路238号的庄重建筑，是金华市于1998年10月专为纪念那位伟大的诗人艾青而精心打造并对外开放的圣地。它不仅是我国唯一一座全方位、多角度展示艾青生平事迹与卓越成就的场馆，更是每一位热爱诗歌、敬仰艾青的人们心中的圣地，是他们缅怀先贤、探寻艺术真谛的重要场所。

时光荏苒，岁月如梭。2015年2月26日，正值农历正月初八，艾青纪念馆新馆正式揭开神秘面纱，向公众开放。新馆占地面积约2700平方米，宽敞而明亮，内部设有6个展厅、1个多功能报告厅，以及展览部、艾青资料征集室等多个部室，为参观者提供了丰富多样的学习和体验空间。

走进纪念馆，你会被馆内琳琅满目的展品所吸引。这里有艾青生前使用过的实物、珍贵的照片、手稿、书信，以及他创作的诗歌文字等展品。每一件展品都仿佛在诉说着艾青一生的故事，生动形象地再现了他在文学道路上的光辉业绩和艺术成就。

艾青纪念馆不仅是一个展示艾青生平与成就的场所，更是一个传承和弘扬爱国主义精神的重要基地。多年来，艾青纪念馆凭借其独特的文化魅力和教育功能，先后荣获"金华市爱国主义先进教育基地""金华市文明单位"等荣誉称号。同时，其党支部也被金华市委组织部授予"五星基层党组织"的殊荣，这是对艾青纪念馆在传承和弘扬艾青精神方面所作出的杰出贡献的肯定。

如今，艾青纪念馆已经成为金华市乃至全国范围内的一个重要文化地标，吸引着无数游客和学者前来参观学习。在这里，人们可以近距离感受艾青的诗歌魅力，深入了解他的生平事迹和卓越成就，从而更加深刻地理解和传承艾青精神。

二、人物生平

艾青，出生于1910年的浙江省金华市金东区畈田蒋村的封建家庭，自幼由一位贫苦农妇养育到5岁。他于1917年就读于金师附小，1928年进入杭州国立西湖艺术学院绘画系深造，翌年赴法国勤工俭学。

在1932年，艾青回国后在上海加入了中国左翼美术家联盟，投身于革命文艺活动。不久后，他被捕入狱，在狱中创作了不少诗篇，其中《大堰河——我的保姆》一诗引起了轰动，使艾青一举成名。1935年出狱后，他出版了第一本诗集《大堰河》，表现出诗人对祖国的深挚感情，泥土气息浓郁，诗风沉雄，情调忧郁而感伤。

抗日战争爆发后，艾青在汉口、重庆等地投身于抗日救亡运动，先后担任《文艺阵地》编委和育才学校文学系主任等职。1941年，他赴延安任《诗刊》主编。在抗日烽火中，艾青深切地感受到了时代的精神，汲取了诗情，抗战期间成为他创作的巅峰期。他相继出版了《北方》《向太阳》《旷野》《火把》《黎明的通知》《雷地钻》等9部诗集。这些诗作倾诉着民族的苦难，歌颂了祖国的战斗，渗透着时代气氛，笔触雄浑，气势壮阔，情调奋发昂扬。这是艾青在延安以后创作风格所起的明显变化。

抗战胜利后，艾青任华北联合大学文艺学院副院长，负责行政工作。中华人民共和国成立后，他先后担任《人民文学》副主编、全国文联委员等职务。艾青的创作继续不断，相继出版了诗集《宝石的红星》《黑鳗》《春天》《海岬上》。然而在1957年，他被错划为右派分子，曾赴黑龙江、新疆生活和劳动，创作中断了20年。

直到1976年，艾青重又执笔创作，迎来了创作的另一个高潮。1979年平反后，他任中国作家协会副主席、国际笔会中心副会长等职。艾青的创作热情并未因此而减退，他继续创作并出版了诗集《彩色的诗》《域外集》，以及《艾青叙事诗选》和《艾青抒情诗选》等多种版本的《艾青诗选》和《艾青全集》。他也多次出访欧、美和亚洲的不少国家。

1985年，法国授予艾青文学艺术最高勋章，这是对他在文学领域的杰出贡献的认可和赞誉。艾青的诗歌作品不仅在中国广为流传，也在国际上产生了深远的影响，他成为中国现代诗歌的代表人物之一。

然而，在1996年5月5日凌晨4时15分，艾青因病逝世，享年86岁。他的离世让人深感痛惜，但他的诗歌作品和精神遗产将永远留存于人们的心中。

三、人物事迹

在1957年，艾青被解除了所有职务。一天，王震将军前来探望这位赋闲在家的诗人，他手指着客厅的中国地图，语气坚定地说："北大荒土地肥沃，十万转业军人将开发这片古老的荒原。我希望你能前往，你愿意吗？"当时无事可做的艾青稍作思考后，答应了这个请求。

1958年春，在王震的帮助下，艾青和家人一起来到了黑龙江省密山县，在大兴安岭八五二农场的南垦村林场安顿下来，并担任了林场副场长。在林场里，艾青和普通的农垦战士一样，伐木、育苗、盖房。他还捐出了自己的5000元稿酬，为林场购买发电机与照明设备。他像一个真正的无产阶级工人一样，在广阔的天地里挥洒着自己的汗水。

第二年的夏天，当王震将军来到林场看望他时，这个曾经文质彬彬的白净中年诗人，已是一副清瘦的普通农民的模样。然而，农场的建设也已初具规模。王震将军心疼老友的同时也为他的成绩感到骄傲。他再次发出邀请："你要不要到农垦部的几个垦区都走走？"这一次，艾青没有立刻回答，但眼中的情绪已经说明了一切："我想去新疆看看！"

1959年11月，年近半百的艾青带着妻子，坐着火车，一路西行来到了新疆的省会乌鲁木齐。当时的新疆正值寒冬，乌鲁木齐下着大雪。艾青到乌市的第一天就摔了一跤，还好没有受伤。他站起来拍拍身上的雪对妻子说："这是新疆送给我的第一份见面礼啊。"而得知艾老要来，当时的新疆书记与兵团副政委都热情地迎接。他们三人在延安时期就相识，这次重逢更显得亲切。王震将军也特地要求要对艾青多加照顾。

当时为了宣传苏长福的事迹，自治区党委决定编写一篇报告文学。这个重任落在了著名诗人艾青的肩上。1960年初春，艾青来到了距离乌鲁木齐四十多公里的二营三连，开始了对苏长福的采访。在三个月的时间里，艾青与苏长福同吃同住，共同经历了许多艰辛和危险。他走过了海拔四千多米的冰峰，在崎岖狭窄、路滑曲折的道路上化险为夷，深入了解了劳动人民的不凡与力量。

艾青以他的才华和热情，创作出了一部洋洋洒洒15万字的《苏长福的故事》。这部作品不仅赞美了劳动人民的美好品质，还真实展现了当时条件的艰苦和群众不畏艰险的毅力。同年夏天，刚放下笔没多久的艾青又拿起了镰刀，与兵团机关组织的干部们一起到石河子农八师莫索湾垦区帮助职工夏收。他手上的血迹见证了他的努力和坚忍，而群众对他的认可也证明了他在新疆的辛勤付出。

在1960年8月举行的自治区干部大会上，王震向大家介绍了站在人群中一身朴素、满面风霜的艾青。大家已看不出他是那个擅长用笔的文人，而更像是他们的同志、朴实又勤劳的劳动人民。大会上响起了热烈的掌声，这是诗人艾青来到新疆后得到的最大的认可。

几个月后，王震带着艾青来到了一座"年轻的城"——石河子。在军垦农场的土地上，王震向身边这位诗人讲述了这座城市的诞生和发展历程。艾青深感劳动人民的伟大和力量，他的心中充满了对这片土地和人民的热爱。

这段经历让艾青更加深入地了解了新疆和劳动人民的生活与奋斗。他的诗歌创作也因此获得了新的灵感和动力，进一步展现出他对这片土地和人民的深厚情感。艾青，一位深受人们敬爱的诗人和文学家，曾经在石河子这座军垦新城留下了他深深的足迹。他的诗歌和小说，充满了对人民、对生活的热爱，成了那个时代的精神象征。

　　艾青在石河子的日子里，深入群众，与职工一起劳动，参加各种座谈会，举办文艺茶话会，与各级干部和文化宣传部门交流。他的创作生涯因此再次进入了高峰期，以林壁为笔名在各种报纸、刊物上发表了数十首诗作。

　　五年后，他的长篇小说《从南泥湾到莫索湾》问世，这是一部国内少有的军垦生活纪实小说，生动地描述了大家万众一心，在新疆挥洒汗水建设的真实生活。艾青因此被许多人称为"人民的诗人""人民的文学家"，他在石河子的那段时光，成了他人生中最难忘的岁月。

　　然而，生活并非总是一帆风顺。1967年，年近花甲的艾青被遣送到古尔班通古特大沙漠边缘，他的生活发生了翻天覆地的变化。他和家人被安置在土坯房，后来又被赶到"地窝子"，他不得不做各种粗活累活。但是，即使在这样的困境中，艾青依然保持着对生活的热爱和对文学的执着追求。

　　艾青的故事告诉我们，无论生活如何困苦，只要心中有爱、有追求，就能创造出属于自己的美好生活。这位历经沧桑的诗人终于回归了宁静的生活，回到了魂牵梦绕的石河子。五年后，他选择在北京安享晚年，直到生命的尽头。

四、文化影响

艾青的诗歌作品不仅是他个人情感的抒发，更是他对时代变迁的敏锐观察和深刻反映。他的诗歌具有泥土气息、情感深沉、风格独特的特点，在中国现代诗歌史上占有重要地位。艾青，一位杰出的中国现代诗人，以其独特的风格和深邃的思考，在中国新诗史上留下了浓墨重彩的一笔。他的诗集《归来的歌》和《雪莲》曾荣获中国作家协会全国优秀新诗奖，这足以证明他在诗歌领域的卓越成就。

自1936年起，艾青的创作如繁星般璀璨，他出版了20多部诗集，还著有论文集《诗论》《新文艺论集》《艾青谈诗》，以及散文集和译诗集各1本。他的作品被译成10多种文字在国外出版，这使得艾青的诗歌在国际上产生了深远的影响。

艾青的诗歌风格和思想内涵丰富多样，他的作品不仅仅是对生活的抒发，更是对人生的思考和探索。他的诗歌语言质朴而不失雅致，意象丰富而不过于堆砌，表达了对生活的热爱和对人民的关怀。他的诗歌作品具有深刻的思想内涵和独特的艺术风格，是中国现代诗歌的瑰宝之一。

艾青的作品通常通过描绘太阳、火把、黎明等象征性事物，展现出他对旧社会的黑暗和恐怖的痛恨，以及对黎明、光明、希望的向往与追求。他以对农村劳动人民的热爱和接近他们的要求为出发点，多年来一直向他们献上最真挚的诗情。

艾青的诗歌紧密结合现实，充满战斗精神，继承了"五四"新文学的优良传统，并以精湛创新的艺术风格成为新诗发展的重要成果。这既体现了他的艺术才能，又记录了他严肃而艰苦的艺术实践。在他的诗歌中，饱满的进取精神和丰富的生活经验带来了鲜明的个性形象。

艾青的诗歌具有鲜明深刻的形象，随着诗歌的结束，形象也随之完整。这些形象不仅指人，也包括物，以及思想等的形象化。他的诗在形式上不拘泥于外形的束缚，很少刻意追求诗句的韵脚和字数、行数的整齐划一，但是他又巧妙地运用有规律的排比、复沓等手法，营造出一种变化中的和谐统一。

艾青的诗歌充满了真挚的情感和深刻的思考，他的文字如同燃烧的火焰，照亮了黑暗的时代，引领人们走向光明的未来。他的诗歌不仅是艺术的瑰宝，更是历史的见证，是我们这个时代不可或缺的精神财富。

参考文献

[1] 刘晓东."胜国宾师":明遗民朱舜水与中日文化交流[J].阴山学刊,2023,36(04):35-39.

[2]清廉人物[J].山西水利,2023(02):60-64.

[3]苏有波.园林建筑、小品与园林风格协调问题及对策分析[J].园艺与种苗,2022,42(12)

[4]"浙里"科学家的红色人生(三)[J].科学24小时,2022(11):32-38.

[5]董恒波.中国克隆第一人:童第周[J].作文,2022(39):48-51.

[6]赵思惠.初中语文非连续性文本阅读教学研究[D].华中师范大学,2022.

[7]龙辉.王阳明平定宸濠之乱[J].文史天地,2022(01):48-52.

[8]黄黎星,李菁.王阳明诗作的易学理趣[J].泉州师范学院学报,2021,39(04):24-27.

[9]刘立祥.王守仁的军事才能[J].文史天地,2021(04):58-62.

[10]郑朝辉.画"趣"与审美:聊一聊齐白石与丰子恺[J].艺术品鉴,2020(25):87-101+86.

[11]韩达.诗歌评价的史官介入:以骆宾王"尤妙于五言诗"为例[J].运城学院学报,2020,38(04):19-25.

[12]邢易.青岛历史名人故居入口公共空间优化设计研究[D].青岛理工大学,2020.

[13]郝祖涛.福山拉面:隽味芬芳誉天下[J].走向世界,2020(30):80-83.

[14] 罗珊珊.元末江南诗人思想归依研究[D].内蒙古民族大学,2020.

[15]陈世旭.王国维的境界[J].文学自由谈,2020(03):67-73.

[16]欧阳娉.宋濂诗歌研究[D].贵州大学,2020.

[17]赵梓溢."读书人"身份的认同与背离:朱元璋的心理传记学分析[D].西北师范大学,2020.

[18]尹美华.中学历史教学中运用诗词文学作品的探索研究[D].广西师范大学,2020.

[19]武月婷.黄宾虹山水画精神内涵及晚年艺术成就分析[D].天津师范大学,2021.

[20]陈元锋.诗史与命名:刘克庄"诗祖"论及其他[J].山东师范大学学报(社会科学版),2020,65(03)

[21]张锡庚.马一浮及其信札评说[J].书法,2020(05):57-62.

[22]闫海青."救时宰相"于谦临危应变的措施及现代启示[J].领导科学,2020(03):88-90.

[23]王文元.赵孟𫖯的棱角[J].公关世界,2019(20):92-93.

[24]屡拍高价丰子恺作品渐受追捧[J].公关世界,2019(12):100-101.

[25]杜春燕.李叔同艺术作品中的诗画相融关系研究[D].聊城大学,2019.

[26]管卓.党政领导干部政治品德建设研究[D].青岛大学,2019.

[27]夏彩红.语文核心素养背景下中学鲁迅作品教学价值研究[D].华中师范大学,2019.

[28]王瑞."纪念何香凝、丰子恺、吴作人、王琦百年诞辰座谈会"

会议综述[J].美术观察,2019(04):30-31.

[29]王衍周.汪广洋《凤池吟稿》研究[D].扬州大学,2019.

[30]常灏宇.王阳明与儒家的"三立"[J].新西部,2019(03):90+86.

[31] 周春兰.蒙汉文学交融视域下的明诗研究[D].内蒙古大学,2018.

[32]李慧.张孝祥诗歌研究[D].辽宁师范大学,2018.

[33] 高露爽.上虞曹娥江旅游度假区招商引资的困境和对策研究[D].浙江工商大学,2018.

[34]闫畅《鲁迅日记》中的媒介生活研究[D].山东大学,2018.

[35]宗海.明初洪武年间元代旧官吏荐举情况研究[D].浙江师范大学,2018.

[36]李莎(ALISA MEESMAT).泰国汉语教学杂志《汉泰》研究[D].广西大学,2018.

[37]谢微波.一代圣贤王阳明[J].职业教育(下旬刊),2018(06):24-25.

[38] 蒋俊伟.浙江文成:绿色交通助推全域旅游 [J].人民交通,2018(03):25-26.

[39]唐漸薇,杜河潮.浅谈五四后新诗发展的特色及其转向[J].文学教育(上),2018(01)

[40]陈韵竹.诸体兼擅一代师表:谈赵孟頫的书法艺术[J].文物鉴定与鉴赏,2018(01)

[41] 余璐,余千松.浅谈韵味山水画的前世今生[J].景德镇陶瓷,2017(06):34-35.

[42]景迪云.湖州·赵孟頫:空前绝后的文人风雅:《赵孟頫书画全

集》书评[J].中国美术,2017(04)

[43]张华.宋诗中的荆轲形象研究[D].兰州大学,2017.

[44]王雨欣.杭州市名人故居植物景观的研究与实践[D].浙江农林大学,2017.

[45]王伯英,王增武.胡雪岩的家族财富管理案例[J].银行家,2016(12):118-120.

[46]马维仁.明代陕西三边总制人数考实[J].宁夏师范学院学报,2016,37(04):68-73.

[47]张忠凯.名人汇聚五通桥(连载):中国科学家、实业家、企业家在五通桥[J].中共乐山市委党校学报,2016,18(04):112.

[48]闫城宇.陆游爱国诗歌思想内容及艺术特色浅析[J].石家庄职业技术学院学报,2016,28(03)

[49]吴艳艳.宋濂墓志文研究[D].江西师范大学,2016.

[50]王嘉生.明清寓言类小品文（20篇）翻译实践报告[D].西南科技大学,2016.

[51]本刊编辑部.红顶商人胡雪岩[J].商业文化,2016(03):82-87.

[52]李立红.李叔同"先器识而后文艺"的美育思想研究[J].南京艺术学院学报(美术与设计),2016(01):160-163.

[53]李永《庚子销夏记》校疏札记[J].艺术探索,2015,29(06):26-38+44.

[54]蒋丽莎.丰子恺漫画艺术探微[J].大众文艺,2015(14):70-71.

[55]胡曦雯.芮伦宝扬琴曲的创作特点[D].南京艺术学院,2015.

[56]尹朱研.朱舜水儒学对德川光国思想的影响[D].山东大学,2015.

[57]杨雁雁,陈咏.中国民间故事的影像化研究[J].电影文学,2015(02):4-7+11.

[58]钟真.丰子恺的艺术特点[J].艺术品鉴,2014(12):70-71.

[59]胡雪岩与胡庆余堂[J].中国中医药现代远程教育,2014,12(22):110.

[60]张蕾(张觉元).元人"冠冕"赵孟頫[J].大众文艺,2014(21):268-269.

[61]路薇.南宋中兴三大诗人梦诗研究[J].社会科学家,2014(08):118-122.

[62]赵天博.杭嘉湖地域武术文化研究[D].浙江师范大学,2014.

[63]林晓瑜.中国书法艺术·中式设计的灵魂[J].广东建材,2014,30(05):77-78.

[64]徐金雨.临沂羲之文化资源开发问题研究[D].山东大学,2014.

[65]"孝女"之由来[J].中国书法,2014(06):132-137.

[66]肖湘.魏晋南北朝时期书法理论分析[D].湖南师范大学,2014.

[67]王帅.一代名臣于谦被害原因及历史地位评述[J].黑龙江史志,2014(02):69-70.

[68]余闻.诚信如舟行天下:讲述百年老字号胡庆余堂的故事[J].首都医药,2013,20(19):40-42.

[69]任海良《全唐文·骆宾王卷》与《骆临海集笺注》考异[J].湖北函授大学学报,2013,26(09):160-161.

[70]高云亮.直将阅历写成吟:简论龚自珍诗歌创作的现实批判主义[J].黑龙江史志,2013(17)

[71]栗琳琳."骆宾王"新解[J].课外语文,2013(12):132+137.

[72]魏倩.宋代风土百咏诗研究[D].河北师范大学,2013.

[73]中国古代审计人物掠影[J].中国总会计师,2013(02):126-128.

[74]彭勇.刘基"密奏立军卫法"辨疑[J].北京联合大学学报(人文社会科学版),2012,10(03)

[75]倪海权.陆游文研究[D].哈尔滨师范大学,2012.

[76]胡容.龚自珍经济伦理思想研究[D].西南大学,2012.

[77]江桐.鲁迅学术研究方法探微[J].漯河职业技术学院学报,2012,11(01):63-64.

[78]王岳川.王羲之的魏晋风骨与书法境界[J].北京大学学报(哲学社会科学版),2011,48(06):130-140.

[79]施京吾."可怜一觉金陵梦":吴晗谈片[J].同舟共进,2011(10):67-71.

[80]没有远去:探寻历史记忆中的弘一大师[J].浙江档案,2011(06):50-53.

[81]刘朝建.丰子恺艺术美学思想探究[D].安徽大学,2011.

[82]王言法.近代中国高等教育与社会的嬗变[D].山东大学,2011.

[83]胡敏.吴晗史学研究[D].扬州大学,2011.

[84]于成娟.赵孟頫《水村图》研究[D].南京师范大学,2011.

[85]陈丹青.笑谈大先生(节选)[J].新作文(高中作文指南),2011(03):29-30.

[86]朱文,孟静.胡雪岩中国商人的财富偶像[J].中国市场,2011(08):40-41.

[87]李辉.劫难下的几位"黑画家"[J].源流,2011(03):68-75.

[88]申伟.丰子恺书法的人间情味:行书崔子玉《座右铭》赏析[J].青少年书法,2010(20):49-50.

[89]中外同期教育家比较(十六)杏坛大家[J].教师,2010(25):1.

[90]周舒浩.纳兰性德研究综述[J].东亚文学与文化研究,2010(00):224-239.

[91]何岸.文化大家李叔同[J].源流,2010(13):79.

[92]史可非.朱舜水在日本的学术活动及其贡献[J].科教文汇(中旬刊),2010(17):69-70.

[93]徐江.《谈骨气》解读[J].语文教学通讯,2010(17):31-32.

[94]赵云.明太祖废相的考释与评价[D].兰州大学,2010.

[95]郭春牛.王国维死因新解[J].理论界,2010(02):118-119.

[96]王梅堂.元文人赵孟頫与朝中西域籍大臣关系略考[J].黄河科技大学学报,2010,12(01):90-93.

[97]赵文涟.私人藏书家宋濂和他的"青萝山房"藏书[J].科技情报开发与经济,2009,19(26):41-42.

[98]刘兰芝.赵孟頫的艺术成就及影响[J].洛阳理工学院学报(社会科学版),2009,24(04)

[99]吕堃.济公故事演变及其文化阐释[D].南开大学,2009.

[100]丁美娥.王勃的家世与交游考论[D].江西师范大学,2009.

[101]郭娜娜.高平郗氏家族与魏晋南北朝社会[D].山东师范大学,

2009.

[102]杨慧琴.陆游词研究[D].贵州大学,2009.

[103]王大千.胡愈之报刊活动与新闻思想研究[D].兰州大学,2009.

[104]冷洁.朱舜水社会理想研究[D].重庆师范大学,2009.

[105] 胡源.王守仁的心学思想与他的书法艺术[J].书画艺术,2008(06):57-64+2.

[106] 郭珂.试论黄宾虹的山水画艺术成就[J].时代文学(下半月),2008(12):

169-170.

[107]俞师.毛奇龄《蛮司合志》校注[D].广西大学,2008.

[108]朱晓江.现代性视野下的丰子恺散文研究[D].浙江大学,2008.

[109]尹占华.梁祝故事起源与流传的再考察[J].钦州学院学报,2008(02):

54-58.

[110]李红.谢启昆论诗诗整理与研究[D].河北师范大学,2008.

[111]温航亮.汪中思想研究[D].苏州大学,2008.

[112]陈雪军.明清之际嘉兴梅里词派研究[D].华东师范大学,2008.

[113]邓淑兰《全元文》所收赵孟頫文辨误四则[J].暨南学报(哲学社会科学版),2008(01)

[114]朱晓江.暂时脱离尘世——丰子恺的"闲情"散文及其文化内蕴[J].浙江学刊,2007(04):102-107.

[115]林兵.浅论赵孟頫对元代文人画的影响[J].聊城大学学报(社会科学版),2007(06):124-125.

[116]李日兰.王国维教育思想研究[D].河北大学,2007.

[117]高源.从"五笔七墨"说看黄宾虹的笔墨艺术[D].东北师范
大学,
2007.

[118]赵平.论权势权威型读者对中国文学的影响[D].复旦大
学,2007.

[119]李树玲.丰子恺艺术美学思想探究[D].广西师范大学,2007.

[120]田澍,吕杨.近二十多年来大陆刘基研究综述[J].甘肃社会科
学,2007(01):146-150.

[121]闵洁.四杰文学思想两面性的表现特征与理论渊源[J].吉林广
播电视大学学报,2007(01):33-35

[122]张德信.略论刘基对明王朝建立的历史贡献[J].浙江工贸职业
技术学院学报,2006(04):13-21.

[123]张乃良.声满东南几处箫:深于情对龚自珍文学风格形成的
影响[J].宝鸡文理学院学报(社会科学版),2006(04):85-89.

[124]俞为洁.童第周中国实验胚胎学和海洋事业的先驱[J].今日浙
江,2006(16):58-59.

[125]王景林.明清启蒙思想家经世致用教育思想研究[D].东北师
范大学,2006.

[126]唐晓明.论明清之际浙东学派的实学教育思想[J].浙江海洋学
院学报(人文科学版),2006(01):76-80.

[127]百年暨南人物志[J].暨南大学学报(自然科学与医学版),2006(01):

158+157.

[128]毕英春.刘基法治思想及其实施[J].丽水学院学报,2005(06):41-45.

[129]柳河.浙江书法史简述[J].浙江艺术职业学院学报,2005(04):38-44.

[130]施明智.清代浙籍散文家的几个特点[J].甘肃社会科学,2005(05):156-159.

[131]张曦沐.明长城居庸关研究[D].天津大学,2005.

[132] 朴相泳.论"松雪体"对高丽末朝鲜初书画艺术的影响 [D].山东大学,2005.

[133]治晓梅.一代儒僧的精神求索与文化贡献[D].中央民族大学,2005.

[134]是莺.论鲁迅的文学史思想[D].扬州大学,2005.

[135]瞿明刚.悬水之门[J].寻根,2004(05):65-69.

[136]丁金福《梁山伯传》考[J].延边大学学报(社会科学版),2004(03):5-12.

[137]任道斌.作为御用文人与元廷画家的赵孟頫[J].中国书画,2004(05):40-45.

[138]陈守文,何向荣.析"诚意伯"[J].浙江工贸职业技术学院学报,2003(03):9-15.

[139] 李岩.宽猛相济:刘基的法治观浅析 [J].浙江工贸职业技术学院学报,2003(03)

[140] 丁贤勇.论于谦的政治抉择 [J].杭州师范学院学报(自然科学

版),2003(03):37-39.

[141]杨军.精神分析学说与鲁迅创作[J].商洛师范专科学校学报,
2003(02):81-83.

[142]丁锡贤.略论儒释道与天台山文化[J].台州学院学报,2002(04):
89-93.

[143]赵红卫.纳兰性德研究综述[J].聊城师范学院学报(哲学社会
科学版),2001(05)

[144]曹树钧.话剧演剧艺术研究的径路与展望[J].社会科学辑刊,
2001(01):168-170.